U0038122

別人在想什麼，都是你能懂的

黃啟團 著

自序

本書初版《只因目中無人》自二〇一七年二月第一次出版，二〇一八年十月改名為《圈層突破》。二〇二一年九月，這本書在市場上斷貨了。[1] 當我聯繫出版社再版時，不少編輯跟我說，這本書已售出近十萬冊了，喜歡你的讀者都買過了，為什麼還要再版？而且，你有那麼多新的題材，為什麼不出新書？這讓我想起了一個故事。

一位老人正在沿著海灘欣賞日落。他發現遠處有個小男孩在沙灘上拾起一些東西，然後用力地拋到海裡。

老人感到十分奇怪，於是走到那個小男孩身邊問他：

「你好！請問你在做什麼呢？」

小男孩說：

「我把這些海星拋回海裡。

1. 編註：本書於二〇一七年二月發行簡體中文版，繁體中文版則是二〇二三年七月首次在台灣發行。

你看，現在已經退潮了。海灘上這麼多海星都是潮水給沖上岸來的，如果我不把牠們丟回海裡，牠們就會因缺氧而死了。」

「我明白，可是海灘上有數不盡的海星，而你不可能把牠們全部丟回海裡啊！更何況海岸線這麼長。」

小男孩微笑著，繼續彎下腰拾起另一隻海星，用力地把海星丟進海裡說：

「看，這隻海星的命運改變了。」

說完就繼續彎腰撿起另一隻海星拋進大海，說：

「看，這隻海星的命運又不一樣了！」

我曾經就是那隻海星，因為遇到了心理學，我獲得了新生。這本書是我寫的第一本書，裡面的內容是心理學對我人生改變最重要的方法。

這些方法不僅改變了我的生命，也同樣改變了無數讀者的生命。

在一次講座中，有位學員跟我說，他曾經患有精神分裂症，一直靠藥物維持，幾年前他看了這本書，因為這本書開始學習心理學，現在，他已經不再需要靠藥物維持了。這樣的故事有很多。

我也知道，以我目前的影響力，這本書的銷量恐怕有限，但每每想到這些故事以及自己曾經的受益，不忍心讓這本書從市場中消失，這就是這本書第三次再版的原因，哪怕有一位讀者能從中受益，我也心滿意足。

這次再版時，在保留前次版本經典內容的基礎上，我增加了「自我價值」的部分內容，自我價值就像人生的劇本，對我們的人生起到決定性的作用，要讓人生真正改變，最好從改變自我價值開始。

衷心感謝中國紡織出版社心理圖書品牌經緯度的支持，讓這本書能夠重新回到讀者的手中，讓這些令我受益的學問能夠幫助更多的人——希望你是其中的一位。

黃啓團

二〇二一年十月一日

初版序

一塊木頭給你什麼感覺？

枯燥、乏味、不柔軟、沒溫度。

如果一個人被別人形容為木頭，這個人給人的感覺大概也是硬邦邦的，缺乏情感。我曾經就是木頭一般的人，這句話不是出自別人之口，而是我太太多年前對我的形容。薩提爾認為，有一種人天生極度客觀，很少表達自己的感情，一切從邏輯思維出發，當然也很難體會到別人的情緒。我就是這樣一種「超理智型」的人。

雖然人的性格特點並無好壞優劣之分，但是這個特點卻著實讓我吃了不少苦頭。

記得多年前，我曾經是一位「舞林高手」，身為青年幹部，經常組織各種青年聯誼會，還要負責教單位裡的年輕人跳交誼舞。這事讓我太太非常不爽，多次提出強烈抗議。可當年的我完全不會顧及太太的感受，只會搬出一大堆的理論，如「跳舞有益身心健康」、「這一切都是為了工作呀」等等。在強大的「道理」面前，每一次爭吵的結果都是我贏，而我太太卻「一敗塗地」。那時候的我完全沒有覺察到，我在贏得爭吵的同時，卻輸了人生中最重要的東西——愛情與家庭！

曾經，類似的事情在我的婚姻中多次發生，太太抱怨我是一塊木頭，我卻一直採取「講道理」的方式和太太溝通，每一次「講道理」都變成衝突的導火線，這樣的衝突太多，久而久之，婚姻變成了一個戰場。我不知道如何休戰，總期望能夠達成一項又一項「和平協議」，但和平似乎遙遙無期。

今天這場戰役結束，明天另一場戰役又打響了……

每每想起這些往事，我都會心存愧疚。在妻子無助、傷心且需要丈夫給予溫暖和支持的時候，我選擇了用一種冷冰冰的「道理」去回應。那時我還未接觸心理學，更沒有接觸NLP（神經語言程序學），不知道自己這種做法有什麼問題，只覺得太太有點無理取鬧。因為無知，我給我最心愛的太太的心靈留下了許許多多的傷痕！

「理智」不僅給我的婚姻帶來了困擾，也給我的工作設置了不少障礙。那時的我信奉一句話，並常常掛在嘴邊：「我這是對事不對人。」做一件事情，只要覺得自己占了「理」，我就會「據理力爭」，甚至「得理不饒人」。

多年前單位分房，分配標準已經定了下來，可領導為了照顧自己的親戚，將本應該分給我的房子給了別人。那時我既不知道位置感知法，也不知道時間線，只覺得這樣不公平，而且「理」在我這邊。

那時候的我，只要有了道理，就充滿了力量，於是領導桌面上那堅固的玻璃在我文質彬彬的拳頭下應聲而碎！

這一拳下去的結果是，不僅我的房子沒了，我的「科長」也沒了，我在國企的職業生涯也沒了！

就算我後來創建了自己的企業，但因為對事不對人的工作習慣，處處得理不饒人的模式，讓我的工作總是遇上很多「麻煩」。那段時期，我的事業也非常不順利。

在課堂上，我說過一個黑洞和發光體的理論。黑洞般的人最主要的特點就是他們只能關注到事情，完全看不到人，沒有情感，只有對錯，彷彿一個只會給你的功課打叉或打勾的老師。

這樣的人一出現，周圍的溫度似乎都會降低。

那時的我就是一個黑洞。這個黑洞開始吞噬我的婚姻、事業、人際關係、友情、親情……我能感覺到生活出了問題，但我無法停止自己的黑洞模式，因為我根本意識不到是自己的應對方式出了問題。

我的黑洞模式命運的轉機就是在遇見ＮＬＰ之後。若非如此，現在的我可能和很多人一樣，要麼抱怨著生活不如意，要麼正在苦苦尋找破解之法，甚至可能已經心灰意冷。

學過ＮＬＰ之後，我才發現，過往人生中的很多不順，多數是由自己的處事模式造成的，這種處事模式就是我經常掛在嘴邊的「對事不對人」。是的，這就是當年的我，眼中只有事，只有道理，根本容不下人，更別說情感了。

和曾經的我一樣，很多人都認為「對事不對人」是一個優點，他們將這個「優點」運用到工作中、婚姻中，甚至教育子女上。因為只能看到事情，看不到人，他們永遠有處理不完的事情，一直深陷於一件又一件事情中，生活忙碌卻不如意，甚至災難不斷、痛苦不斷。

從事心理學教育二十年來，我遇到很多人，他們每天都要應付各種各樣的事情，覺得自己已經盡了最大的努力，卻遭到伴侶的不解、同事的刁難、子女的冷漠，彷彿做的事情越多，結局越糟糕。

有人在婚姻中付出了很多，但是婚姻解體；有人為子女教育付出了很多，但是子女不成材；有人為企業經營付出了很多，甚至犧牲健康，但是企業發展並不如意。

婚姻的和諧之道，是否只能是忍讓對方？子女要成材，父母需要付出多大代價？企業要發展，是否必須處理無窮無盡的事務？

白天應對工作，晚上應對家人，你並非不努力，你已經盡了自己所有的努力，解決生活拋給你的一個又一個難題，但是，為何你這麼忙碌，仍然達不到預期效果？這世界上有沒有一種方法，既能夠讓我們從忙碌中解脫，又能達到預期的效果呢？

如果你有機會和認識我很久的朋友聊天，你一定會聽到他們說，團長變了。是的，我變了，用我太太的話說，我由一個「木頭」慢慢變成一個人了。回顧我從事教育行業這二十多年走過的路，我知道，讓我改變的是ＮＬＰ、薩提爾、催眠、完形、超個人、溝通分析（ＴＡ）等實用心理學。這些好學問能夠幫到我，我相信它同樣能夠幫到更多的人！所以，我創辦了多家機構來傳播這些好學問，其一是智慧行，致力於傳播實用型心理學；其二是壹心理，致力於通過互聯網讓更多人受益於心理學。經過團隊的努力，壹心理目前已擁有近三千萬用戶，每天都在影響著數以百萬計的人。

光有這些機構是不夠的，因為中國有十四億人口，絕大部分人都像當年的我一樣，花了大量時間去學習數、理、化等知識，這些知識讓我們擁有了認識世界並賴以謀生的技能，但遺憾的是，這些技能並不能讓我們活得幸福，因為幸福跟人有關。我們一生都在跟人打交道，卻很少花精力去學習一些跟人打交道有關的學問。因為全社會都不重視，所以，這樣的學問能找到的也很少。我想，也許這就是我這輩子的使命吧，盡我的微薄之力，為應用心理學的普及做點力所能及的事情。於是，我動了一個念頭，想寫一本書。

關於心理學理論的書已經不少了，但大多晦澀難懂，讓人失去閱讀的興趣。我不是專家，我只是「用家」，所以，這本書我會用大量的案例，引出一點點的理論。這只是我的一次嘗試，希望你們能喜歡。本書收錄的故事，全是真人真事。他們的遭遇或許你正在經歷，或許你身邊的人正在經歷。期待這些發生在我身邊或我課堂上真實的生命故事能夠打動你，並因此改寫生命劇本。願每位有緣讀到本書的讀者，生命能因此而更加美好！

我希望這本書可以成為一本關於人的「說明書」，在你讀完本書之後，你就知道，如果處理問題能夠「先對人後對事」，你也可以和我一樣，開始真正主宰自己的生活，真正過上幸福的生活。

當你讀完這本「說明書」，也許你會像我一樣，聽到周圍的人說「你變了」。那時，你知道，我也會為你高興！

本書能夠成形，要衷心感謝我的所有導師，因為有你們，才有我今天的成長；感謝我的團隊，沒有你們，我什麼事情也做不了；感謝聽過我課的學員，沒有你們的認同，我無法走到今天，特別是那些願意讓我把你們的故事收錄進本書的學員，你們生命中的故事會讓更多的生命變得更加美好。感謝所有支持我的朋友，由於篇幅所限，恕我不能一一列出你們的名字。最後，感謝我的家人，特別感謝我太太對我的包容，感謝妳給予我成長空間。

黃啓團

二〇一六年十二月八日

聲明：本書故事爲了保護主角的隱私，均對名字、故事發生的地點、時間做了刻意變更，如跟你的經歷雷同，純屬巧合，千萬不要對號入座。

CONTENTS

自序 003

初版序 007

PART 1 對事還是對人？

Chapter 1 對事還是對人 019

Chapter 2 人生模式 065

Chapter 3 限制性信念 101

Chapter 4 情感銀行 141

Chapter 5 冰山原理 191

Chapter 6 情緒管理：關乎生命品質 221

PART 2

改寫人生劇本，實現圈層突破

Chapter 7 內捲與躺平 251

Chapter 8 人生的維度 275

Chapter 9 圈層突破 293

Chapter 10 人生劇本 315

Chapter 11 翻轉人生 335

PART 1

對事還是對人？

焦慮已成為我們這個時代的病。在過往的這麼多年裡，中國人可能都沒有像現在這樣焦慮過，雖然在過往幾千年中，從來沒有任何一個時代的人，能夠擁有像現在這樣多的物質財富和科學技術。

為什麼我們擁有這麼多，反而更加焦慮了呢？

最近讀了一本書叫《人類簡史》，書中有一個觀點我尤為贊同。相較於其他生物，人類的身體並沒有什麼優勢，速度比不上草原上的獅子，力氣比不上大象；不能在天空飛行，也不能在水裡暢游，沒有毛皮抵禦寒冬，也沒有爪子對抗野獸。這本書的作者認為，人類之所以能夠躍居食物鏈頂端，是因為人類懂得使用工具。如果人類不懂得使用工具彌補自己的缺陷，早已經被嚴酷的自然界淘汰了。人類的工具越來越發達，由最原始的石塊到中國的四大發明，到飛機、火箭，再到今天的人工智能，人類好像已經無所不能了。

除了工具的使用之外，幫助人類立足於食物鏈頂端的是人類發展出了語言。人類複雜的語言系統使人類可以溝通交流，讓人類成為社會性動物，使合作成為可能。

所以，工具與合作是人類優越於其他動物的根本原因，這兩者具有同等的重要性！但是隨著科技的高速發展，人們卻漸漸偏向了前者，越來越依賴工具，對工具的重視程度已經遠遠超過了對人的重視程度。

怎麼解決這些問題呢？

人們想到的方法就是用更多的「工具」。AlphaGo（阿爾法圍棋）戰勝人類，讓更多人看到了人工智能的潛力。發明機器人也是目前全球熱門的投資項目之一。

越來越多的人開始期待用機器來解決生活中的問題。勞動，可以用機器代替；孤獨，可以發明陪伴機器人來陪聊；夫妻生活，可以用性愛機器人來解決；生育，可以用人工胚胎……一切都好像可以用機器來代替。這樣，不用工作，就沒有了工作的勞累；不用結婚，就沒有了夫妻矛盾；夫妻制度解體，就沒有了家庭，沒有了家庭，就不用擔心家庭瑣事的煩惱。可是，這真是我們需要的生活嗎？

我相信機器真的可以發展得高度發達，可是當機器真的高度智能化以後，人類就幸福了嗎？電影《駭客任務》在很早就向我們講述了這樣一個幻想的世界：一個名叫尼歐的網路駭客發現自己生活的世界有一些問題，在調查過程中他驚訝地發現，其實自己生活在虛擬世界裡，而這個虛擬世界就是失控後的人工智能創造出來統治人類的世界。

隨著科技的發展，機器統治人類的結局也許並不需要我們擔心，而值得擔心的是，現在越來越多的人把時間和精力都放在了做事情上，而忽略了人本身。社會開始用你做的事來衡量你的價值，人們只關心你飛得高不高，沒有人會在乎你飛得累不累！

那我們應該怎麼做才能夠既關注科技發展，又不至於讓科技發展失控，讓人們越來越失去幸福感呢？其實很簡單，當你每時每刻專注於所做的事的時候，你或許已經變成了「工具」。但是，你不是工具，你是使用工具的人。把你幾乎全部用於做「事」的精力分一點兒到「人」上，當我們每天面對忙不完的「事」的時候，不要忘記自己是「人」。關照你自己的內心，關懷身邊的人，無論是你的家人還是同事，不要將他們也看成「工具」，也不要只看到他們做的事情，時刻記住他們和你一樣，是有感情、有感受的人。所以，對事，不如對人。

如果你想更好地與人相處，希望在與人相處中獲得更多的幸福快樂，讓生活劇本發生改變，學習心理學是其中一條簡單而有效的道路，而本書僅僅是心理學中的一點皮毛。

Chapter 1
對事還是對人

01 對事不對人

我開設《NLP教練式管理》課程已經有一百三十多期了，在數萬名學員中，有一位名叫鄭嘉國的學員給我留下了深刻印象。

每次談到「老闆為什麼那麼忙」這個話題，他匆匆走出教室打電話的樣子就會出現在我的腦海中。在四天的課程中，他不斷走出教室接電話，然後又帶著滿臉歉意溜進來。由於這個課程費用較高，很多學員都會關掉手機不再處理業務，但是鄭嘉國似乎一刻也不敢丟開手機。我終於忍不住好奇，想知道他究竟是一位多少身家的老闆，需要如此忙碌。所以課間休息的時候，我特意找到他聊天。

我問他：「嘉國，你好像很忙啊？」

他露出抱歉的表情說：「是啊，團長，沒辦法，事情太多。」

我笑著點點頭，又問道：「這麼忙，生意應該很大吧？」

他連忙擺手，說：「團長笑話了，我只有一家小企業，所有僱員加起來也就幾十人。」

我說：「幾十人的企業就這麼忙了，那企業發展大了豈不是不能休息了？」

鄭嘉國無奈地說：「做我們這種企業的人好像都這樣。我是學技術出身，所以現在技術方面的事要找我；採購、銷售也要我把關；企業小，人事方面的事情也是我最後拍板，真是分身乏術啊！所以，團長，我這不就報名來參加您的課程，向您學習管理方法嘛。」

我問他：「你這麼多電話，一個月電話費得多少錢？」

他想了想說：「每個月差不多兩千塊吧。團長，不怕您笑話，現在一旦手機離開我的視線，我就覺得很不安。晚上睡覺也擔心企業的事情，所以睡眠不太好。這人在江湖，身不由己啊。」

像鄭嘉國這樣忙碌的企業家或者管理者不在少數，因為經常和他們接觸，我發現他們時常處於一種狀態中——忙。

他們為什麼這麼忙？

鄭嘉國的話大概已經回答了這個問題——「事太多了」。企業發展越大，事情就越多；老闆事業越成功，就越忙碌；地位、官位越高，身體、心靈就越累，這好像成了一個打不破的規律。企業家們創業的初衷，可能是為了時間上更加自由，經濟上更加獨立，是為了更加幸福地生活。

然而，當他們真的建立了一個企業以後，才發現，生活與之前的初衷完全背道而馳——整個人被事業綁架，幾乎沒有自己的時間，沒法陪伴家人、照顧孩子，更別說度假、消遣，泡上一杯清茶、去看一本書簡直就是奢望……由於給家人的時間太少，他們的家庭關係緊張；給自己的時間太少，他們的健康令人擔憂；給朋友的時間太少，能推心置腹的人也漸漸疏遠。

是不是要成為一名成功的企業家、優秀的管理者，就不得不犧牲這麼多，不得不如此忙碌呢？

我思考了這個問題很多年。因為，我也曾經那麼忙碌，像一台無法停止工作的機器。

終於有一天我恍然大悟，我發現自己走進了一條死胡同。如果我再這樣「忙碌」下去，我和我的企業、我的家庭、我的生活通通都要完蛋。我花了不少時間改變自己的想法，改變管理方法，經過很多次嘗試，今天的我，終於可以經營著兩家公司、一所學校，投資數家企業，卻仍然有時間泡上一杯清茶，寫下這些文字，與大家分享我的經驗和思考。

我最重要的轉變來自對一句話的新認識。

很多管理者都說「我這是對事不對人」，不知道這句話是何時出自何人之口，但這句話似乎已經成了一個「公理」，也成了一種人生哲學。「對事不對人」這種觀點可以讓我們做事更客觀、更理智，是對抗中國這種傳統人情社會的利器。但凡事有利必有弊，若一個管理者只能「對事不對人」，就會讓自己陷入無盡的事務之中。事情做不完還是其次，共事的人也會漸漸疏遠你，因為你已變成了一台工作機器，冰冷無趣。以後員工對你的評價大概只有一句：「若不是看在錢的份兒上，誰為他工作！」可是會不會有更嚴重的情況，用錢都請不到人做事？這並非聳人聽聞，而是實實在在的現實。下面這個故事的主角蘇梅，就遇到了這樣的情況。

02 黑洞

員工為什麼要離職

蘇梅是我的《升級生命軟體》課程的一位學員，課堂上她向我訴說自己近日的苦惱，她說：「團長，我當總經理這一年，很多中層員工離職。我已經給他們漲過好幾次工資了，可還是留不住人，我該怎麼辦？」

蘇梅是個怎樣的人呢？她外表精明強幹，洞察力很強，凡事要求盡善盡美，講話直率，甚至有些不近人情。這些是我對她的觀察。某堂課上，她當著很多同學的面告訴我：「團長，你們宣傳冊印錯了一個英文單詞！這個錯誤太低級了，我都看出來了！」這個質疑讓我略顯尷尬，我向她道歉，也保證下課後會讓同事修改宣傳冊，她才沒有繼續「追究」。

我們客服部的同事向我抱怨過，說蘇梅是一個很挑剔的客戶，要麼抱怨酒店住宿不好，要麼投訴用餐安排不合理。蘇梅還很喜歡講一句話：「我這人就是對事不對人，你們做得不好我就是要指出來。」所以，我們客服部的同事很怕接待她，因為「太難伺候」。

我知道，像蘇梅這樣的女性管理者是不會直接聽你講道理的，我必須引導她自己思考。我問她：「蘇梅，回答妳這個問題之前，我想問妳一個問題：候鳥為什麼會南飛？」

她說：「冬天到了就沒食物了。」

我點點頭，說：「如果給候鳥充足的食物，牠們就不會南飛了嗎？」

她想了一下說：「還是會南飛。」

我問她：「為什麼呢？已經有足夠的食物了呀。」

蘇梅說：「因為北方太冷了，候鳥會被凍死的。」

我對蘇梅說：「妳給了員工足夠高的工資，他們還是離開了，是什麼原因呢？」

蘇梅怔住了，久久沒有說話，大概還沒想明白為什麼我會問她候鳥的問題。於是我又接著問她：「妳確定員工離職是因為工資不夠高嗎？」

「不完全是，」蘇梅猶豫了一下回答說，「據我所知，有兩個同事新工作的工資比我們給的低。」

我說：「妳想通過增加工資留住員工，會不會就像給候鳥足夠的食物，但候鳥依然會南飛一樣呢？候鳥南飛並非完全因為缺少食物，而是因為北方冬天太冷，牠們無法生存。員工是需要工資，可是如果這份工作本身對他們的傷害不是工資能彌補的，他們還會繼續留下來嗎？」

蘇梅想了想對我說：「團長，我有點明白你的意思了，但是我該怎麼做呢？」

我對蘇梅說：「在我的《ＮＬＰ教練式管理》課程裡，會講到兩個概念叫『黑洞』和『發光體』，也許對妳會有幫助。」

「即便給候鳥足夠的食物，
候鳥依然會南飛。」

一位女領導的困境

在接下來的《升級生命軟體》課程中，蘇梅向我們講述了一件讓她久久不能釋懷的事情，在這件事情中，蘇梅第一次知道有種人叫「黑洞」。

那天蘇梅剛要走出洗手間，突然聽到兩個同事在講話。

「蘇總今天來公司了嗎？」這個聲音聽起來很熟悉。

「來了，上午還因為我的一個小疏忽罵了我一頓。哎，害得我一上午心情都不好，什麼事都做不了。」細細的嗓音充滿了委屈，蘇梅當然知道是誰。

「我看到她就緊張，遠遠望見了馬上掉頭走。對了，你有沒有覺得蘇總很像……很像那個什麼？」

「什麼？」

「一個黑洞。每次和她在一起，我就覺得特難受，好像我的能量都被她吸光了。」說她是「黑洞」的人是蘇梅最喜歡的下屬之一，平時見到她總是微笑著打招呼，真沒想到她會這樣評價自己。

「妳也有這種感覺啊？太對了，我之前和她一起做項目就有這種感覺，整個人無精打采的，所有精力都用來應付她，哪還有力氣處理工作。她真的就是個黑洞！」那個委屈的聲音一下子雀躍起來，彷彿發現了一件好玩的事情。

黑洞？聽兩位年輕同事這樣評價自己，蘇梅既氣憤又震驚，差點想衝出去罵她們一頓，但是礙於修養，蘇梅只能忍住怒氣，想著等她們走了再悄悄走出洗手間。但是「黑洞」這個詞卻在她腦子裡扎下了根，不停地出現。蘇梅突然覺得有點兒心涼，公司為了培養員工投入了大筆培訓費，自己栽培員工也花了不少心思，怎麼到頭來只換到「黑洞」這樣的評價？

「妳可要小心點，被她抓住了錯誤，可夠妳受的。」那個細細的聲音故意壓低了聲調說，「上次我的一個報告寫錯了兩個字，被她揪著說了好多天，大會上也拿出來說。」

「我記得，那次她說妳什麼？好像是『沒有前途』？」另一個聲音說。

「是啊，當著那麼多人的面，簡直讓人下不來台。幾個大區的老總都在呢，我自己的下屬也在場，以後我的工作怎麼做啊？妳知道劉經理為什麼要走嗎？就是被她逼走的，再和她一起做項目估計都會變成神經病。」

「我現在也很小心呢，結果越怕就越犯錯，越犯錯就越怕。唉，這樣什麼事也做不了。」「噓，妳小聲點，不要被人聽到了。」另一個人笑著說。

「怕什麼，大不了我也辭職。況且我說的也是實話，蘇總的標準那麼高，有多少人能達到她的標準？達不到標準就挨罵，妳看現在誰還敢做事？很多事情還不是最終落到她自己頭上？我看她最近經常加班，經理走了那麼多，估計她日子也不好過。」

「可不是，她再這樣下去，估計大家都要離職了。」兩個人邊說邊走出了洗手間。

蘇梅僵硬地站在門後，耳邊一直迴響著她們的對話以及那個詞——「黑洞」。「難道真的是我錯了？我花了這麼多心思在工作上，怎麼大家竟然這樣評價我？」

雖然又難過又氣憤，但是蘇梅也沒有太多時間思考這件事，因為還有很多事情等著她處理。從她被任命為總經理到現在剛好一年，這一年公司業務範圍擴大了，事情越來越多，人手明顯不夠。但雪上加霜的是，這一年裡五位經理相繼離職，其中還包括一位大區經理。蘇梅不得不親自上陣做一些本該下屬做的工作。

她回到自己的辦公室，坐在椅子上，揉揉發痛的太陽穴。

蘇梅發現自己這幾個月來，全部的精力都花在那些回覆不完的郵件、開不完的電話會議、催促下屬完成工作上，然而，她依然忙到時常沒辦法按時吃飯，工作做也做不完。沒辦法，每天都有新的情況發生。蘇梅安慰自己說：「業務擴展的時候是這樣的。」但實際上她時常為工作焦慮得失眠，失眠讓她第二天的心情更加煩躁，一旦發現下屬犯了錯誤，哪怕是一些很小的錯誤，都能讓她暴跳如雷。

其實蘇梅自己內心也很清楚，那些離職的經理在某種程度上是想要「逃離」她。那兩位下屬說的其實沒錯，還沒有離職的經理，大概是因為還沒找到下家。

晚餐時，蘇梅也沒什麼胃口，匆匆扒了幾口飯，又回到公司加班。處理完一堆郵件，差不多已經午夜十二點了。她揉揉酸澀的雙眼，看著窗外的景色。夜已經深了，這座城市的高樓大廈已經脫去霓虹外衣，在深藍天幕的映襯下，現出一個個黑色輪廓，如鬼魅般簇擁在一起。偶爾，她也想遞辭職信，一走了之。

她又想起自己很多年前剛進這家公司的場景，和年齡相仿的同事們一起加班、一起哭、一起笑、一起被經理罵、被客戶刁難，雖然很多項目都很辛苦，但那時大家心裡卻是快樂的。對了，快樂。快樂是什麼時候不見了的？蘇梅又想起今天下屬在洗手間對她的評價——「黑洞」。對呀，我什麼時候變成了一個黑洞呢？我為什麼會成為別人眼中的黑洞呢？

夜晚下起了小雨，突然就降溫了。

「好冷。」蘇梅抱怨了一句，裹緊衣領，走出辦公室。蘇梅不喜歡落雨的夜晚，很冷清、很淒涼。望著珠江新城繁華的燈光，孤獨像潮水般湧上來，迅速將她淹沒。

蘇梅是個事業成功的女性。她從小就是一個「成功」的人。蘇梅出生在一個重男輕女的潮汕家庭，她還有兩個弟弟和一個妹妹，她是家裡的老大，要承擔照顧弟弟妹妹的責任。在她的印象中，她父母總是吝惜讚美她。她讀書很用功，只有在她考得好成績、考上重點高中和重點大學時，她才能從父母那裡得到肯定。當她取得一次又一次成功後，讚揚她的聲音越來越多，她從心裡滿足於這些讚美，害怕有一天這些讚美都會消失，所以，她逼自己取得一次又一次「成功」，不停地汲取那些「讚美之聲」的養分。

她的生活看上去很完美，在廣州最貴的辦公室工作，在珠江邊擁有豪宅，幫弟弟妹妹找到了體面的工作，還給父母買了新房。但是她似乎永遠對自己不滿意，對身邊的人不滿意。她希望一切都完美，她為工作付出了很多，也得到了應得的回報，但是為何想更上一層樓的時候，她覺得很吃力？為什麼那麼多人都不喜歡她？她，真的如同大家說的那樣，是一個「黑洞」嗎？

具有「黑洞」特質的人

大家應該都知道「黑洞」是什麼，它本來是一個物理學的概念，科學家認為宇宙中存在一種引力極大的天體，光都無法逃脫它的引力，這種天體一片漆黑，就像一個黑色的洞穴，故而被稱為「黑洞」。

若用「黑洞」來形容人，他們會是怎樣一種人呢？這種人似乎永遠不滿意別人做的事情，和他們見面前必須做好被他們挑剔、打擊、責備的準備，久而久之，只要和他們在一起的人就會覺得自己的能量完全消失，他們彷彿「黑洞」一樣吞噬掉周圍所有的能量。

這樣的特質，在「管理者」身上很常見。如果你是一位管理者或者老闆，回憶一下你是否見到過這樣的場景——在走廊上，你聽見大家都在熱鬧地聊天，但是當你一踏進大門，所有的談話聲戛然而止，每個人都「認真」地埋頭工作，雖然臉上明顯還留著驚魂未定的神情。

如果你經常遇到這樣的場景，那麼恭喜你，你在員工眼中就是一個「黑洞」。

你為什麼會成為「黑洞」

每一個人的現狀都是由他或她的早年經歷塑造出來的，回想蘇梅的故事，我們大概也能揣度出她變成現在這個樣子的原因。

最初，為了得到父母的肯定，她必須在學習成績上表現出色。一旦不「出色」，父母對她的關注和肯定就會減少，所以她不得不努力去「做好」學習這件事，為了獲得更多人的讚美，她就必須「做好」更多的事情以達到世俗的標準，包括考上好的學校、找到好的工作、事業成功、有錢過更好的生活、為父母買房、為弟弟妹妹操持工作的事情……

用事情評判一個人的價值，在這種氛圍中長大的蘇梅，自我價值感非常低。她必須不停地做好這些事情，才能證明自己的價值。被人稱讚的時候，她會獲得短暫的幸福感，但這種幸福感轉瞬即逝，她不得不再去完成新的目標，以再次獲得認可。

在蘇梅成長的過程中，她的父母、老師或者周圍的人只會通過她做的一件件事情去評價她，事情做得好，她就是有價值的人；事情做得不好，她這個人就沒什麼價值。在不停地做好一件件事情時，她往往會忽略人的感受，不僅忽略別人，也忽略自己。所以蘇梅也漸漸形成了判斷人的標準——你能達到我的標準，你就是好員工；達不到，不好意思，你就是個沒用的人。因為有這樣的判斷標準，蘇梅根本不會在乎別人的感受。

一個不在乎「人」的感受的管理者，怎麼可能留住人？

「在不停地做好一件件事的時候，
往往忽略人的感受，
不僅忽略別人，
也忽略自己。」

「黑洞」們的痛苦

讀到這裡，我想讀者已經明白，「黑洞」特質的人大概是什麼樣子。他們主要有兩個特點：

1.用「是否做好事情」衡量一個人的價值，「對事不對人」。在他們眼中，只有事情的成敗得失，沒有人情冷暖，把人當成完成事情的機器。

2.把焦點放在負面的事情上，很難看到別人做到了什麼，只關注別人沒做到什麼，極少給予肯定和鼓勵。

黑洞特質的人會在人生某些階段取得成功，因為他們為了成功會足夠努力、拚搏，但是這種成功大多持續不了多久。隨著事業發展，他們再也不能通過單打獨鬥的方式取得商業成功，他們沒有足夠多的時間和精力去處理所有的事情，更不可能擅長每一個領域，所以必須與人合作。在與人合作的過程中，他們「致命」的缺點就暴露了出來——對事不對人。

首先，他們看不到「人」。如果別人達不到他們的標準，就會遭到貶低、指責，與他們共事的人完全沒有成就感。與他們合作的人，要麼離開他們，要麼被動完成他們的指示。由於怕犯錯，員工不僅不肯多做工作，甚至還會推卸工作。這就會造成一種後果，他們只能自己完成具體工作，或者必須不停地指導下屬完成工作。

蘇梅的下屬離職率高，作為管理者，她必須承擔起離職員工的工作，而在職的員工由於懼怕被她指責，士氣低落，工作效率低下，以致越來越多的工作落到她自己身上。即便她工作能力超群，沒日沒夜地加班，也不可能獨自完成整個公司的工作。所以，蘇梅的生活漸漸被本該由下屬完成的工作塞滿。

每月電話費都超過兩千元的鄭嘉國也一樣，他太在意員工是否能做好每一件具體的事情了，所以他什麼工作都要過問。當然員工也樂得聽從他的指揮，這樣既不用動腦筋，也不用承擔責任——既然都是按「老闆」的指示完成的工作，做錯了也是老闆的責任。

除了工作上的忙碌，「黑洞」特質的人通常婚姻也不太幸福。他們不在乎別人的感受，自然也不在乎伴侶的感受。由於事業的忙碌，對伴侶的關心很少，對家庭的投入也不會太多。日積月累，他們的家庭矛盾就會越積越多，即便沒有發展到離婚的地步，也很難稱得上和睦、幸福。

更加令人擔憂的是他們的孩子。由於他們總是用事情判斷一個人的價值，他們自然會用同樣的標準去要求自己的孩子。孩子接受的教養模式和他們當年一樣，最終也會變成一個「黑洞」。

「黑洞」們不僅讓別人的日子不好過，他們自己的生活也鮮有幸福。隨著事業發展，他們會被工作拖累得疲憊不堪，疲憊又會加重他們內心的焦慮，而這時身邊沒有一個人願意接近他們，他們十分孤獨，卻只能默默承擔所有壓力。

03 發光體

人人都愛「發光體」

「黑洞」特質的人讓人望而卻步，那麼是否有一種與「黑洞」完全不同的人，能給人以溫度與力量呢？

當然有，這種人我們稱為「發光體」。在我的身邊，就有一個具有「發光體」特質的人。第一次與他見面，我就被他那種溫暖的特質所打動，在之後的交往與合作中，只要聽到他給予鼓勵的話語，無論面對怎樣的困境，無論周圍有多少輕視與譏諷，我都無所畏懼。

他能給人以力量的這種感覺，並不僅僅是我個人的感受，幾乎所有接觸過他的人都會如此。那些和他只交談過幾句的人，都會被他那種溫暖的力量觸動，與他相處的時光，成為他們人生中最珍貴的記憶。這個人就是張國維博士。

二〇〇一年，經朋友推薦，我認識了張國維博士，我從他那裡感受到了NLP的魅力，於是開始推廣他的課程。那時候國內幾乎沒有人知道什麼是NLP，招生十分困難。第一個班我們只招到了十四名學員，這樣的招生局面真是讓人沮喪，我也覺得很愧對張博士。可張博士沒有絲毫不滿，他鼓勵我：「招生沒能達到期望值，我感到你有些失望。失望是可以理解的，你們已經盡力了。你放心，我會盡力教好這個班。我願意和你們一起努力，只要我們大家一起用心做，一定會越來越好的。我相信你！」然後他拍了拍我的肩膀，那一刻我很感動，覺得自己充滿了力量和信心。

二十多年過去，張博士的班從最初十多人的小班，慢慢變成了數百人的大班。他不僅僅用NLP的知識吸引學員進入課堂，他的人格魅力也深深吸引著大家。在我們每年舉辦的實用心理學大會上，只要張博士一出場，上千人會一起起立鼓掌。一名記者聽完他的演講，在朋友圈寫下這樣一段話：「我基本上沒聽懂他說什麼，可我莫名其妙地喜歡上了這個老頭。」

為什麼那麼多人都喜歡張博士呢，甚至有人「莫名其妙」地喜歡他？也許下面這個故事能夠給你答案。

雯恬是張博士的學員之一，她走進張博士課程的那一年，正是她人生中最灰暗的一年。經歷丈夫出軌、離婚、分割財產、轉讓公司等一系列磨難後，雯恬患上了嚴重的憂鬱症。她接受了一年多的心理治療，但情況時好時壞，很不穩定，在心理醫生的推薦下，她來到了我們的課堂。

剛進入課堂的雯恬完全不能投入課程學習，彷彿只是為了完成醫生的任務，她每天都坐在教室角落，抱著一台電腦看股票。她把自己沉浸在那些變換的數字與線條中，不聽老師講課，也不和同學交流，即便助教干預也沒用，彷彿只有那些數萬元的收益或虧損才能引起她的注意和興趣。

張博士沒有主動干涉雯恬的行為，但這一切他都關注到了。向我了解了大概情況後，他對我說：「她既然來了，就是在聽課。她只是暫時對生活失去信心，把自己關了起來，我們應該尊重她的內心世界，關注她而不干預她，關心她而不要求她，平常對待就好。」

第一階段的課程結束後，雯恬並沒有任何改變。我們都以為她不會再來聽第二階段的課程了，誰知她還是來了，仍然抱著電腦坐在角落看股票，不和同學交流。但是，我注意到她在股票收市後會合上電腦，抬頭聆聽張博士講課，聽到博士詼諧的語言後，也會露出一絲笑容。

課程進行到第三階段的時候，雯恬已經坐到了教室中間，開始認真聽課，也開始和別的同學交流了。

在最後一天畢業演講的講台上，雯恬流著淚分享了她這一年多的遭遇與經歷。她告訴我們，這一年她從未停止過藥物治療。剛進入課堂的時候，她只是為了嘗試一種不同的治療方法，其實那時的她已經對自己的人生完全失去了希望。但經過這三個月的課程學習，她發現自己好像發生了天翻地覆的變化，就像一株已經枯死的植物又重新煥發了生機。這一年，驀然回首，恍如隔世。若沒有博士細緻的體貼與關懷，她很難想像自己可以這麼快康復。她希望把張博士這門NLP課程傳播出去，幫助更多人。

現在的雯恬，已經是一名小有名氣的親子導師了，還在北京創建了自己的公司。

這樣的故事在張博士的課堂裡比比皆是，每次想起學員們對張博士感激的言語，我的眼眶都會有些濕潤。張博士這樣的人，就是我所說的「發光體」。在他視界以內的人，都會感受到他的溫暖，即便處於人生最灰暗的時刻，也能從他身上找到前行的力量。其實，這種力量真的來源於他嗎？不是。張博士說，這種力量源自你自己，他只是幫你找到了它。這也許就是「發光體」的本質——他們能照亮你通往自己內心的路，指引你發掘自己本來的潛力和能量。

讀到這裡，我邀請你暫時停止閱讀，閉上眼睛，靜靜地想一想，你認識的所有人裡，誰曾溫暖過你的心，曾給過你力量，只要你一想到他或她，心中就會湧上一股暖流。想起這個人之後，請你深深地吸一口氣，彷彿把他們給你的這種溫暖力量吸進體內。從今天開始，好好珍惜他們，多創造機會跟他們在一起，讓你自己的人生更加有力量。

具有「發光體」特質的人

「發光體」和「黑洞」一樣，原是物理學的概念。「發光體」指能發出一定波長範圍的電磁波的物體，肉眼可見的電磁波譜部分，就是我們所說的「光」。

我相信有些人身上也會發出某種波長的電磁波，這種電磁波不是肉眼可見的「光」，但是我們能感覺到它的能量。只要「發光體」出現，他或她周圍的人就會感覺放鬆、踏實、溫暖，充滿能量，看到希望。

具有「發光體」特徵的人有兩個特點：

1.能透過事情看到人。在他們眼裡，人永遠比事重要。他能夠接納你的情緒，讀懂你行為背後的正面動機。在他面前，你永遠不會覺得自己沒有價值。

2.焦點放在一個人能做到的事情上，而不是這個人做不到的事情上。他們從不吝惜肯定和鼓勵，並且相信你能夠做得更好。他們還能在你身上看到很多你自己都看不到的資源。

如何成為「發光體」

這個世界上有少數的幸運兒，他們降生在一個幸福家庭，父母都是心理健康且充滿關愛的人。在成長過程中，父母為他們提供了足夠的心理營養，所以他們內心強大，有著很高的自我價值。進入社會以後，他們為人處世身心合一，能敏銳地察覺到別人的情緒，看到別人的優點，待人溫暖真誠。

但是這樣的幸運兒並不多見，因為大多數的父母本身就是「黑洞」，他們又將「黑洞」的模式傳授給孩子，所以孩子長大以後和父母一樣，用相似的標準去評判別人。

如果我們沒有幸運地降生在這樣完美的家庭中，是否就沒有機會成為「發光體」呢？不一定。你還可以通過後天努力成為這樣的人。

張博士曾經告訴我，他年輕時的工作和工程項目相關，這些項目需要不斷地尋找工程中的缺陷和問題，他也漸漸將這種工作習慣帶到了生活中，開始挑剔別人的問題。對同事如此，對家人也如此。這樣的生活，不僅令別人不快樂，他自己也不快樂。

一個偶然的機會，他接觸了ＮＬＰ，這門課程的學問徹底顛覆了他之前對世界、對人生的看法。從此以後，他看待一件事情，並不會只是孤立地看這件事情本身，而是會關注做這件事情的人，關注這個人的情緒和動機。即便不贊同某個人的行為，他也不會否定這個人的價值。因為總是肯定別人的價值，幫助他們找到自己內心的力量，張博士也成了一位極受歡迎的ＮＬＰ導師。

從「黑洞」到「發光體」

還記得那位孤獨的女強人蘇梅嗎？她參加了我們很多課程，在我的《ＮＬＰ教練式管理》課程複訓的時候，她在課後找到我，和我聊了聊她課後的變化。

她說：「團長，『黑洞』和『發光體』理論對我幫助很大，改變了我很多看法。回去之後，我找到那個想要離職的經理談了話。我自己從來沒有和下屬這樣深入交談過，以前跟下屬只談工作，一直都認為管理就是『對事不對人』。上完你的課，我開始嘗試去認識下屬這個人，學會了接納。真的謝謝您。」

她也告訴我，改變確實是一件不容易的事情。課程上的知識讓她多了很多工具，也改變了她很多想法，但是在運用這些工具的過程中她也遇到很多阻礙，甚至還被人誤解。可一路堅持下來，她的生活真的發生了很大改變。她來複訓，想要鞏固學到的技能，多和同學、老師交流。

蘇梅說，現在周圍很多人都覺得她越來越平和了。雖然她還是有很多事情要處理，但是心情好了很多。現在下屬工作也比之前積極主動了，她相信不久就能過上既輕鬆又有成就感的生活。

除了忙碌的蘇梅，在第二期的課程中，我也特意關注了那位不停打電話的鄭嘉國學員。他偶爾還是會走出教室接電話，但是頻率已經低了很多。我問他：「嘉國，最近工作似乎輕鬆些了？」

他說：「團長，聽了你的課，我還是希望不要再做『黑洞』，現在一些不太緊急也不太重要的事情我都讓下屬去解決。但有時我還是會不放心，比較重要的事情還是要自己把關。」

我說：「那很好啊！你現在電話費也沒那麼多了吧？」

他說：「是啊，每個月還是有幾百塊吧。我現在也把上課的知識教給員工，他們學到之後應該能承擔更多任務，這樣我就會越來越輕鬆了。不過，這個過程還是不容易啊！」

04 人生缺失的重要一課

確實是不容易。無論對蘇梅、鄭嘉國、我還是張國維博士，從一個「黑洞」變成「發光體」都不是一蹴而就的事情，需要投入很多精力去完成這種轉變。但是一旦發生轉變，當自己的世界發生了翻天覆地的變化時，你就會覺得過去所有的努力都是值得的。這本來就是我們人生中應該學的一門功課，可惜大多數人缺課了，因為本該教授我們這門功課的父母也缺了這門功課。

如果你新買了一台家用電器，也許會第一時間就去閱讀使用說明書，但當一個比家用電器複雜很多倍的人降生時，卻沒人給他配一本「人」的說明書。

絕大多數人都是從身邊最親的人那裡獲得關於「人」的學問，一點點去了解別人和自己，然後隨著年齡的增長，接觸更多的人，對人的了解一點點增加。一個人對「人」形成關鍵概念、看法，形成自己的看法、價值觀，都是在成年之前和父母共同生活的那些年，因此，父母對一個人形成怎樣的價值觀和世界觀非常重要。可惜，很多父母自己也不了解「人」，因為他們的父母也沒給他們一本關於「人」的說明書，他們對「人」的認識有失偏頗，無法釐清人與人的本質關係，又將這些偏頗的觀念傳遞給自己的孩子。孩子在成長過程中一直用錯誤的方式與這個世界互動，這種錯誤方式可能讓孩子與這個世界摩擦不斷、碰撞不斷，但他們卻很難覺察到底是哪裡出了問題，即便能覺察到，也難以改變。

其中，最為偏頗的觀念就是「對事不對人」。因為這個觀點的存在，很多人只看到事情，看不到做事情的人，事情做得好壞便成了評判這個人價值的標準。

「對事不對人」的觀點在管理、婚姻和子女教育上十分常見，這種觀點會帶來十分消極的影響。事情是人在做，但是人卻得不到關注與肯定，於是就產生了上文描述的各種人生苦相。

成長過程中對人認識的偏頗和片面，並非不可改變，但是需要投入精力和時間，用恰當的方法去改變、去補充。

你可能也會比較容易認同「關注到人的情緒和動機」這句話，但做到真的很難。「對事不對人」的行為模式一旦形成，即便你懂得「看到人」十分重要，你真的明白「看到人」對你的事業發展非常有用，對你的家庭和睦有益處，對你教育下一代更有用，但你也很難做到。

為什麼會這樣？第一，已經形成的信念是一種很難動搖的堅固力量，它們在我們的思維中扎根很深；第二，即便你真的動搖了一個固有的信念，你有方法形成另一個正確的信念嗎？你有方法改變自己的行為嗎？

我寫這本書的初衷，就是希望把我二十五年來對心理學的各種研究實踐融合起來，通過一個個真實的故事，讓讀者們看到、感受到心理學各種技巧如何運用到生活中，幫助我們看到「人」，認識「人」，了解「人」，重新補上人生缺失的一課，幫助大家拿到「人」的說明書。

下面的章節我會分別從管理、婚姻和子女教育等方面入手，講述錯誤的觀念怎樣影響著我們的實際生活。同時，在每個故事中我都會講授一個心理學知識，用它們來改變這種現狀。

張國維博士是幸運的，我是幸運的，蘇梅、鄭嘉國和所有走進NLP課堂的學員都是幸運的，我希望這種幸運能傳播到更多人的人生中。也許你們未必有時間、有機會走進課堂，但你們總有時間讀一本小書，希望這本書能變成你人生中的一顆「幸運星」。

「入手一台新家用電器時，
你會第一時間閱讀使用說明書；
但人降生時，
卻沒人給他配一本『人』的說明書。」

05 每個人都想證明自己是對的

事情，也許有對錯，而人生，卻很難分對錯。我曾經在課堂上做過一個練習，讓同學們相互告知，對方在穿著方面有沒有哪裡不對勁，並給對方提出穿著建議，然後問被建議的那位同學有什麼感受。感受當然是不好，雖然帶著善意去給別人建議，但是也會引起對方反感。所以，光有善良是不夠的，還得有智慧。

設想一下，如果你的生活中有一個人，她或他很關心你、在乎你，但是他或她總是告訴你：「你這樣做是錯的」，你會對這個人有什麼感覺？當他或她說出「你是錯的」這句話時，你是不是很想為自己辯解？如果這個人天天和你生活在一起，你會不會很崩潰呢？

我將這個問題提出來問學員，他們都表示，無法想像怎麼和這樣的人一起生活。但現實是，我們生活中有很多這樣的人，而且這種人常常是我們很親密的人，如我們的伴侶。當然，我們自己可能就是喜歡分「對錯」的人。

為什麼我們帶著善意給別人提建議，反而會引起對方的反感呢？因為當我們給別人建議時，言語裡面隱含了以下兩個假設：

1.你現在這樣做是不對的；

2.我比你水準高。

其實，沒有人願意承認自己是錯的，更沒有人願意承認自己比別人水準低。一旦我們陷入了這種對錯模式，凡事都要去爭一個輸贏，人與人的關係就會陷入僵局。

由於我常常會在課堂上做很多關於婚姻的個案，從這些個案中我發現了一個共同點——夫妻雙方爭吵的焦點通常都放在誰對誰錯上。為了證明自己是對的，他們甚至會搬出過往許多事情，來證明自己的觀點。最後引發爭吵的這件事情已經不重要了，重要的是證明對錯。

我記得在講「婚姻關係」的某堂課上，我剛講完上面那段話準備讓學員們做練習時，一位女士主動表示，想要和我們分享她的故事。

焦點在「事」，看不到對方的「人」

這位女士叫徐嵐，由於參加了我們的很多課程，我很了解她。徐嵐是一個非常優秀的知識女性，外表幹練、有氣質，在一家外企做行政總監。她的前夫在一家著名的基金公司做財務經理，兩人有一個可愛的女兒。在很多人眼中，徐嵐是一個「完美女人」，美麗、知性、事業有成、家庭幸福，簡直就是「人生贏家」。但是在半年前，她主動結束了自己的婚姻，因為她「受夠了」前夫。

徐嵐說：「大家都以為我的婚姻很幸福，表面上看起來是這樣。在外人面前，我和前夫一直很恩愛。所以，當別人知道我要和丈夫離婚的時候，都很詫異。我自己的家人也不能理解我選擇離婚的行為，他們只是覺得我前夫『比較挑剔』，卻不知我日日都要忍受這種被人否定的痛苦。」

徐嵐和前夫是大學同學，兩人學習都很優秀，畢業後各自進了不同的外企工作。徐嵐性格溫和，不喜歡與別人起衝突。但她前夫卻正好相反，個性「固執」，很容易與別人發生爭執，只要覺得自己有道理，就一定要「贏」。

結婚前幾年，家裡的決策基本都由前夫來做，因為只要徐嵐提出反對意見，他就會據理力爭。徐嵐本著家和萬事興的態度，只有遷就丈夫，獨自承受委屈。在孩子出生後，徐嵐發現自己已經不能再一味遷就丈夫了。

小孩出生後，由於兩人工作都比較忙，丈夫將自己父母接到家中照顧孩子。但徐嵐很不贊成婆婆照顧小孩的理念和方法，於是給婆婆提意見。

徐嵐回憶說：「那時候我也不知道說話的藝術，加上剛生寶寶整個人比較緊張，所以一旦看見婆婆照顧孩子還在用那些『土方法』，我就很生氣。於是我常常對婆婆說，妳這樣做不對，那樣做不好。」

婆婆也是一個非常固執的人，徐嵐與婆婆之間的矛盾越積越多，徐嵐與丈夫之間也出現了隔閡。每當她與婆婆發生爭執時，丈夫總是站在婆婆那邊，即便婆婆真的做錯了，丈夫也會說：「別和老人家爭論對錯。」

但是丈夫卻和自己爭論對錯。徐嵐在婆婆那裡受了氣，丈夫又不理解自己，還時常指責她不懂事，說老人辛辛苦苦幫他們照顧孩子，徐嵐不知感恩。

徐嵐回憶說：「也許從那時起，我就漸漸習慣了和丈夫吵架的生活。每天都會吵，吵得厲害了就賭氣、冷戰。」但是徐嵐和丈夫都是很要面子的人，所以在朋友聚會、家庭聚會時，他們都會以「恩愛」的方式出現在別人面前。只有他們自己知道，這種「恩愛」有多少作秀的成分。

徐嵐在委屈和壓抑中生活了兩年，等到孩子上了幼兒園，她和丈夫的工作也漸漸穩定，婆婆便不再和他們住在一起。但那時她的家庭關係已經很糟糕了，徐嵐基本上和丈夫只聊孩子的事情。由於和婆婆關係不好，徐嵐是絕不會與丈夫一起參加非家庭聚會的，兩人漸漸變成了一個屋簷下的陌生人。

徐嵐說：「如果我們就這樣『平靜』地生活也好。雖然我和丈夫感情已經冷若冰霜，但至少給孩子保留了一個完整的家。可是孩子上學之後，我們又開始爆發『戰爭』了。」

丈夫提倡「虎爸狼媽」的教育方法，徐嵐卻認為要尊重孩子的天性。由於工作需要，丈夫經常出差，雖然不同意徐嵐的教育理念，也沒辦法管太多。直到有一天，丈夫突然怒氣沖沖地給徐嵐打電話，要她立即回家。

徐嵐剛開門走進房間，丈夫就把孩子的期末考試卷扔到徐嵐身上。他對徐嵐吼道：「妳看，這就是妳教育的孩子。妳看看她是什麼成績！」

徐嵐輕描淡寫地說：「我早看過了。孩子有她自己的特點，何況一次考試說明不了什麼。」丈夫說：「她上課看漫畫，被老師抓住幾次了！妳管不管？老師和妳說過，沒用，才找到我的！我才知道，這就是妳教育出來的孩子！」

面對丈夫的指責，徐嵐也據理力爭，可是每次爭吵，都是丈夫贏。因為，一個行政經理的邏輯，總是比不上受過訓練的財務經理的邏輯。終於，受夠了這種輸的感覺的徐嵐再也不能忍受了。

徐嵐說：「曾經沒有和丈夫離婚，是因為想給孩子一個正常的成長環境。可是後來發現，這樣的家庭環境根本不利於孩子成長，我們倆的教育理念差異如此之大，孩子常常不知所措。所以經過長時間的考慮，我還是決定和丈夫離婚了。」

最後，徐嵐問我：「團長，我和前夫的婚姻失敗，是否就是因為我們都要爭論對錯呢？」

徐嵐推測得沒錯，她和前夫失敗的婚姻確實是緣於他們都在爭論對與錯。很多婚姻的破裂都緣於此，夫妻雙方在爭論的過程中，傷害了彼此的感情，讓兩人越走越疏遠。兩人都將焦點放在某件事情上的時候，便只站在自己的角度看待這件事，每個人都想找出各種理由證明自己是對的，以此說服對方。所以那些真正「贏」了爭吵的一方，在不知不覺中輸掉了情感。婚姻如果建立在爭論誰對誰錯的沙土上，一定不穩固。

徐嵐說，離婚後她還和其他男子交往過，但是總不願意走入婚姻，因為她在他們身上看到了前夫的影子，從好的方面來說是很有主見，從壞的方面來說就是得理不饒人。

徐嵐有點擔憂地問我：「團長，如果我再次走進婚姻，還是遇到一個固執己見的丈夫，我應該怎麼辦才好呢？」

其實要解決這個問題並不難，他們之所以會陷入輸贏的爭吵中，是因為雙方的焦點都在「事」上，完完全全看不到對方的「人」。那個當初自己喜歡的人，被日常生活中的瑣事給埋沒了，對方的情感、需求、渴望和正面動機，沒有人能看得到……

心理學確實有很多非常有效的工具，可以讓我們從「事」中看到「人」，讓我們從「黑洞」重返「發光體」，這些方法我會在後面的章節中介紹給大家。其實爭論對錯不僅僅是夫妻間常有的現象，在管理中也常會出現。下面的這個故事就是關於管理中「對錯」之爭的問題。

「婚姻如果建立在爭論誰對誰錯的沙土上，一定不穩固。」

情感與理智

劉銘最近遇到了一件棘手的事情。

劉銘是公司總經理，他手下有一位員工叫吳浩然，年初剛來公司工作。這位員工比較特殊，是董事長的公子，剛從國外留學回來，董事長想鍛鍊鍛鍊他，將其鄭重地交託劉銘手上，請劉銘帶這位「海龜」熟悉中國市場的銷售。現在公司正準備上市，少公子這時候回到公司，明眼人也知道董事長是在培養「接班人」了。

吳浩然在國外學的專業是經濟管理學，碩士畢業，還在國外一家五百強企業工作過幾年。劉銘很清楚，董事長希望公子可以繼承家業，才讓自己親自帶公子學習業務，這也是董事長對自己的信任和肯定。劉銘也喜歡這位看上去溫文爾雅的年輕人，想把自己在這個行業的所學都教給他。

可是剛到任兩週，吳浩然就出了一件事。某天，一個客戶打電話給劉銘說：「劉總，你們怎麼還不發貨？我們這邊都要急死了，怎麼這次發貨這麼慢，是不是出了什麼問題？」劉銘想，生產車間沒什麼問題啊，難道是倉庫出了問題？劉銘只能回覆客戶：「您先等我一下，我打電話問一下，盡快給您回覆。」

劉銘很快查明了原因，是吳浩然給倉庫下了命令，暫時不發這批貨，因為銷售環節還有一些問題。

劉銘催倉庫盡快安排發貨，自己已經親自簽了發貨單，然而倉庫負責人告訴劉銘一件事，讓他大吃一驚：吳浩然不只扣了這批貨，倉庫到現在都還沒接到發貨通知。如果再不發貨，估計劉銘會陸續收到客戶的催貨電話。

扣下貨品這件事情吳浩然並沒有提前和劉銘商量，「就算是董事長的公子，也該提前和我商量一下吧。難道『海龜』做事就是這樣的？」劉銘無奈，只有打電話給吳浩然。

吳浩然走進辦公室，還沒等劉銘發問，他就對劉銘說：「劉叔，我發現公司的管理有很多問題。首先，銷售流程就不規範。」然後吳浩然拿出一本自己做的《改進銷售流程意見書》遞給劉銘，告訴劉銘，國外企業都是嚴格按照這套流程進行銷售、庫存和原材料購買的。

劉銘耐著性子聽完吳浩然的分析，然後說：「小吳啊，你這個東西是很好，但是我們公司用不上。我們的客戶都是合作了很多年的老朋友，沒有必要按照這些流程執行，大家知根知底，不用這麼麻煩。」

吳浩然聽完，立即反駁道：「劉叔，想要成為一流企業，我們必須要按照現代企業的標準執行。不運用先進管理制度，企業永遠做不大！」

劉銘心想，一個小毛孩兒，喝了點兒洋墨水，在外企幹了幾年，就這樣不知天高地厚。雖說這家公司早晚是他的，但若照他這樣「改革」，不出幾年，公司一定關門大吉，作為陪伴公司一起成長起來的老員工，劉銘可不忍心看到這樣的結果。若吳浩然只是一個普通員工，劉銘肯定早就罵他一頓了，說不定直接炒掉，可是吳浩然是董事長的公子，也可能是未來的董事長，劉銘還被特意叮囑過要「帶他」，所以劉銘只有暫時忍住怒火，對吳浩然說：「好，你把這個意見書放下，我先看看。還有一件事，我聽倉庫說你讓他們暫時不要發貨，是什麼原因？」

吳浩然說：「是這樣的，我翻看了之前和客戶簽的銷售協議，他們必須先付30%的款項我們才發貨，到貨簽收以後再付30%，最後驗收合格，在一個月之內付尾款。可是我問了財務，我們根本就沒有收到預付款就安排發貨了，還有幾個客戶驗收合格都超過三個月了還沒付尾款，所以我就要倉庫暫時不發了。」

劉銘一聽差點暈過去，生意哪有做得這麼死板的？這幾個客戶都是十幾年的合作夥伴了，貨款不完全按照銷售合同支付也是時有發生的事情，何況還是重要客戶。劉銘對吳浩然說：「小吳，我們有自己的具體情況。如果都按照國外企業標準來要求我們的企業，大家都沒辦法做生意了。這幾個客戶都是十幾年的老朋友了，和你父親關係也很好，即便他們真的欠款，我們也會把貨物給他們的。大家做生意其實也是交朋友，沒那麼死板。」

然而，吳浩然卻不認同這個觀點，他說：「劉叔，我查過企業的帳，我們被拖欠了不少應收款。再這樣下去，資金鏈如果斷掉，我們自己也會完蛋。那個時候你和我老爸那些所謂的『朋友』還會來幫忙嗎？」

劉銘和吳浩然根本說不到一塊兒，於是第一次談話就這樣不歡而散。

就在劉銘還在考慮如何改變吳浩然「海龜」思維的時候，吳浩然又製造了無數「麻煩」。不久之後，一個老員工突然跑到劉銘辦公室，扔給他一封辭職信：「劉總，我能力不夠，你批了，我立即走人！」

這個老員工叫陳啟，算是公司元老了，一直在公司做得很好，這是怎麼了？劉銘把信扔到一邊，對陳啟說：「老陳，這是怎麼了？」

陳啟還在生氣，說：「劉總，我對你、對吳總、對公司都沒什麼意見，但是我自己能力不夠，我只會小打小鬧，使一些旁門左道的伎倆，以後公司要上市、要正規是用不上我們這些人的，與其被炒掉那麼沒面子，還不如自己走好了。」

劉銘一聽，這是話裡有話，於是趕快安撫陳啟坐下，叫秘書沏了茶，親自端給陳啟。陳啟的氣似乎消了一點，然後說出了原委。陳啟負責供應商工作，有一筆訂單供應商以不開發票為由同意少幾個點，陳啟算了算利潤也不錯，於是就簽了合約。結果被吳浩然發現了，吳浩然當著眾人的面說陳啟是在搞「旁門左道」，一旦審計發現公司和供應商合夥逃稅，會面臨巨額罰款。劉銘轉念一想，吳浩然的說法也沒錯，只是他不該當著眾人的面「羞辱」一個老員工。

劉銘好不容易才安撫了陳啟，下午吳浩然就找來了。吳浩然說：「劉叔，公司那些老員工也太亂來了！我們準備上市，怎麼可以在稅務流程上犯錯呢？」

本來打算好好找這位公子談談，劉銘一聽吳浩然這麼說，就很不舒服了——吳浩然說公司老員工亂來，其實把他也包括進去了。他對吳浩然義正詞嚴地說：「小吳，你這樣做是不對的！你得罪客戶，現在又批評老員工，公司沒有用你的那些『現代』管理法也一樣做得很好！你有什麼資格教訓那些比你有經驗的人？」

大概沒有想到劉銘會勃然大怒，吳浩然也吃驚不小。但很快他就開始據理力爭，把這幾個月在公司看到的不合理的現象一一列舉出來。其實這些情況劉銘都知道，也打算在上市前整治整治，但是他比吳浩然更清楚公司的情況，冰凍三尺非一日之寒，改革是肯定要改革的，但是不能這麼激進。連自己都受不了吳浩然這種態度，其他人怎麼受得了？

吳浩然要規範公司的流程管理，一切按照跨國企業的先進模式來運作，而劉銘經營這家企業十多年，從創業到準備上市，都是他與董事長齊心協力打下的江山，公司的發展壯大已足以證明他的方法沒有問題，過去連董事長都讓他三分，可是今天，兩人卻各持己見。究竟誰對誰錯？

於是，一次次的談話都在不愉快中結束。不愉快歸不愉快，劉銘意識到吳浩然說的情況也有道理，公司面臨的問題確實如此，只是如何讓這個年輕的「海龜」不要那麼激進呢？如何讓這個年輕人聽聽自己的意見呢？如果兩人每次談話都是這樣不歡而散，也許不久之後，他也會遞辭職信。可如果自己就這麼一走了之，吳董該有多失望。公司又真的經受得住吳浩然那樣的「改革」嗎？有沒有什麼辦法，既讓改革順利進行，又讓所有人都接受呢？

一方面是對企業多年的情感，另一方面是吳浩然關於改革的理智，劉銘陷入了深深的沉思……

為什麼人們總是爭論「對」與「錯」

對與錯的爭論不僅不會使事情變好，往往還會使事情越來越糟糕。但很多人即使覺察到了這一點，也很難停止爭論。這是為何呢？

爭論，只是一種行為。爭論雙方，其實都是在維護自己的信念、價值觀、身分等對他們來說真正重要的東西，一旦他們承認自己「錯」了，便是動搖了這些對他們來說更加本質的東西。所以，一旦你說別人「錯」了的時候，這個人就會立即採取防禦攻勢，去保護那些對他來說很重要的東西，你之後提出的建議無論多好，也很難被他接受，因為，他的心門已經對你關閉。

從更深層次看，這就是一個人的自我價值。

自我價值是指在個人生活和社會活動中，自我對社會做出貢獻，而後社會和他人對作為人的存在的一種肯定。自我價值在人之初是通過父母的接納、肯定、承認、讚美、表揚、鼓勵等方式逐漸建立起來的，其核心是自尊。

美國心理學家布蘭登在《自尊的六大支柱》一書中對自尊做了如下表述：

1.自尊是對我們思維能力的信任，對我們應對生活挑戰能力的信任；

2.自尊是對人人都可以成功，具有追求幸福權利的信任，以及對我們自身價值、對我們維護自身的權益、享受勞動果實的信心。

簡單地說，自尊就是一個人對自己的評價，這種評價通常與成長過程中父母及老師等長輩的評價有關。大多數人的自我評價都不高，也就是說，大多數人在成長過程中形成了一個低自尊的自我。於是，大多數人都渴望通過一些事情獲得別人的肯定，在獲得外在肯定中尋求自尊。

一旦我們所做的事情被別人否定，就等於自我價值被否定了，為了維護那點僅存的自尊，就會奮起還擊，爭論就因此產生。這種爭論已遠遠超越了引起爭論的事件本身，最終升級為尊嚴之爭，為了「對」與「錯」背後的尊嚴，不惜夫妻離異、夥伴生隙。

這就是人們為何會爭論對錯的根本原因——保護自己！

06 有效果比有道理更重要

你需要的是達到效果，而不是證明道理

ＮＬＰ一直強調，有效果比有道理更重要。

在爭吵的時候，雙方都會認為自己有道理，而對方都是在無理取鬧。事實是，爭吵的雙方可能都是對的，可惜的是，兩個對的人卻無法相處。有時你會發現，越是對的人，他的身邊越是沒有人，正是他的「對」，把身邊的人一個個推遠，因為，沒有人願意承認自己是錯的。

那為什麼每個人都有自己的道理呢？不是說真理越辯越明嗎？為什麼夫妻卻越吵距離越遠，生意夥伴越辯越難合作？難道就沒有一個真理？

我最近去了一趟澳洲看朋友，有感於兩地的差異，寫了一首詩。

你的世界我不懂

你說

二月來潛水
八月來看雪
我以為你在開玩笑

你說
動物有腿不會走
鳥兒有翅不會飛
山是藍色的
我覺得你智商有問題

你說
北方酷熱難當
南方千年冰封
我想
你大概瘋了

直到
那天我到南半球來看你

詩寫得不好，但足以說明一點，你所處的位置會決定你的觀點。不光你所處的位置，還有你的立場、你的角度、你的身分等，都會決定你的觀點。

我認為北冷南熱，是因為我站在北半球；一個澳洲人認為北熱南冷，是因為他站在南半球；徐嵐認為教育孩子要包容鼓勵，因為她是母親，她丈夫認為應該嚴格、有規矩，因為他是父親；劉銘認為公司管理要靈活，因為他一直生活在中國，吳浩然認為公司管理要規範，因為他剛剛從外國回來……誰對？誰錯？

誰都對，因為站在自己的立場來看，每個人都有每個人的道理。

誰都錯，因為都沒有去考慮別人的立場。

更重要的是，大家的焦點都在事情上，沒有人看到對方這個「人」。

如果吳浩然能看到劉銘這十多年管理公司的不容易，能肯定他過去對公司所做出的貢獻，然後，在尊重他是現任總經理的前提下，與他一起商量應收帳款以及健全公司稅務問題，事情會不會有所不同呢？

同樣，如果劉銘能看到一位年輕人熱火朝天的幹勁以及敢於改革的膽色，能對他改革的熱情及魄力給予肯定，然後再告訴他中國企業多年來形成的習慣，跟他一起商量最佳的解決方案，難道一位有世界五百強企業經營管理經驗的年輕人不懂得通情達理嗎？

遺憾的是，絕大多數人都把焦點放在了事情上，完全忽略了人的存在，這就是對事不對人帶來的後果。

只要把焦點放在事情上，就一定會聚焦於自己的道理。每個人都有各自的道理，當雙方都堅持各自的道理時，事情的效果就會適得其反。在婚姻中堅持道理，結果可能就是離婚；合作夥伴堅持對錯，結果就是分道揚鑣。

只談道理或者只講正確而不顧有沒有效果，是在自欺欺人。為什麼我們要把焦點放在效果上？原因很簡單，講道理往往把焦點放在「過去的事實」上，注重效果才會把注意力放在現在和未來。任何計畫的制訂都是為了效果，效果是所有行動的目的。但是，很多人卻忘記了這一點，最後變成只注重道理，一定要證明自己是對的，而忘記了本來想達到的效果。

這世界上沒有兩個人是完全一樣的，成長環境不同，價值觀也不相同。當一個人堅持道理的時候，就是將自己的一套信念、價值觀和規條強行加在別人身上。被別人強加一套信念的時候，每個人都會本能地反抗，就如上一節所說，他要「捍衛自己」。

道理是理性分析總結出來的成果，它並非沒用，但是真正推動一個人改變，需要感性的力量。僅僅有理性是不夠的，理性可以使人們認同一個道理，卻沒辦法執行這個「道理」。

所以，要真正達到效果，首先要拋棄「證明自己是對的」這個行為，讓對方先在感情上認可你。婚姻需要道理，但是婚姻更加需要感情。一段婚姻只剩下道理而沒有感情的時候，就名存實亡了。

「道理是理性分析的成果，
它並非無用，
但真正推動一個人改變，
需要感性的力量。」

徐嵐和她前夫其實都沒錯，站在各自角度，他們都有「道理」，他們兩個人也只是為了使家庭更好，家人相處得更和諧，讓孩子有一個更好的未來。然而在爭論的過程中，他們太想證明自己是對的，所以最後完全忘記了本來想要達到的「效果」。

劉銘和吳浩然兩人的觀點也沒有對錯之分，一個人熟悉國內企業的運作模式，另一個人熟悉國外企業的運作模式，兩人都希望企業越做越好，但是最後卻變成一次次「不歡而散」。

讓效果與道理共存

效果和道理往往可以並存，並不需要犧牲其中一個而滿足另一個。

我告訴徐嵐，如果她再次走入婚姻，面對爭執不用感到恐慌，但是一定要記住，在爭論某件事情的時候，一定要心中有愛、目中有人，也就是說，要通過這件事看到丈夫的正面動機，同時接納他此刻的情緒，並對他所做出的貢獻給予肯定。在情感上跟他連接在一起，然後再去討論事情，這就是俗話說的「動之以情，曉之以理」，這樣的爭吵會讓兩人的關係更近。因為，雙方都十分在乎對方，這樣就沒有什麼談不了的事。

同時，需要不斷去覺察，因為一旦爭論起來，就會陷入自己的「道理」中，要提醒自己從「道理」中走出來，去看看這樣做會達到的「效果」。很可能兩個人想要達到的效果是一樣的，只是採用的方法不同而已。這時她可以完全接納對方的做法，肯定他的想法。當一個人能夠接納對方的時候，對方也會對自己敞開心扉，這時兩人就有可能達成共識，找到彼此都認同、都能達到效果的辦法。

同樣的方法我也告訴了劉銘，無論工作中遇到什麼樣的爭執，都不要忘記——效果比道理更重要，但是效果和道理可以共存。劉銘很清楚，吳浩然的「改革」也是對的，只是劉銘不能接受他的方式。既然兩個人都希望企業越來越好，那麼他們想要達到的效果就是一樣的，所以我也建議劉銘如果再和吳浩然談管理上的問題，完全可以先接受他的觀點，認同吳浩然的「道理」，然後兩人一起協商用什麼樣的方式去達到共同期望的效果。

道理最終要服務於效果，沒有效果的道理不具有任何意義。人們根本不用太在意某件事情有效果的時候是否符合某種道理，效果本身就是道理最有力的證明。當你掌握了「效果比道理更重要」這個前提，你的人生將會更加具有靈活性。所以，讓自己有所覺察，清晰地知道「道理」與「效果」的關係，就能讓你的「道理」為「效果」服務。

當然，要做到這一點非常不容易，因為人們維護的「道理」，其實是自我價值。一個自我價值低的人，一旦受到別人的批評或否定，他的自我防禦機制就會被觸發，就像抵抗外敵入侵一樣，會動用自己的全部精力去抗爭，此時此刻的他，很難有精力去顧及事情的「效果」。這也就是為什麼我們經常看到很多非常聰明的人卻不斷幹傻事。

所以，要從「對」與「錯」的陷阱中走出來，真正做到效果與道理並存，最根本的起點就是提升自我價值。至於如何提升自我價值，我會在後面的章節中繼續為大家闡述。

「對錯」背後是一顆脆弱的心

在生活和工作中，我們總會碰到這樣一種人，他們黑白分明，非此即彼，邏輯嚴密，他們總有辦法證明你是錯的。在他們面前，有時候你會感覺自己一無是處，渾身乏力，這種人就是我前面所說的「黑洞」。

我曾經就是這種人，這條路我走過，所以，我非常清楚。下面我想跟大家分享一個我過去的故事，通過這個故事，你可以看到，當年的我，在堅持「對」的背後，隱藏著一顆怎樣脆弱的心。

我出生於廣東的農村，曾經家裡很窮。我還記得，讀大學的時候從來不敢和同學一起去食堂吃飯，因為那時的我只買得起青菜。

那時的我有一顆玻璃心——害怕別人看見自己經濟上的窘困，總要小心翼翼地保護那點倔強的尊嚴。越是保護，越是敏感；別人善意的示好，在我眼中都可能被扭曲成一種侮辱。那時的自己，就像一隻刺蝟，拚命守護著脆弱的自尊。

我曾邀請過一位朋友來家裡做客，廣東人有個習慣，招待客人都要泡茶喝。我拿出自己覺得很好的茶給朋友喝，朋友喝了一口，無心評論了一句：「這個茶葉不好。」

這句隨口而出的話，像一記耳光打在我臉上。

這位朋友回去後不久，給我寄了一包茶葉過來，說：「你試試我這個茶，比你那個好。」我看著那包茶葉，覺得自己受到了奇恥大辱，立即給朋友回了封信，言辭激烈，一再強調自己就是喜歡自己的茶葉，喝不慣別的茶，然後將朋友送的茶葉硬是寄了回去。

一個偶然的機會走進心理學的世界之後，我才明白，因為那時我的自我價值太低，別人的好意被我看成「侮辱」。為了維護那點少得可憐的自尊，我不得不用盡一切辦法，來證明我是對的。卻不曾覺察，在我證明自己是對的同時，我把一包上好的茶葉推出了我的世界。

其實，被我推出世界的，又何止一包茶葉？

在接觸心理學之前，為了保護那顆脆弱的心，我築起了一堵又高又厚的圍牆，把自己困在一個小小的世界裡獨自掙扎。

而「對」與「錯」，就是那堵牆中的一段。

那我們該如何與這樣一種人相處呢？

想知道如何跟他相處，我們就要繞過他所設置的牆，去看到牆對面的這個人。

你面前的這個人，看起來很強大，其實，在他強大的邏輯武裝下，是一顆脆弱的心。他們也許在成長的過程中很少得到父母、師長的肯定、認同，在缺乏愛的環境中長大，心理營養一直得不到滿足，形成了極低的自尊。為了保護那個弱小的自我，他們一定要證明自己是對的，否則他們無法在這個世界上生存。為了保護自己，在成長的過程中，他們學到了一套完整的邏輯，這套邏輯就像盔甲一樣把自己武裝起來。所以，我們要看到他們，不僅看到他們的盔甲，還要看到他們那顆脆弱的心。

我們能夠明白這一點，事情就好辦了。只要你能夠聽到他的觀點，讀懂他的期待，看到他的正面動機，並給予肯定，讓他的渴望得到滿足，這樣，你們的感情就會加深，他那顆很久沒被滋潤的心因為得到了你的滋養而變得鮮活起來，他的靈魂也因而強大起來，那堵擋在你們之間的牆就會瞬間煙消雲散。

這也許就是俗語所說的「士為知己者死，女為悅己者容」的原因吧。

「想知道如何跟他相處，
就要繞過他所設置的牆，
去看到牆對面的這個人。」

Chapter 2
人生模式

01 你的模式決定你的命運

上一章我談了人們為什麼「對事不對人」以及「對事不對人」帶來的不良後果。從這一章開始，我們學習如何對人。

爭論對錯這種行為是比較顯而易見的，當人們明白了爭論對錯的真正原因，並且將焦點從「道理」轉移到「效果」上的時候，問題往往容易解決。但是，人生中還有很多複雜的事情，並不像爭論對錯這麼簡單。

我們常常說命運，有些人時運亨通，有些人命運多舛，彷彿上天就是厚愛一部分人，而怠慢另一部分人。可是，一個人的命運真的是掌握在上天手中嗎？如果真是如此，人人都不用奮鬥了，坐等上天的恩賜就好了。這世上大部分人的成功是不可能通過「幸運」得到並且保持長久的，往往都要通過艱苦的奮鬥和努力才能獲得。天道酬勤，說的是只有勤勞的人才能擁有成功、財富和幸福。但是，我們也常常會看到這樣的現象，一個人非常努力，人品也很好，不過他總是無法取得財富上的成功；不僅如此，在婚姻上也可能會有這種現象，有些人努力想要經營好一段感情，卻總是在感情中傷痕累累。那麼這些現象是否就只有用命運去解釋呢？

很多人都覺得生活中有太多事情是自己控制不了的，但事實是，他們沒有從自己身上尋找原因，他們沒有發現事情的發展往往是由自己的反應和態度引導的。每一個人對待一件事情，都有一套固定的「應對模式」，只要他這個模式不改變，每一件事情都會被他自己導向同一個結果。他逃不開不幸的命運，因為他沒有完全弄清楚自己的「模式」，也不知道如何打破或改變這個模式，他的命運就只會在不幸中重複。

從下面幾個故事中，你能看到模式如何影響一個人的人生。

誰錯了？

天色漸晚，路上行人匆匆趕回家。阿傑走進自家小區，看見一些孩子背著書包，一邊嬉笑一邊往家裡跑，有些婦女提著一籃子蔬菜往家裡走，整個小區飄散著飯菜的香味，眼前的景象和呼吸中的味道都催促著一個人回家。然而越靠近家門，阿傑的步伐就越沉重、緩慢、踟躕，他在小區裡徘徊了幾圈，太太小希的電話第三次響起，他才猶豫著接了起來。

「阿傑，你怎麼還不回來？飯都要涼了。」太太有些抱怨地說。

「快了快了，在樓下了。」阿傑敷衍著回答。

掛了電話，阿傑只能硬著頭皮回到家裡。但是，他知道等下太太一定會問他那個問題，他還沒想好如何回答。

喝完一碗湯後，小希說：「你今天辛苦了，講了一天課，要不要再喝一碗？」

「不用不用。」阿傑擺擺手，他知道接下來小希就會問他那個問題了。

「談好費用了嗎？」小希漫不經心地問道。

阿傑聽到這句話，心裡咯噔一下，想：「果然問了。」

「談了。」阿傑咕噥了一句。其實他沒有談，但是不知道怎麼回答，如果他說沒談，太太一定會大發雷霆。

「怎麼收費？」小希接著問。

「這次……這次只是試講，下次……下次再具體談費用。他們還要考慮一下。」阿傑感覺自己的後背和手心都出汗了。

小希一聽阿傑這樣說，就知道他根本沒有和對方談課程收費的事情。小希將手中的湯勺一扔，轉身瞪著阿傑，說：「怎麼這次不談好？你不是又打算免費給別人講課吧？阿傑，你自己看看這個月公司的開銷，你開的是公司，不是慈善機構！」小希簡直氣得要炸了。

「我知道，但是這次課程很簡單，都是老同學了……」阿傑看到太太那樣生氣，起身從餐桌走到客廳沙發，然後縮進沙發裡。

「老同學怎麼了？親兄弟還明算帳呢！你就是不好意思問人家要錢。」

「我這次課程是試講，講得好以後他們自然還會請我去講，這次不要錢又有什麼關係！」阿傑雖然這樣說，但其實一談到錢，他根本就開不了口。

「給別人試講，有講一整天的嗎？」小希氣得摔門，進了臥室。

看到太太氣得跑進臥室，阿傑無奈地嘆了口氣。

這一切是怎麼回事呢？這還要從幾年前說起。

阿傑曾經是一所學校的老師，工作穩定。阿傑口才特別好，很擅長演講，後來又參加了企業管理的系統培訓，有了這些基礎以後，阿傑便開始給一些企業做培訓。因為他的培訓課程品質比較好，漸漸就有一些朋友請他講課。由於邀請他的人越來越多，阿傑便萌生了辭職自己創辦培訓公司的想法。經過一段時間思考，阿傑向學校遞交了辭職信，又向親戚朋友借了一些錢，創辦了一所培訓公司。

但是開公司和兼職打工是完全不一樣的，公司只要開張一天，就要面臨各種費用，還有大大小小的事務要處理。而這些都不是最重要的，真正開了公司以後，阿傑才漸漸發現自己身上有個致命的缺點——每次和別人談課程費用，他就難以開口。兼職講課的時候，別人給多給少他都不是很在意，有時給人免費培訓他就當作訓練。但是開了公司以後，課程就必須要按照一個標準價錢收費，如果不照此收費，公司就很難持續運營。

阿傑太太小希一開始非常支持丈夫創業，還將家裡多年的積蓄拿出來給阿傑。第一年公司虧本，小希也沒太在意，畢竟剛開始營運的公司，虧本也是很正常的事情。但是漸漸地，小希就發現了問題——丈夫的很多課程都是免費幫朋友，有時收費，但費用也不高。小希從最開始給阿傑提意見，到和阿傑吵架，阿傑總是敷衍的態度，有時說幫朋友忙，有時說談好價錢了，但是不知道為什麼別人總是拖著不給錢。

架吵多了，兩人之間的感情也就漸漸出現了裂痕。尤其是這一年，小希勸說阿傑不要再辦公司了，公司就像一個無底洞，家裡不多的積蓄幾乎全部要搭進去了。阿傑好幾個月都沒有收入，家裡的生活完全靠小希一個人微薄的收入支撐。

其實這個事情阿傑自己也很苦惱，他不明白，為什麼自己如此努力，卻淪落到靠老婆養的地步？

阿傑是一個非常聰明的人，讀書時也勤奮努力，成績一直名列前茅。阿傑出生在農村，但是靠著自己的努力，上了重點中學、重點大學，後來進入一所重點學校當老師。他的太太小希也是看重他的上進心，當年不顧眾人反對，嫁給了既沒背景又沒家世的他。兩人婚後的日子也算幸福，如果阿傑不出來創業，可能他們兩人現在還平靜快樂地生活著。

難道真的是他錯了嗎？可是，如果錯了，又錯在哪裡呢？自從工作後，阿傑就漸漸發現很多曾經讀書遠不如他的同學都過得比自己好，他心有不甘。一個男人希望自己能夠掙更多的錢有錯嗎？他離開體制，想要自己闖一闖，掙更多的錢有錯嗎？

一個多月前，他碰到了一個老同學——亞偉。亞偉是阿傑大學同學，兩人關係很好。工作以後兩人各自忙事業，聯繫漸漸少了，只有逢年過節會問候一下。亞偉三年前創辦了自己的公司，公司經營很好。亞偉找到他，正是聽說他在開辦企業培訓課程，而這正是他們公司高管需要的。

阿傑想，這是一個不錯的機會，又是自己的老同學，所以一口應承了下來。兩人約好講課的時間，便告辭各自回家。

回到家之後，阿傑把這件事情告訴了妻子小希。聽到有人請丈夫講課，小希自然是很開心的，但是她也非常擔心丈夫又免費給別人講課，於是提醒阿傑：「你和他談過課程費用的問題了嗎？」

「這……還沒有。我們週三上課前會談。」阿傑有點吞吞吐吐的。

「要不要我陪你去？每次談錢你就不敢開口。」小希擔心地說。

「放心啦，這次不會的。」阿傑說。

但事實上，阿傑直到講完課，也沒和亞偉談課程費用的事情，於是就出現了本節開頭那一幕——阿傑不敢回家面對太太小希。

小希是我《升級生命軟體》課程的學員。小希上課的時候告訴我，她已經沒辦法再這樣繼續和丈夫一起生活了。她希望我能幫她和丈夫做一次婚姻治療，如果還是解決不了問題，她就準備離婚。

小希對我說，她現在很後悔和阿傑結婚。當年他們結婚的時候，周圍很多人反對，但是小希覺得阿傑是重點大學畢業，很有內涵，人緣又好，最重要的是做事認真、努力，這樣的男人，和他在一起生活絕不會差。

可是多年以後，小希才發現自己當初的判斷全錯了——阿傑確實是一個很努力的人，卻是一個掙不到錢的人。最開始，小希認為阿傑在學校當老師，收入不高，這個可以理解。創業之後，兩人的生活水準不僅沒有提高，反而越來越拮据。她看得出來，阿傑其實挺努力的，但是為什麼這麼努力卻賺不到錢？更讓她受不了的是，每次談到錢的問題，他都會逃避、搪塞，從來不正視這個問題。

小希認為，一個人一時窮沒關係，可是窮太久了，一定是他的錯。

這話好像挺有道理的，我帶著好奇，也想看看阿傑究竟「錯」在哪裡。於是，我讓她把阿傑帶到了我的課堂。

初見阿傑，一表人才，也許是做過老師的關係，整個人都散發著濃濃的書卷氣。

我問阿傑：「你太太說你一直賺不到錢，這是事實嗎？」

阿傑說：「是的。」

我對他說：「那我們今天來聊聊錢吧，你想掙錢嗎？」

阿傑笑著說：「當然，誰不想掙錢呢？」

我又問他：「那你努力去掙錢了嗎？」

「努力了啊，我從小就是一個努力的人。」阿傑說。

我點點頭，又問他：「那你認為你的智商如何呢？」

阿傑說：「還可以吧，讀書時每次考試我都是班上的前幾名。」

我說：「智商沒問題，又努力，又想掙錢，可是一直都掙不到錢，你有想過是什麼原因嗎？」

阿傑無奈地搖搖頭說：「這個問題，我也不斷地問自己，可一直沒有答案，這也是我苦惱的原因。」

在和他對話的過程中，我一直觀察著他的身體姿勢，這是我做個案養成的習慣。我發現，他握麥克風的左手一直在發抖。每一個做心理諮詢的人都知道，我們可以藉由來訪者身體的反應，獲得一些潛意識的信號。

我決定慢慢進入阿傑內心深處，去探索也許連他自己都不知道的東西。

我對阿傑說：「我留意到你握麥克風的手一直在發抖，把你的注意力集中到你的左手，你留意到了什麼？」

阿傑說：「我有點緊張，手心在出汗。」

我點點頭，說：「閉上你的眼睛，把注意力集中在你的左手，看看它想帶給你什麼訊息。」

阿傑閉著眼睛，左手的抖動幅度更大了，慢慢地，我看到眼淚從他的眼眶裡流淌出來。

我接著說：「傷心是可以的。可以告訴我，你的眼淚在說什麼嗎？發生什麼事情了嗎？」

阿傑的眼淚抑制不住地流了出來，從小聲地啜泣，漸漸變成號啕大哭。現場的其他學員都驚訝不已。

當時已有十多年的心理工作經歷的我，面對這些情況早已有所準備，等他慢慢平復了情緒，才向我說出了小時候發生的一件事情。

有一年冬天，天氣很冷，屋外大雪紛飛。還是個孩子的阿傑放學後就衝回家裡，想趕快吃上一頓熱呼呼的晚餐。可當他回到家裡，卻看見父親瞪著他，然後質問他是不是偷了家裡的錢。他確實悄悄拿了家裡的錢去買東西，不敢告訴父親，還僥倖地以為自己做的事情不會被發現。看見父親怒不可遏的樣子，他嚇壞了，承認自己偷了錢。父親氣得暴打了他一頓，然後把他關到門外。他的哭喊聲驚動了鄰居，引來了不少人圍觀。不管鄰居如何求情，他的父親就是不肯開門。外面很冷，就這樣，他在雪地裡哭喊了很長時間，直到全身都凍僵了……

剛才他號啕大哭，就是抖動的左手把他帶回了那一幕。

我問他：「當你重新回到這件不愉快的事情上時，你在那一刻產生了什麼想法？」

阿傑低著頭說：「錢把我害慘了。」

讀到這裡，各位聰明的讀者也許已經明白阿傑一直努力卻掙不到錢的原因了。

就在那個晚上，「錢把我害慘了」這個信念深深扎根在了他心中。一個人若有「錢把我害慘了」這樣的信念，又怎麼去賺錢呢？有誰願意獲得會把自己「害慘了」的東西呢？阿傑在營運公司的過程中，一直不願意觸碰錢這個問題，是因為在他內心深處，錢是一個不好的東西。

隨著時間的推移，「錢把我害慘了」這個信念就會使他形成一種模式，他雖然意識上很想掙錢，但是潛意識會阻礙他去掙錢，因為潛意識會保護他的安全。

一個人的模式不僅僅會影響到自己的財富，還會影響他的事業。通過下面兩個故事，你能非常清晰地看到模式對一個人事業的影響。

生病也是一種模式

我的公司曾經有一個非常優秀的銷售員叫小陳。小陳工作很認真，對待客戶態度也非常好，是一個不可多得的優秀員工。

可是隨著工作時間的推移，我漸漸發現了小陳的問題——她身體健康狀況似乎不太好，每隔一段時間就會請病假，回家休息一段時間。而且她的病情似乎還比較嚴重，必須請她母親親自從老家過來照顧她。

這種頻繁的生病當然對她工作影響很大，也自然會影響她每年的業績。聽同事說，小陳曾經看過很多醫生，中醫、西醫都看過，也吃過不少調理身體的藥，但是效果似乎都不明顯。每工作一段時間，她的身體就會差一些，必須請假休息，才能康復。

有一次，她又來向我請假，出於關心，我便問了問她的病情。

她說：「團長，我這個病有好些年了。去醫院也檢查過，但是也沒查出來具體是什麼原因。每隔一段時間，我就會覺得身體很虛弱，沒有辦法專心工作，只能在家裡休息一段時間。有時特別嚴重，連日常生活都會受影響，所以必須要母親過來照顧一段時間。」

我問她：「每次生病都是妳媽媽過來照顧妳嗎？」

她說：「是的。媽媽很會照顧人，有她在，我會好得很快。」

我說：「為什麼不乾脆把妳媽媽接過來和妳一起生活呢？說不定妳媽媽陪著妳，幫妳照顧一下生活，妳的身體會越來越好。」

小陳嘆了一口氣說：「團長，我還有個哥哥，身體有殘疾，媽媽平時必須照顧他。我也只有身體不好的時候才敢把媽媽叫過來照顧我。」

聽小陳這樣說，我覺得好像發現了什麼。於是我繼續問她：「妳小時候身體也這麼不好嗎？」

她想了想說：「小時候似乎也沒有這種奇怪的病，小時候爸媽還誇我乖，說我很懂事，不需要他們費很多精力，他們才有更多精力照顧我哥哥。我記憶中最嚴重的一次生病是中學的時候，半夜突然急性腸胃炎，接著就去醫院打了幾天點滴，差不多兩週沒上學，爸爸媽媽全程照顧我。」

我說：「是從那時候開始身體就不太好了嗎？」

小陳想了想，說：「咦，團長，你這樣說好像還真是。中學畢業後我去了外地讀書，之後就在外地工作，似乎離開家之後身體就越來越不好。我想可能是水土不服吧。」我問小陳：「中學生病那次，爸爸媽媽一起照顧妳，妳是什麼感覺呢？」小陳不好意思地笑著說：「其實心裡挺開心的。原來爸爸媽媽都要照顧哥哥，所以並沒有太多時間管我，那是第一次感覺自己好像成了家裡的中心。當時心裡想，其實生病也不錯啊，有這麼多人關心。」

聽小陳這麼說，我心裡已經明白了她的病因——她的病，更多的是一種心病。每一個孩子小的時候都想得到父母的關愛，但是如果家裡有一個孩子身體很弱，父母必然會將注意力更多地放在這個孩子身上，無形中就忽略了別的子女。小陳的父母一直誇她是個懂事的孩子，她應該也是想得到父母的誇獎，所以即便期望父母將注意力放在自己身上，也不敢表現出來。久而久之，這種需求就被她壓抑下去。我們都知道，**被壓抑的需求不會消失，只會轉化成別的形式表現出來**。有一次，小陳突然生病，使父母將注意力放在了她身上。可能也就是這個時候，小陳發現，通過生病來獲得父母的關心，既滿足了自己的需求，也理所當然不會被父母責怪「不懂事」。所以，「生病」漸漸成了她的一種爭奪愛的模式，但這種模式卻十分隱秘，不會被人發現，甚至連她自己也未能意識到。她每一次莫名其妙的生病都源於她渴望得到家人的關懷，但是又沒有辦法說出口，結果這種被壓抑的需要就轉化成了一些軀體化症狀。

我把我的想法告訴了小陳，小陳若有所思地點了點頭，對我說：「團長，你說的這個原因我接受。因為每次媽媽只要過來照顧我，我的病就會好很多，也並沒有吃什麼藥。只要媽媽在，我的心情就會很放鬆，感覺很安全。」

我建議小陳，如果思念家人的時候，就給他們打電話，當然也可以直接表示對他們的思念。即使沒有生病的時候，也可以趁假期多回家看望他們。

小陳接納了我的建議，從那次之後，小陳每年假期會回家看望父母，每週都和父母通話。她告訴我，因為那次談話，她自己覺察到了內心的需要。她在父母心中一直是一個不需要特別照顧的孩子，這也成了父母的驕傲，甚至會經常在別人面前表揚她。越表揚，她就越不敢表達自己內心渴望父母關心的需要，只有在生病的時候才能無所顧忌地表現出來。但是，她自己也沒發現生病原來和心理需要有關。

俗話說，心病還需心藥醫。小陳一直沒有找到那服「心藥」，所以看了很多醫生，吃了很多藥，還是不好。

像小陳這樣的人，其實並不少。通過身體健康狀況不佳這種模式獲得別人的關心，避免直接的責怪，是很多人在無意識中會採用的一種方式。只是有些人偶爾用一用，不會成為一種行為模式，有些人卻會經常使用，如果他們自己不能覺察到這種模式的成因和背後的信念，他們永遠無法打破這種模式。

小陳的故事又讓我想到了另一個女孩，這個很漂亮的女孩子在課堂上向我提出了她面臨的一個困難……

害怕也是一種模式

小茜見過一次吳總——他是一個非常威嚴的中年男士，平時不苟言笑，說話做事又很有原則，為人又很細心，各種細節都能觀察到，但如果發現錯誤，他一定會不留情面地指出來。

其實小茜根本不想應付這樣的客戶，可是沒辦法，總經理親自把這個客戶指定給她負責。總經理對小茜抱有很高的期望，小茜聰明伶俐，為人細心體貼，很多客戶都對她讚不絕口。總經理也有心栽培她，所以故意將這個大客戶安排給小茜。總經理說：「如果妳能夠讓吳總與我們合作，妳今年的業績都不用擔心了。」還悄悄告訴她，「我已經和吳總談過兩次了，他對我們的產品是有興趣的，妳就當正常客戶跟進一下，詳細給他講解一下，這單基本就可以拿下了。」總經理對小茜說，「若吳總談下來了，妳可要好好請我吃飯。妳能談下他，今年銷售冠軍肯定是妳。」

可是總經理根本不知道小茜心裡的擔憂——她一見到那種氣場很強的男士，就會非常恐懼，講話也會語無倫次。總經理自以為幫了小茜大忙，其實小茜心裡叫苦不迭。

「張小姐，吳總請您進去。」吳總秘書邀請小茜進辦公室。

小茜硬著頭皮走了進去。吳總正低頭看著手機，皺著眉頭，表情嚴肅。看見吳總那個樣子，小茜腦子突然「嗡」的一聲一片空白，剛才想好的話全部忘光了。

小茜傻傻地站了幾秒，直到吳總抬起頭看見她，對她點點頭說：「坐吧。」

小茜僵硬地坐在沙發上，一言不發。直到吳總有點奇怪地看著小茜，小茜才反應過來，說自己是總經理派來給吳總介紹產品的。吳總說：「你們那個產品，我知道了。不過我打聽過，市面上其實還有好多家生產同類產品的企業，你們的價格算是高的，有什麼不同嗎？」

通常情況下，若客戶主動問起，小茜一定可以滔滔不絕地講出產品的很多優勢，再運用一些銷售技巧和心理共鳴，多數客戶都會心甘情願地埋單。即便有些猶豫不決的客戶，小茜在之後幾天再跟進一下，基本都可以將產品成功銷售出去。可是在吳總面前，小茜突然就退化到了實習生水準，連自己的產品都說不清楚。

大概二十分鐘之後，小茜已經講得汗流浹背，吳總臉上也出現了一些不滿和不耐煩的神情。吳總打斷了小茜，說：「妳說的這些和你們這本宣傳冊沒什麼區別嘛！別的公司也是這樣宣傳的，我看不出什麼區別。這樣吧，我一會兒還有會議，妳把宣傳冊留下來，我看看就行了。」

小茜如釋重負，哆哆嗦嗦地退出吳總辦公室。但她心裡也非常清楚——這單被她搞砸了，總經理肯定對她很失望。

果然，她不久便接到總經理電話。總經理說：「小茜，妳是怎麼和吳總談的？他剛才給我打了電話，很不滿意，說我們派了個沒經驗的同事過去敷衍他。」

「我，我……」小茜覺得自己無言以對。

「哎，算了，本來想著這麼好的客戶介紹給妳，我只有另外找個時間專門去向他道歉，親自解釋一下。」

總經理掛斷電話之後，小茜心裡非常難受，忍不住流下了眼淚。

小茜是我課堂上的一個學員，她告訴我，她做銷售業務時常會遇到各種各樣的人，但有一種人她完全不知道該怎麼應對，就是像吳總那樣「強勢的客戶」。明明平時很淡定、很從容並且口才也很好的她，一旦面對這樣的客戶，就會變得語無倫次，甚至緊張到發抖，和這種客戶接觸時，她就會覺得非常不舒服，想要退縮。

除了害怕強勢的客戶，她也很害怕強勢的領導。在現在這個總經理手下做事之前，她其實還與另一位總經理共事過，那個總經理也是一個非常強勢的人，小茜非常害怕他。用小茜的話形容，在他手下工作，就像「一隻羊被一隻狼監視著一樣」。那時，小茜的精神非常不好，每天戰戰兢兢，曾一度想要辭職，幸好那位總經理離職了，新來的總經理是一位非常和善的人，在他手下工作的小茜才感覺鬆了口氣。後來小茜業績越來越好，總經理也對她寄予厚望。可是，這次卻被她搞砸了。

小茜自己很清楚，如果想要事業更好地發展，她一定要學會和這類人相處。她說：「如果我能和這一類人相處融洽，我的事業發展會比現在好不少。」可是她卻不知道該怎麼辦，只要一見到這類人，她內心的恐懼就完全沒有辦法控制。

我對小茜說：「妳願意尋找一下自己的模式嗎？」小茜表示願意。

我問小茜：「妳現在工作中最困擾的是什麼地方？」

小茜說：「我最困擾的地方就是，不知道如何與強勢的客戶打交道。每次與這樣的客戶打交道，我就會莫名恐懼。」

我引導小茜，讓她想像一個類似的場景，然後跟隨自己的這種恐懼，看看這種感覺是否能夠將她帶到過去的某一個事件中，這個事件可能是在她小時候發生的。小茜又回想起見到吳總的場景，慢慢體會這種感覺，然後，她對我說：「我……我感覺，我小時候見到爸爸的時候，其實也有類似的恐懼。每次見到爸爸，就覺得他可能又要批評我哪裡做得不好了，我很害怕，想要逃跑。」

小茜告訴我，她的爸爸在家裡是一個非常強勢的角色，對她要求很高，常常指責她做得不夠好。在父親面前，小茜覺得自己沒有地位，甚至沒有尊嚴。即便如此，小茜卻一直渴望得到父親的認可與肯定。有時她很努力去做一些自己並不喜歡做的事情，其實就是為了得到父親的肯定。小茜說，她成績一直不太好，曾經非常想去讀藝術專業，可是父親覺得藝術是一種「不務正業」的專業。為了得到爸爸的認可，小茜只能很努力地學習。即便如此，父親仍然對她的成績不滿意，總是指責她不夠努力。

畢業後，她選擇了離家很遠的地方工作，再也不用面對爸爸的指責了。但是，對父親這種恐懼感漸漸泛化到了那些「強勢的人」身上，每當遇到這樣的人，小茜看到的就是自己父親的影子。

我問小茜：「每當想起父親，妳就會覺得恐懼。當妳面對這種恐懼的時候，妳的頭腦裡會出現什麼想法呢？」

小茜說：「我……感到自己……是個沒用的人，什麼也做不好。」說到這裡，小茜的眼淚也跟著流了下來。也許小茜和她父親都不知道，當父親對她取得的成績不滿意的時候，小茜內心會覺得很無力。因為她已經很努力了，卻達不到父親的要求，她會漸漸覺得自己是個沒用的人。

我對小茜說：「妳現在走動一下，走到妳對面那個位置。想像一下，在妳對面，是一個叫小茜的小女孩。她剛把考試成績告訴爸爸，爸爸很不滿意，批評她學習不夠努力。現在她很傷心地躲在房間裡，妳看到她了，妳可以走過去跟她說話，安撫一下她，也可以用妳現在這種成熟的智慧給她一些建議。」

小茜「走到」那個年幼的自己身邊，對她說：「每一個人都有自己擅長的地方和不擅長的地方。也許妳並不擅長應對學校的教育，這並不代表妳沒用。恰恰相反，當妳長大之後，妳從事著一份很好的工作，很多人都喜歡妳，因為妳幫到了他們，妳熱情地為他們服務，他們都很信任妳。爸爸對妳的要求很高，只是他以為要學習好才能找到一份好工作，他擔心妳以後無法適應社會，他並不知道這樣會傷害妳。所以，其實妳會成為一個有用的人。」

說這些話的時候，小茜一直在流淚，但我看見，她臉上的表情已經慢慢放鬆，身體也沒有之前那麼僵硬。

我對小茜說：「那麼現在，妳也可以為自己建立一個新的信念，妳並不是沒用的人，妳對很多人都有價值。對妳的客戶來講，只有通過妳的介紹，他們才能選擇到最好的產品，而且通過妳的服務，他們才能更好地使用這種產品。吳總也是妳的客戶之一，他想購買一個產品，但市面上有太多同類的東西，他不知道哪種好，只有通過妳的幫助他才能夠鑑別出來最適合他的產品，所以對他來講，妳是有價值的，妳是在幫助他做出最明智的選擇。」

「而且，其他男性都不是妳的父親，妳也不用把他們看成妳的父親。妳這麼優秀、美麗又聰明，在他們面前妳是有價值的。這樣看待自己可以嗎？」

小茜說：「可以。」

我建議小茜帶著這個信念去想像再見到吳總時的場面。同時，我讓她在課堂上找一個看起來很強勢的男性，向他介紹自己，和他聊聊天，看看效果如何。小茜選擇了一位看上去很威嚴的學員並和他交流，她說，這位學員看上去比吳總「強勢多了」。但是，帶著新的信念，小茜能夠很自然地向這位學員介紹自己，甚至介紹自己的公司和產品，那種恐懼和不舒服的感覺大大減弱了。

有很多人都不知道，我們會將原生家庭中形成的信念帶入工作中，這種信念會左右我們的行為和態度，久而久之就會成為一個人的模式。因為很少有人會覺察到自己的模式，更不用說模式背後的信念，所以很多人一直採用同一模式應對工作中的很多情況。這些模式或許在自己原生家庭中是有效的，但是遷移到工作中就會出現很多問題。小陳和小茜的情況都是如此。

一個人除了會將原生家庭中形成的信念帶入自己的工作中，漸漸形成一種模式，還會將一些信念帶入自己的婚姻中，形成尋找伴侶的模式。小秦的故事就是這樣一種情況。

為什麼她總是吸引暴力男

一次課堂上，我注意到一位女士，她叫小秦，她一直坐在最後排，非常沉默，既不和鄰座的學員交流，也不怎麼積極參加練習。遇到這樣的學員，我通常會更多留意。

這位女士大概三十歲，穿著一件灰綠色的長裙，頭髮有些散亂，精神狀態似乎不太好，整個人比較萎靡，彷彿已經失去了打扮自己的慾望。這和其他同學是很不一樣的，大部分來參加課程的同學，上課前會認真整理自己的衣著。當一個女性失去打扮自己的興趣時，她很可能遇到了很多困難。我當時心裡也暗暗期望，這堂課能夠幫助到她。

當講到婚姻這個話題的時候，我注意到小秦的表情突然顯得有些緊張，開始專注起來，顯然這個話題她非常在意。

當我邀請學員們上台做個案的時候，沉默的小秦突然站了起來，用懇切的眼神看著我，用一種近乎哀求的語氣，非常希望我能幫她做個案。

我邀請小秦來到教室前台坐下。小秦握著麥克風，用一種有些顫抖和沙啞的聲音向我們描述了她的遭遇。

小秦是一個事業有成的女性，她在事業上的成就讓很多人羨慕。然而，她的婚姻卻非常不幸。

幾年前，小秦不堪忍受前夫的家庭暴力，結束了七年的婚姻。這段婚姻除了給她留下滿身傷痕，還留下了無數噩夢。即便和前夫離婚已經好長時間了，她仍然會夢見被前夫家暴的場景。

經過一段不短時間的恢復，小秦才慢慢從離婚的失落和對男性的恐懼中走出來，開始接觸新的男性。那時小秦才三十歲出頭，仍然年輕貌美，有不少男性開始追求她，其中陽剛帥氣的阿強很快就走進了小秦的視野，小秦很喜歡那種很有男子漢氣概的人。

然而不久，小秦發現阿強也有暴力傾向。戀人之間發生爭吵是很正常的現象，但是每次發生爭吵，阿強都會打小秦。氣消了之後，阿強又會找小秦請求原諒。

每次被阿強打，小秦都下定決心要和他分手，可阿強只要來求她，她又會心軟。於是，兩人就在這種糾結的關係中相處了幾年。

小秦感覺非常疲倦，這兩段感情彷彿已經消耗掉她所有的精力，她現在對婚姻、感情都很失望。講到對婚姻失望的時候，我注意到她開始有些哽咽，聲音變得很低沉，她的身體也變得僵硬。

她說，其實她內心非常希望有一段美好的感情，可總是遇人不淑，她不知道是不是自己命不好。

我對小秦說：「聽了妳的講述，我已經比較清楚妳的狀況了。現在我們來嘗試做些什麼，看能不能幫妳消除這樣的困惑。」

小秦點點頭。

「小秦，能否請妳先把妳的注意力集中在生活中最讓妳困擾的地方，然後去體會一下，這種困擾帶給妳什麼樣的感覺？如果這種感覺讓妳難受、傷心，想要哭泣也沒有關係。」

小秦閉上眼睛，沉默了許久，我看見她肩膀漸漸聳起來，眉頭緊鎖，咬著嘴唇，臉上的表情也越來越痛苦，彷彿在強忍著自己的眼淚。

我對小秦說：「小秦，現在妳心中的感覺強烈嗎？」

小秦咬著嘴唇，點點頭說：「我覺得很痛苦、很焦急，想要做些什麼，但似乎又無能為力。」說完，小秦的眼淚奪眶而出。

「小秦，我看到了妳的眼淚，妳的眼淚在說些什麼呢？」

小秦嚶嚶地哭出聲來，不斷地點頭。

我說：「小秦，這種強烈的情緒在向妳訴說著什麼事情呢？我邀請妳跟隨這種情緒，看它會把妳帶到哪裡。」

「不知道為什麼，我眼前總是出現我爸爸的樣子。」小秦說。

「多說一點。」

「我看見爸爸在打媽媽，媽媽在哭。我不知道能做什麼，我也很害怕，我怕爸爸打我，但是我真的好想叫他不要再打媽媽了。」說完，小秦將臉埋進手裡，哭出了聲。

我問小秦：「當妳看到爸爸打媽媽，很難過、很傷心的時候，還有別的什麼感覺嗎？」

小秦說：「我很內疚。我一點都幫不到媽媽……」

小秦說，她的父親是一個非常強勢的男性，母親很軟弱。父母吵架的時候，父親常常會毆打母親。每當這個時候，小秦就會嚇得躲起來。她說小的時候，她常常暗自責怪自己不能幫助媽媽，她很想改變爸爸，但是因為害怕，每次看見爸爸打媽媽，她只能躲得遠遠的。她非常希望自己能夠變強大，改變父親，讓父親變成一個不會欺負母親的男人。

內疚，強烈地想幫助媽媽，去改變爸爸，可又無能為力……這就是小秦童年經常發生的事，久而久之，就變成了小秦的一個未被滿足的期待。隨著年齡的增長，意識也許已經忘記了，可是在潛意識的深處，這個期待一直存在著，這就是小秦思想裡的一個病毒。

身體的病毒會破壞我們的身體機能，而思想裡的病毒，它直接操控我們的行為，摧毀我們的人生！

我對小秦說：「小秦，現在我請妳想像一下，如果回到過去，妳又進入父親打母親那個場景，妳看到了那個躲在一邊內疚自責的自己，那時妳還是個小女孩，妳能看到這個畫面嗎？」

小秦哭泣著說：「我能看到。」

「妳會如何幫助那個內疚的小女孩呢？」

「她好可憐。」小秦一邊哭泣，一邊擦著臉上的淚水。

「試著跟她說點什麼。」

「我不知道對她說什麼。」

「意識也許已經忘記了，可是，在潛意識的深處，這個期待一直存在著。」

「那妳試著跟我說一番話好嗎？如果妳覺得內心不願意說，妳可以停下來不說的；如果妳覺得可以接受，妳就試著跟我說，好嗎？」

「好的。」我注意到小秦的情緒慢慢有點平復了，這是好的跡象。

小秦一邊流眼淚，一邊說：「小秦，我知道，我知道妳很愛媽媽……」說著，小秦的哭聲又變大了，「很想保護她。可是，可是妳還那麼小，妳什麼也不能做，不能阻止爸爸，去，去打媽媽。嗚嗚嗚，那不是妳的錯。嗚嗚嗚……」

說到這裡，小秦已經哭得說不出話來。我沒有催促她，等她哭聲慢慢止住，我鼓勵她繼續說下去。她接著說：「妳不能改變爸爸，妳沒有這個責任。他們有他們那代人的無奈，他們有自己的命運，妳沒有能力去改變他們。妳要做的，就是活好妳自己。妳自己好了，就是對媽媽最好的愛。」

我問小秦：「小秦，妳現在可以原諒自己了嗎？」
「嗯，我覺得沒那麼內疚了。」小秦擦乾眼淚。
「從妳父母的婚姻中，妳學到了什麼？特別是用今天作為成年人的妳的智慧去看，爸爸打媽媽，媽媽有沒有責任呢？」
「我想也有吧，媽媽總是想去改變爸爸，從某種角度來說，也是一種控制。以前總認為是爸爸的錯，現在看起來，媽媽也有不對的地方。」
「回想一下妳跟前夫或現在的男朋友相處時，有沒有媽媽的影子？」
小秦沉默了很久，不好意思地對我說：「我一直想改變他們……但是那也是為他們好啊。」
「改變別人，那是為了他好」，這就是小秦思想裡的病毒，現在，這個病毒已經清楚地呈現在眼前了。堅持過去的想法，只能得到過去的結果，如果要讓生命發生改變，最簡單而有效的方法就是清除病毒性信念，建立新的強而有力的信念。因為，信念決定行動，而行動創造成果！
於是，我盯著她的眼睛，讓她沒有任何可以迴避的空間，問了一個足以讓她反省好長一段時間的問題：「小秦，從妳媽媽到妳，都想去改變伴侶，妳們做到了嗎？」
「沒有……」
「既然試了兩代人都沒有效，妳還要繼續試下去嗎？繼續發揮愚公移山精神，前仆後繼地試下去好不好？妳改變不了丈夫，就把這個法寶傳給妳女兒，讓她延續妳們的命運好不好？」

「不！」小秦近乎瘋狂地喊出來，而這，正是我要的發自她內心的改變力量！

「既然去改變對方沒有用，那怎麼辦？」

「我不知道，團長，你說我該怎麼辦？」

「有一句話叫『當局者迷，旁觀者清』，妳再用妳的智慧去看看妳的父母，如果有一種可能性妳爸爸不會打妳媽媽，這種可能性是什麼？」

「我媽媽不去管我爸爸，不去干涉我爸爸的事情。」

「可不可以換一種說法：媽媽多點尊重爸爸，而不是老想去改變爸爸？」

「是的，就是這個意思。」

「從這裡妳學到了什麼？」

「尊重，而不是改變。我好像懂了，團長。」

「我告訴妳，有些事情很好玩，當妳懂得去尊重，而不是去改變，改變就奇蹟般地發生了，妳相不相信？」

小秦說：「至少值得嘗試。」

是的，至少值得嘗試！當重複過去的方法沒有效果時，新的方法至少值得嘗試，不是嗎？

小秦並不知道，自己從小「想要改變父親」的念頭一直在影響著她。小時候的她看見父親打母親，不僅希望自己不要變成媽媽那樣懦弱的女人，還希望自己能夠改變父親這樣的男人。沒能改變父親讓她非常內疚，她「要改變父親這樣的男人」的念頭使她一次次遇到暴力男，因為她潛意識一直在「尋找」暴力男，期望自己能夠改變他們。所以，小秦也並不是沒有獲得美好感情的運氣，而是她有「要改變暴力男」的信念。

一個人的模式是怎樣形成的？為何會形成這樣一種模式？通過上面幾個故事，我相信你已經有了答案。

你能準確發現你的模式對你人生的影響嗎？怎樣改變固有模式，從而改變你的命運？這些問題，都能在下面的章節中得到解答。

「堅持過去的想法，
只能得到過去的結果。」

02 你的模式，決定你的人生

什麼是模式

模式，就是一個人固有的行為、思維、情緒反應等的統稱，當一個人按照某種方式應對外界的時候，外界也會給他固定的回應。漸漸地，一個人與外部世界的互動就形成了一個固定的模式，這個模式將會影響一個人的一生。

每一個人都有自己應對各種場景的模式，有些模式有效，有些模式不僅無效，還會給當事人帶來不好的效果。

勤奮聰明如阿傑，本應該掙不少錢，過上富足的生活，因為他內心深處一直有個聲音在提醒他「錢是不好的東西」，所以在面對錢以及與錢有關的事情時，他的潛意識會讓他選擇逃避。

為了得到父母的關懷，讓父母的注意力從哥哥轉移到自己身上，小陳每隔一段時間就會生病，嚴重影響了工作；而小茜則因為恐懼父親，面對父親就覺得自己沒價值，在工作中面對強勢的人就會恐懼害怕，影響了自己事業的發展；小秦就更加可悲，她以為是自己運氣不好，遇到暴力男，卻並沒發現其實是自己在尋找暴力男，即便她生命中有很多溫柔的男性出現，她也不會注意到他們。

模式對一個人影響很大，有人常常抱怨自己運氣不好，但很可能是因為自己的模式有問題，才總會遇到各類不順的事情。

模式是如何形成的

心理學家阿爾伯特．埃利斯（Albert Ellis）提出的情緒的ABC理論認為，不同的人對於不同事件（A）會有不同的情緒反應和行為反應（C），並非事件本身引起了這種反應，而是人對這個事件的不同看法（B）導致了不同的反應。看法，在這個理論中被稱為「信念」（B）。

A是指誘發性事件（Activating event）；B是指個體在遇到誘發性事件後產生的信念（Belief），即他對這一事件的看法、解釋和評價；C是指特定情景下，個體的情緒及行為的後果（Consequence）。很多人認為，事件引發了一個人的情緒和行為，但是ABC理論認為，事件只是激發了我們的信念系統，讓它發揮作用，由於人對不同事件的看法不同，才會出現各種不同的情緒和行為。這個理論也可以解釋：為什麼面對同樣一件事情，有些人表現出一種行為，而另一些人表現出另一種行為。真正起作用的就是「B」——我們的信念。

信念是思想裡最關鍵的元素，它決定了一個人的行動方向，同時也間接決定了這個人生活的狀態。因為，信念決定了人的行動，不同的行動會導致完全不同的結果，我們今天的生活狀態就是過去行動結果的呈現。

這也是美國心理學家利昂・費斯廷格（Leon Festinger）發現的一種現象。費斯廷格提出了一個很有名的法則，被稱為「費斯廷格法則」——生活中10％的事情是由發生在你身上的事組成的，而另外的90％則是由你對所發生的事情如何反應所決定的。換言之，生活中有10％的事情是我們無法掌控的，而另外的90％卻是我們能掌控的。

費斯廷格舉過這樣一個例子。

丈夫早上起床後洗漱時，隨手將自己的高檔手錶放在洗漱台邊，妻子怕被水淋濕了，隨手拿走，放在餐桌上。兒子起床後，到餐桌上拿麵包時，不小心將手錶碰到地上，摔壞了。

丈夫心疼手錶，朝兒子的屁股一頓揍，然後黑著臉罵了妻子一通。妻子不服氣，說是怕水把手錶打濕。丈夫說他的手錶是防水的。

於是二人激烈地鬥起嘴來。一氣之下，丈夫早餐也沒有吃，直接開車去了公司，快到公司時突然發現忘了拿公事包，又立刻返回家。

可是家中沒人，妻子上班去了，兒子上學去了，丈夫的鑰匙放在公事包裡，他進不了門，只好打電話向妻子要鑰匙。

妻子匆匆忙忙地往家趕時，撞翻了路邊的水果攤，攤主拉住她不讓走，要她賠償，她不得不賠了一筆錢才擺脫糾纏。

待門打開拿到公事包再回到公司後，丈夫已遲到了十五分鐘，挨了上司一頓嚴厲批評，丈夫的心情壞到了極點。下班前又因一件小事，跟同事吵了一架。妻子也因早退被扣除當月全勤獎。兒子這天參加棒球賽，原本奪冠有望，卻因心情不好發揮不佳，第一局就被淘汰了。

在這個事例中，手錶摔壞是事件的10%，後面一系列事情就是另外的90%。當事人沒有很好地掌控那90%，才導致了這天成為「鬧心的一天」。

試想，在那10%的後果產生後，丈夫換一種反應。比如，撫慰兒子：「不要緊，兒子，手錶摔壞了，我拿去修修就好了。」這樣兒子高興，妻子也高興，他本人心情也好，那麼隨後的一切就不會發生了。

所以，當我們形成了一個信念之後，這個信念就會左右我們的行為和態度，漸漸形成一種模式。

模式對人生如此重要，但很少有人能覺察出自己的模式。即便很多人都因為自己的模式備受生活煎熬，經歷很多困苦，但他們很難發現是自己出了問題。

如何改變模式

想要改變一種模式，首先必須要認識到自己的模式。有句話我們常說：「不識廬山真面目，只緣身在此山中。」人們往往意識不到自己的模式，因為他們用這種方式行動了很久，早已習慣，也根本看不出來這是一種模式。

怎樣才能覺察自己的模式呢？利用情緒去尋找自己的模式。人的情緒與思想有關。在任何情況下，人們的情緒都是隨著思想感知的改變而改變的，這就意味著，通過情緒，我們可以找到它背後的信念。所以，當你活得不開心時，不妨問問自己：「是我的什麼想法導致了不開心的感覺嗎？」這時潛意識浮出來的想法，也許就是你要找的「信念」。

所以，覺察的第一步，是找到生活中讓你痛苦的那個點，順著這個點，回想一下自己是否總是在相似的命運中打轉，無論走到哪裡都會遇到「討厭」的人；每一段感情都是差不多的開頭和結尾；辛苦工作很多年，財富卻還是沒怎麼增加……

如果你找到了生活中讓你痛苦的地方，接下來就來看看如何改變你的模式吧。

有很多人可能也知道自己某些行為或者說話方式、行為方式會給自己帶來很多麻煩，但是他們卻很難改變。有人會說：「我就是這樣的人啊！我有什麼辦法！」

真的沒有辦法嗎？

一個人的模式之所以很難改變，是因為這種模式下是一個「堅固」的信念，如果你的信念不改變，模式永遠不會改變。

阿傑對我說，只要一談錢，他就覺得非常不舒服、很緊張，好像他做了錯事一樣。為什麼他會有這樣的感覺呢？

因為他小時候的那段關於錢的痛苦經歷，給他帶來的痛苦情緒與當時產生的想法「錢把我害慘了」結合在一起，形成一個自我保護的系統，為了避免自己再遭受那樣的痛苦，他的潛意識當然會讓他遠離金錢。

找到模式背後的信念只是改變模式的第一步。之後，我們需要做的，就是改變這個信念。改變信念的方法很多，由於信念往往來自我們的原生家庭，所以我們必須先了解原生家庭是怎樣的，了解這個信念最初是怎樣產生的。

改變信念需要藉助情緒，每一個信念都是堅固的，用講道理的方式幾乎沒辦法讓一個人改變信念，只有情緒的參與與認知療法共同進行才可以改變一個人根深蒂固的信念。

「每一個信念都是堅固的，
用講道理的方式幾乎沒辦法讓一個人改變信念。」

03 改變並不容易，但是值得擁有

我們思維中有很多錯誤的信念，它們剝奪了人們獲得成功、獲得幸福生活的權利，這些信念被稱為「思想病毒」。這些信念會在幾十年的人生中漸漸形成一個人的模式，這種模式若不能打破，一個人就會在一種命運中反覆輪迴。所以，建立新的信念、改變固有模式是多麼重要的一件事情。

但是我們也應該知道，模式的改變並不容易。因為僅僅覺察到模式背後的信念都不是件簡單的事情，何況建立新的信念。將一種新的模式運用到生活中，對所有人來說都是一個不小的挑戰，所以課堂上的練習和體驗就顯得非常重要。一種理論，即便大家覺得很有道理，也很難將它實踐於生活中，因為你沒有將它固化在你的信念系統中。

我常常用磚頭來比喻一個信念，信念就是磚，一個個的信念壘成一面牆，但磚是被水泥固定住的，沒有水泥的固定，磚無法牢固。固定信念的「水泥」是什麼呢？就是情緒。一個道理很難帶出情緒，所以僅僅明白道理沒用。這也是我常常鼓勵大家走入課堂的原因。課程中的體驗部分讓當事人認識到自己信念的問題，引發當事人的情緒，讓他們看到自己曾經因為這個錯誤的、過時的信念受了多少苦。當他們有了情緒之後，他們才有可能放棄那個舊的信念，建立新的信念，並且讓這個新的信念固化到他們的思維中。

我們不滿意的現狀，大部分源於我們固有的行為模式，而這個模式之下必然有一個信念，如果我們想要改變生活的現狀，就需要改變我們的行為模式，改變這個陳舊的信念。很多時候你會有這樣的體會，明明覺得別人說的話很有道理，可就是做不到。因為你的理智知道這個道理是對的，但是你沒有從感情上接納它。所以，知道道理並不能改變生活，還需要方法。

NLP說，相信什麼，就會得到什麼。如果你不能拋掉那個阻礙你成功、幸福的信念，你將會永遠生活在自己的模式中，失去改變命運的可能性。

各位朋友，從本章的四個故事以及關於模式的闡述中，你覺察到了什麼呢？我邀請你暫時停下來，試試用下面的方法去探索自己的模式。

1.把注意力集中到生活或工作中最讓你困擾的地方；

2.去感受這種困擾給你帶來的不愉快；

3.跟隨這種強烈的感覺，讓它把你帶到某一個過去的創傷事件中；

4.重溫創傷給你帶來的傷痛；

5.覺察傷痛時你產生了哪些負面的想法，這個想法就是「思想病毒」；

6.打破狀態，站起來，或變換一個位置，用一個成熟的成人的智慧給當年的自己一個建議，感謝當年的「思想病毒」對自己的保護，放下它，並重新建立一個新的強而有力的信念；

7.帶著新的信念去模擬未來。

「我們不滿意的現狀，
大部分源於我們固有的行為模式，
而這個模式之下，
必然有一個信念。」

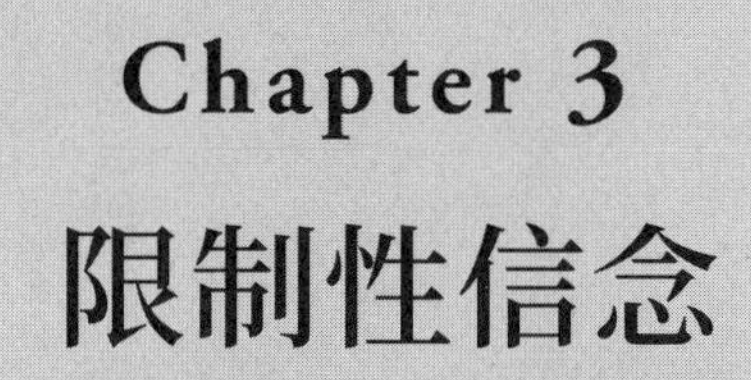

Chapter 3 限制性信念

01 信念決定結果

在上一章中，我們講到，每一個人對待一件事情，都有一套固定的「應對模式」，只要這個模式不改變，每一件事情都會被個體自己導向同一個結果。也就是這樣，模式恰當的人，總是順利、幸運，走向成功，而模式不恰當的人，處處受到阻礙，陷入一次又一次的失敗。而一個人之所以會形成一種模式，是由於思想中有一個信念，這個信念決定了一個人的行動方向，同時也間接決定了這個人生活的狀態。

我們的思想中存在各種各樣的信念，它們在不同情境下決定著我們的行為和反應。這些信念中，有一些並不適合當下的情境，但是人們仍然會運用它們，這時這些信念就會變成一種阻礙，阻礙一個人適應新的環境，當然也會阻礙一個人形成恰當的模式，這個人也就很難走向成功。

那麼，到底是什麼樣的信念，會使人形成一個「不成功」或者「不幸福」的模式呢？這種信念，我們稱為**「限制性信念」**。了解這個概念之前，先邀請各位讀者閱讀下面三個故事，通過這三個故事，你能對限制性信念有一個感性的認識。

資深經理升職記

「十串烤魷魚！」

「老闆，再來三瓶啤酒！」

「誰點的炒麵好了！」

「喝喝喝！哈哈哈！」

「哈哈……」

陸小美翻了個身，用被子摀住耳朵。樓下是一條美食街，每天光顧的食客們都會吵到凌晨兩三點。之前的房東要賣房子，小美沒辦法，只好重新找房子。找了很久才租到現在這個小公寓，這裡交通還算便利，最重要的是租金便宜，但是居住環境實在太嘈雜，陸小美搬過來只有半年，沒有一個晚上睡得好。

更倒楣的是，早上房東突然打電話過來，要漲房租。陸小美和他理論半天，說簽合同的時候說好了租金的，沒道理突然漲價。房東更加理直氣壯，說之前租金定得太便宜，讓陸小美去附近打聽一下，房租都比這裡貴很多，是陸小美占了便宜。如果陸小美不願意加租金，立即搬走，房東賠她一個月租金。

陸小美氣得牙癢癢，但是沒辦法。搬一次家也要不少開銷，何況現在想找一套便宜且交通便利的房子實在太難。陸小美查了一下自己的銀行卡，存款少得可憐，根本沒資本高傲地說搬就搬，於是只能忍氣吞聲地答應了房東漲房租的要求。

陸小美是我的一個員工，畢業後進入公司行政部工作，是一個害羞、內向的女孩子，平時非常安靜，在自己的崗位上默默無聞地工作。

「小美，有個客戶說房間弄錯了，妳怎麼核對的？」一個客戶直接投訴到項目經理那裡，項目經理責問道。

我們的大多課程都安排在酒店會議室進行，很多遠道而來的學員均會入住酒店，房間一般是由行政人員安排。

「我，我……我再看看……」陸小美看了看名單，果然是自己疏忽了。最近休息不好，工作又很繁雜，她開始出現越來越多的失誤。

「小美，我發現妳最近挺粗心的，上週讓妳打印的名單也弄錯了。」

「是，是，我下次注意。」陸小美連連道歉。

陸小美一邊整理著展台的書籍，一邊嘆氣。一想到自己那個嘈雜的房間，她心裡就窩火。可是有什麼辦法呢？她每個月的工資不高，負擔不起條件更好的房間。

「小美，怎麼最近好像不開心？」我正好在展台邊和一位學員談完事情，轉身就看見悶悶不樂的小美。

「沒什麼大事，團長，就是房東最近突然漲房租，心裡覺得挺煩的。」小美撇撇嘴，然後看了我一眼，不好意思地笑了。

聽小美這麼一說，我就知道她的難處了。我對她說：「小美，妳來智慧行有兩年了吧？」

「嗯，有了。」

「有沒有想過轉銷售？銷售的收入比行政高多了。」

「啊？團長，我做不了銷售。」小美連連擺手。

「為什麼呢？」

「我，我不會說話。我不知道怎麼賣東西給別人。」小美不好意思地說。

「妳沒試過，怎麼知道不會呢？」

「我真的不行，團長。我看到陌生人話都不敢說，我怎麼會賣東西呢？課程？我就更不會賣了。」

「那妳想不想像公司銷售同事那樣有高收入呢？他們一個月的收入是妳半年的工資啊！」

「當然想啦，只是我不像他們那樣能說會道，我做不了銷售的。」

看著她那無助的樣子，我決定幫她突破她的限制性信念。於是，我開始了一個實驗，看看一個堅持說自己不會做銷售的孩子是不是可以成為銷售高手。

「小美，妳能不能做銷售我真不知道，但有一句話妳能說吧？這句話就是『買本書吧』，就四個字。反正妳坐在這裡閒著沒事，如果有客戶靠近展台這裡，妳就跟他們說『買本書吧？』可以嗎？」

「就這樣啊？不用介紹書的內容？不用討價還價？」

「對，什麼都不需要，妳只需要說一句話『買本書吧？』就這麼簡單，能做到嗎？」

「就這麼簡單嗎？怎麼可能呢？」小美一臉懷疑地看著我。

「妳試試，就當我給妳的工作任務，而且，有可能從今以後妳就不用再為房租心煩了。」

「哦，哦，好吧，那我試試。」

我站在講台上，休息時間特別留意小美的情況。我看著有些學員走到了展台，小美有些害羞地和學員們說著什麼，漸漸地她的笑容開始自然起來。不久，越來越多的學員向展台靠攏，小美開始和大家說笑起來。

課後，我走到小美身邊問道：「小美，書賣出去了嗎？」

「賣出去了！團長，我賣出去了！還賣了好幾本。」小美激動地說。

「妳看，妳怎麼能說妳不會銷售呢？這不是在做銷售了嗎？」

「團長，這也叫銷售啊？我真沒想到那麼簡單一句話就可以把書賣出去。」

「對啊，銷售其實沒妳想的那麼難。現在有信心試試嗎？妳難道不羨慕銷售人員的工資嗎？」

「怎麼不羨慕啊！銷售的工資可比我現在高好幾倍呢！如果我有那樣的收入，我就不會再住在現在那個地方了，也不用……」小美不好意思地撓撓頭，接著說，「不用忍受房東隨便漲房租了。」

「好，如果妳真的想改變目前的生活，那妳就從這句話開始。過一段時間我再告訴妳更多的銷售技能。」

陸小美現在還在我的公司工作，但是她早已不是一個行政人員了。自從那次賣書受到了鼓勵之後，陸小美開始成為我們公司最受歡迎的跟課行政人員，因為她不再像以往一樣，只會做那些簡單的事務工作，而是在閒下來的時候，主動跟學員交流，甚至幫助銷售同事銷售課程。再後來，她主動提出轉到了銷售崗位，從一位普通銷售人員開始，漸漸做到了現在的銷售經理，收入翻了好幾倍。當然，她早就搬到了一個環境舒適的住宅區裡，更值得讚賞的是，她用自己掙的錢在老家為父母買了一套房子。小美是一個十分孝順的孩子，她說能為父母買房是她的驕傲。當然，看到她的突破，也是我的驕傲！

陸小美曾經的限制性信念就是一種無助感，當一個人覺得「別人能做到，但是自己做不到」的時候，就是一種「無助」的限制性信念在作怪。我會在之後詳細講述這個限制性信念。

小司機的逆襲

南方的夏季總是酷熱難耐。

樹上的蟬叫得聲嘶力竭，聲音中的水分彷彿完全蒸發掉了，聽上去非常淒厲。

徐斌被一陣陣刺耳的蟬鳴聲吵醒，一想到又要在蒸籠一樣的駕駛室裡度過一整天，他的心裡異常煩躁。

徐斌是番禺一家電纜公司的貨車司機，他每天的工作就是將廠裡的貨物一車車地運輸到指定的地方。一年三百六十五天，幾乎沒有節假日。工作乏味單調，也很辛苦，但是除了開車這一項技能，徐斌什麼都不會。自己還能做什麼呢？徐斌常常在心裡問自己。

以前開車倒沒有這種煩躁的感覺，但不知道從什麼時候開始，整個廣東省的道路都好像約好似的，一條條壅堵起來，幾乎就沒有一天順暢過。特別是一到夏天，柏油路上的熱氣一陣陣向上湧動，路上的車輛就像被放在了一個巨大的蒸籠裡，好像不知什麼時候會融化掉。每天在那些被塞得死死的馬路上爬行，聽著那該死的喇叭聲，哪有不煩躁的道理？

今天一大早醒來，徐斌就已經感到煩躁不安了。想想以後還有那麼多天，也許還有那麼多年都要這樣度過，徐斌的內心突然從燥熱降到了冰點，從心底生出了一絲絕望的感覺。可一想到父母年紀已大，孩子還那麼小，老婆又領著微薄的薪水，一家人的生活又不得不靠自己，生活真不容易。

雖然有很多不情願，但徐斌還是早早地到達公司。父母從小就教育徐斌，要做一個勤奮的人，他確實也是一個勤奮的人，每天都兢兢業業地把事情做好，正因如此，他也深得同事和領導的喜歡。

當他正在認真地做全車檢查的時候，電話響了。

徐斌一看，是車隊隊長打來的，他說：「隊長，您找我？」

「小徐啊，王總今天要去廣州上課，他的專車司機張師傅家裡有事，請假回家了，你今天替張師傅開車，現在馬上來我這裡拿鑰匙，王總馬上就要出發了。」

「那公司的貨……」

「我已經安排別的人送了，把你的車鑰匙交給我。」

「好嘞。」

突然攤上這樣一份美差，徐斌心裡美壞了。

王總的專車是賓士，徐斌已經豔羨很久了，沒想到居然有機會開上這輛車。接送老闆上課可比開貨車送貨輕鬆多了，老闆上課的時候自己還能休息。一想到這裡，徐斌不由自主地笑了起來。

開賓士跟開貨車的感覺真的不一樣，涼爽的空調、舒適的座椅，加上優美的音樂。雖然王總坐在身邊讓他有點緊張，但徐斌還是很享受這種感覺。雖然路上依然堵車，卻感覺不到原來那種因堵車帶來的煩躁了。

將王總送到教室以後，徐斌把車開到了停車場，一看時間，還不到九點，王總要十二點才下課。徐斌想，還有三個小時，外面的氣溫高達三十九度，就算是在樹蔭下，也是酷熱難耐，不如在這輛豪車裡好好睡一覺。

王總是一位對員工很不錯的老闆，王總中午下課後，吃飯時還叫上徐斌。席間，王總問徐斌：「小徐，你上午在做什麼呢？」

「王總，我在車裡睡覺呢。」徐斌開心地說。

在車裡睡覺？

「那麼熱的天，怎麼睡得著呢？」

「開著空調就睡得著啦。睡得可好了。」

王總是一位精明的商人，下午的講座門票才一百五十元，與其讓他在車裡睡，倒不如讓他到教室裡睡。他想了想對徐斌說：「小徐，要不下午你和我一起去聽課吧，別把時間浪費在睡覺上了。」

「什麼課啊？我哪聽得懂！」徐斌有點為難地撓撓頭。

「聽不懂你就在教室裡睡吧，教室裡的空調很涼快。」

就這樣，徐斌跟著王總走進了我們的課堂。王總為了省錢的一個決定，卻不經意間改寫了徐斌的下半生！

這一堂課，講的就是「限制性信念」。

徐斌走進教室本來是想找個涼快的地方睡覺的，可是，一走進教室，他就再也睡不著了。

下午三個小時的課程講了什麼，徐斌大概沒聽懂多少。他國中畢業就出來工作了，學習，從來就不是他的強項。但是，老師的一句話一直縈繞在他的耳畔：「世界無限，除非你設地自限！」

對啊，世界無限，難道我這一輩子只能做一個司機？這一堂課，改變了徐斌的整個人生軌跡。多年後的徐斌告訴我，這堂課程的內容讓他深受震撼，尤其是那句話——世界無限，除非你設地自限。他把這句話當成了自己的座右銘，時時提醒自己，不要被自己的思維限制住。

在送王總回家的路上，徐斌就開始反覆問自己——「我，真的只能當一輩子司機嗎？」他不想再焦躁不安地坐在貨車裡，每天對著前方的車不停按喇叭，他不想未來的生活就在一趟趟送貨的路程中度過。

生活不應該是這樣的，不是嗎？

是他自己困住了自己，他一定還有其他選擇，不是嗎？

一路上，徐斌一直在琢磨那句話，思考了很久，他終於鼓起勇氣對王總說：「王總，我不想再當司機了，我想轉崗做業務員，您看行嗎？」

王總一聽，有點吃驚。

徐斌又說：「王總，您不是讓我聽課嗎，我覺得老師講得很有道理，『世界無限，除非你設地自限』，我想挑戰新的工作，不想一輩子都做司機。」

王總是我們公司的一位資深客戶，自己非常好學，當然也欣賞那些好學且不斷追求進步的員工，他本來安排徐斌進教室只是為了讓他在大熱天裡有個睡覺的地方，根本就沒指望他能學到什麼，沒想到他居然還真的開竅了。見到徐斌有這樣的決心，王總決定給他一個機會。他說：「那我給你三個月的時間嘗試業務員的工作，如果你做不好，還是做回貨車司機，怎麼樣？」

「謝謝王總！我會努力的！」

那三個月的試驗情況怎麼樣，我不是很清楚，我只知道三年之後，徐斌成了公司銷售業績最好的員工。他也成了我們ＮＬＰ學院的優秀學員，所以，後面的情況我比較清楚。三年中，他的變化和成長讓人刮目相看。

不願意當小司機的徐斌，自然也不會甘願當一個業務員，哪怕是業績最好的業務員。在NLP學習的這幾年，徐斌一直在努力破除自己的一個個「不可能」。憑藉過去的不斷突破和努力，今天的徐斌有了自己的公司，不久之後他也有了自己的司機。

我時常會在課堂上給學員講徐斌的故事，因為很多時候，不是我們做不到，而是我們認為自己做不到，將自己限制在了一個狹小的底層的世界中，碌碌無為。

徐斌成功地掙脫了自己的限制性信念，從司機變成老闆，源於一次課程。徐斌是一個幸運兒。但是，又有多少人能像徐斌那樣幸運呢？

我見過很多父母，他們養育孩子的過程中，不斷地給孩子加上一重又一重的限制，硬生生地折斷孩子天賦的翅膀。每次見到那些對生活充滿恐懼、畏縮不前的年輕人時，我就會想起《一頭小象的故事》。

馬戲團裡有一頭小象，牠的一隻腿被鐵鍊鎖在了一根木樁上。小象想要掙脫，但是以牠的力氣，根本無能為力。每次掙扎，鐵鍊就會磨損牠的腿，越掙扎，腿上的傷就越深、越痛，甚至會被鐵鍊勒得皮開肉綻。嘗試多次以後，小象便不再嘗試掙脫了，因為牠知道自己不僅不能掙脫鐵鍊，還會被弄得傷痕累累。隨著小象漸漸長大，牠已經有足夠的力氣掙脫固定鐵鍊的木樁了，但是牠也不會再嘗試掙脫了。因為在牠的腦海裡已經形成了一種觀念——自己無論如何也不可能掙脫那根木樁。

你可能覺得小象很傻，但其實，人類和小象差不多。

面對孩子的教育，很多父母都相當矛盾——他們一方面希望孩子優秀，出類拔萃；另一方面又希望孩子少吃苦，盡自己一切努力給孩子鋪路。

怎樣判斷自己的孩子是否優秀呢？很多父母並沒有自信，所以他們只有通過比較去判斷。而比較的唯一標準就是學習成績。學習成績好的孩子，就是好孩子；成績不好的孩子，會被貼上各種標籤——愚蠢、頑皮、不思進取、沒用……這些標籤就是小象腿上的鐵鍊，在孩子心上勒出一道道傷痕，以至於他們長大以後永遠也掙脫不了鐵鍊的束縛，真的變成一個「沒用」的人。

我聽說了一個女孩的故事，感覺十分惋惜。這個女孩自身條件非常好，在國外接受過高等教育，然而畢業之後卻乖乖聽母親的話，進了一家國企，做著一份自己不喜歡的行政工作，一做就是好幾年。但就是這樣一個優秀的孩子，內心卻非常自卑，若她一直這樣下去，她的人生將會是一場不會停止的苦難。

下面這個故事，就是關於這個女孩的。

「完美女孩」的苦惱

「袁小姐，和朋友過來的啊？好幾天沒見到妳了，還以為妳不過來了。」一個帥氣的服務生接過袁莉的手包，又把她和朋友小允引到預定座位。

「嗯，最近有點忙。」

「已經準備好了。」服務生把兩人引到遠離喧鬧的位置，這是小袁的老位置。她心煩時喜歡約朋友來喝上兩杯，但又不喜歡熱鬧，所以，她會選一個稍微安靜的位置。只有喝上幾杯，進入微醉的狀態，她才會覺得日子好過一點。

小袁把手上的車鑰匙往桌上一扔，脫下外套，坐進沙發裡。

「袁小姐這次喝什麼？」

「和原來一樣，蘇格蘭威士忌加冰。」記得初來這個酒吧時，她喝的是低度的果酒，而現在，只有蘇格蘭威士忌能讓她盡快從痛苦中解脫。

「妳經常來這裡嗎？」小允很少來這種地方，今天是被這位老同學硬拽進來的。

「是啊，這裡環境好。我不開心的時候就喜歡來這裡喝點酒。」

「妳和服務生挺熟的，看來妳經常不開心啊。」小允開始打趣小袁。

小袁和小允是多年的好友，中學同班同學，大學也是校友。大二的時候小袁去國外讀書，畢業後由母親安排了一個穩定的工作。在小允的眼中，小袁就是那種典型的「白富美」，她們在學校時雖然是好朋友，但小袁出國後，她們就慢慢地走向了兩個不同的世界。她們很少聯絡，最近小袁好像特別閒，經常約小允吃飯。今天也不知什麼日子，小袁硬是要約她出來喝一杯。

服務生把酒準備好，小袁自己先倒了半杯，一飲而盡。

小允連忙制止她：「喝那麼多幹嘛呢？」

「心煩。」

「不會吧，前幾天看妳朋友圈還在曬旅行的照片呢。我還想問妳是不是交男朋友了。」

「沒有，那些男人沒有一個是真心喜歡我的。」

小袁說出這句話，讓小允吃驚不已。

小袁是個貨真價實的「白富美」。小袁的父親很早過世，但她母親是一位成功的商人。小袁從小生活優渥，衣服、包包、化妝品全是奢侈品牌。剛工作，母親就給她買了一輛豪車，還在市區為她購買了一套高檔小公寓，小袁每月工資不算高，但是消費一點也不低，過著讓人羨慕的生活。更讓人羨慕的是，小袁容貌出眾，在大學時就有很多男孩子追求。

小允不明白，這樣一個完美的女孩，還有什麼煩心事？

「上次妳說妳媽媽介紹了一個男孩子給妳，在投行工作，也是海歸，我看照片也一表人才。怎麼，沒看上？」

「接觸了一段時間，感覺他只是看重我家的錢，和我沒什麼關係。」小袁又仰頭喝掉半杯酒。

「不會吧，妳是不是太敏感了？感覺妳畢業後一直在相親，怎麼就沒遇到合適的人？」

「所以我才煩嘛。我媽現在很焦慮我沒有男朋友，她說我既不聰明也不能幹，現在年輕，還長得不錯，但是青春很快就沒了，要趕快找到一個可靠的男人，組建一個家庭，她才放心。畢業後我接觸過幾個男生，都太優秀了，我總覺得他們和我接觸並不是因為我本人，而是看中了我的家世。說實話吧，我覺得如果我只是個普通人家的女孩，他們根本看不上我。」

聽小袁這麼說，小允也吃驚不小。

小袁說，母親是個非常聰明能幹的人，小袁是她唯一的女兒，她從小就把小袁看成自己的一張「面子」，如果小袁不夠「優秀」，母親就會覺得自己很丟臉。

小袁從小就被母親逼著參加各種興趣班，鋼琴、繪畫、書法、聲樂、舞蹈，反正能參加的，無論費用多高，都會報名參加。但是小袁似乎並沒表現出藝術方面的天分——每一種才藝都淺嘗輒止，家裡的鋼琴、小提琴、電子琴、豎笛、古箏、筆墨紙硯最後都成了擺設。

小袁從小的學習成績也並不出色，為此還參加了很多學科的補習班。小袁的整個國中忙得不得了，晚上要去上興趣班，週末要去補習班。即便這樣，中考時，小袁仍然沒有考上重點高中。這件事情讓小袁母親覺得非常丟臉，時常抱怨：「妳怎麼這麼笨，我花了那麼多錢，妳的成績還是這樣差。」

讀大學的時候，小袁的英語並不好，她自己不太想出國讀書，但是母親執意讓小袁出國讀書。小袁還沒大學畢業，母親已經為她在國內找到了一個「金飯碗」。

「妳看，如果沒有我媽，我就和普通的女孩子一樣，讀一個普通大學，畢業的時候參加應屆生招聘會，可能輾轉很多會場，最後進一個普通公司。我又不聰明，也沒什麼特殊能力，唯一的興趣就是買東西。」

小袁靠近小允，悄悄對她說：「告訴妳個秘密，其實每次接觸那些優秀的男孩子，我都會覺得很自卑。」

小袁說，那些男孩都是以優異的成績進入重點大學讀書，靠著自己的實力進入那些好公司工作，「不像我，什麼都是我媽安排的。」

「在外人看來，我好像端著『金飯碗』，但其實我就是一個小行政，每天做的都是些沒什麼技術含量的事情。我現在做的工作，一個中專生都能做，真不知道為什麼還要出國讀書。」

聽小袁這麼說，小允無話可說了。

小允曾聽小袁抱怨過自己的工作，「每天都是重複的事情，覺得無聊，也沒前途」。小袁對這份工作一點熱情都沒有，每天行屍走肉般工作。有段時間，小袁很想離職，同事在背後說她是通過關係才進了現在的單位，她也聽說領導對她的工作能力並不滿意。她很想尋找自己喜歡的工作，可也只是想想而已——自己什麼也不會，能力也很差，能找到什麼樣的工作呢？現在的就業形勢這樣嚴峻，好多高學歷的人都找不到工作，自己又能做什麼？如果只能找一份低薪工作，怎麼應對現在的開銷？如果真的辭職，母親肯定會大發雷霆，離開了母親的她也沒有獨立生活的能力，再也別想消費奢侈品了……

「哎，我現在的一切都是母親給的，也都是她安排的，離開了她，我什麼也不是。如果沒有現在的家庭背景，妳覺得那些優秀的男孩子會看上我嗎？如果沒有我媽媽，妳覺得我能進現在的單位嗎？現在的生活都不是我自己創造的，如果靠我自己，我估計自己可能只是個打雜的，可能只是在一家小公司裡……」

看著憂愁的小袁，小允也說不出話來，端起桌上的威士忌和小袁碰了一下，然後一飲而盡。小允不是那種會喝酒的女孩子，特別是威士忌這種烈酒，「酒入愁腸愁更愁」，雖然她不是那種多愁善感的人，但一杯烈酒下肚，不免也傷感起來。

小允原來一直羨慕小袁有一位好媽媽，讓她過著衣食無憂的生活。而回顧自己的奮鬥歷程，充滿了辛酸。她從大學開始，就靠獎學金和勤工儉學掙來的錢辛苦地維持生活。而小袁這種苦好像和她當年所受的苦完全不一樣，她當年雖然辛苦，但是未來有希望，所以雖然有時候她覺得生活真的很難，但好在一直很充實。而今天，看到光鮮亮麗的小袁穿戴著奢侈的服飾，卻被生活禁錮，她那張美麗的臉龐因為憂愁也失去了魅力。小允突然明白，她一擲千金買來那麼多奢侈品堆砌在自己身上，不過是為了掩蓋自己那顆脆弱的心。

反觀自己，雖然沒有一位有錢的媽媽，但從小到大她都是媽媽的驕傲，從農村走向城市，雖然吃了不少苦，但她終於走出來了。雖然暫時還買不起和小袁一樣的名牌衣服，但她清楚地知道，她有一顆富足的心靈，她對未來充滿希望。因為，每當遇到困難的時候，她都會想起媽媽經常對她說的那句話：「孩子，我知道妳行的，妳一直都是媽媽的驕傲！」

小允再次為自己斟了半杯酒，這次她沒有與小袁碰杯，自己端起來一飲而盡。這一杯，她是為自己而飲的，慶幸自己有一位好媽媽！

我並不認識小袁，小袁的故事是小允告訴我的，因為小允是我的學員。在我看來，小袁是一個優秀的女孩，她做不好現在的工作，並不是她的能力不夠，而是沒有勇氣走出自己的舒適空間。那究竟是誰把她困住了呢？母親為她準備豐富的物質生活的時候，忘記了一個人的成長還需要精神上的營養，她在母親一次次的否定中形成了一個根深蒂固的信念——我是一個沒有價值的人。

那些從小被爸爸媽媽拿來和別人比較，總是得不到父母的肯定，或者是家庭條件優渥的孩子，常常會被種下「無價值」這樣一種病毒性信念，他們自身的價值需通過外在的事或物來衡量。這就是一些「高富帥」、「白富美」也有痛苦的原因。

02 什麼是限制性信念

生命的改變有時真的很簡單，只是一念之轉，可惜並不是每個人都會相信。什麼是限制性信念？讓我們先從信念談起。

什麼是信念

信念，從字面解釋就是相信一種觀念、概念。信念的產生最初只是一個念頭的形成，此時我們對這個念頭並不完全深信不疑，還需要經過一些體驗，念頭才會形成一個信念。

信念是一種指導原則和信仰，讓人們明瞭人生的意義和方向。

信念是人人可以支取且取之不盡的。

信念像一張濾網，安置在人們的思想中，過濾人們所看到的世界。人們看到的世界並不是完全客觀的世界——而是通過他自己的信念系統「再創造」的世界。

信念也像腦子的指揮中樞，「指揮」著人們的大腦，按照相信的觀念，看待事情的變化。

信念也決定著人潛能的發揮程度，當一個人相信自己能夠做某種事情的時候，他的潛能開關就打開了——他真有可能做到。因為信念可以激發潛能，潛能的大小決定著行動的力量，而行動的力量最終產生成效。

信念不斷地把訊息傳給大腦和神經系統，造成期望的結果。如果一個人相信自己會成功，信念就會鼓舞他成功；如果一個人堅信自己會失敗，這樣的信念也會阻礙他，最終使他失敗。這就是所謂的**「信念系統」**。

如果一個人擁有積極信念，衍生的信心極有可能使他完成那些別人認為他不可能做到的事情。當一個人內心真的相信某件事情的時候，信念便會傳送一個「指令」給神經系統，進入「信心滿滿」的狀態。所以，若個體能好好調整信念，它就能發揮極大的作用，開創美好的未來；相反，它也會阻礙一個人前進的步伐，甚至造成毀滅性的後果。

由於信念產生於一個念頭，經由體驗之後才能牢固地存在於一個人的思想中，所以體驗是信念產生的重要條件。但是沒有一個人能夠經歷所有的事情，所以在一個人的信念系統中，有很多信念其實是由某一特定經驗產生的，這個信念也許適用於某個情境，但在另一個情境中就不適用了。可是如果這個人的信念還沒隨之改變，就會給他的生活帶來很多困擾。這樣的信念，我們稱為**「限制性信念」**。

什麼是限制性信念

通過前面三個故事，你可能對「限制性信念」已經有一些了解了。一個為房租而苦惱的行政人員，因為一念之轉過上了富足的生活；一個貨車司機，事業起點很低，卻因為一次「睡覺」而改寫了自己的人生，一次次突破自己生命中的各種「不可能」，最終成就了不小的事業；但一個生活條件優越的女孩，擁有良好的學歷背景，享受著讓人羨慕的物質生活，卻因為覺得自己「不值得擁有」而一直活得痛苦不堪……

為什麼有人苦不堪言，有人活得如魚得水？是能力，是機遇，還是我們常說的「命運」？

當然，上述因素都會影響一個人的生活狀態，但這些都不是主因，大多數人生活的不如意都是因為大腦中有「限制性信念」，在ＮＬＰ領域，我們通常把這樣的信念稱作「思想病毒」。比如，前述三個故事，陸小美大腦中的「我不會做銷售」，徐斌腦中的「我文化低，除了司機我什麼都不會」，小袁腦中的「我不值得擁有」，這些想法看起來沒什麼大不了，卻足以摧毀他們的一生！

我們每一個人或多或少都會被一些信念束縛，這些信念在我們探索一個新領域或者想對生活做出一些改變的時候就會出現，有時它們會喚醒我們的恐懼，讓我們無法前進或者做出改變。

這三個故事代表了三種典型的病毒性信念，它們分別是**「無助」**、**「無望」**和**「無價值」**，下面我會詳細跟各位分享這三種「病毒」。

「三種病毒性信念：

無助、無望、無價值。」

限制性信念的種類

我們生活的這個世界中，有三種較為普遍的限制性信念——無助、無望和無價值。

限制性信念之一：無助

第一個最具破壞力的限制性信念我們稱為「無助」。

所謂「無助」，就是這樣一種想法：別人做得到，而我卻做不到。具有無助這種限制性信念的人，經常會產生莫名的無力感，對很多事情都沒有興趣，沒有目標，不清楚自己要什麼，想得多，而行動得少。喜歡把原因歸於外在的環境、其他人和事物上面，常常會有一種受害者心理。當一個人有能力，卻不被許可用自己的能力去解決一些事情的時候，就會產生無助感。

人生總是很難一帆風順，面對困難的時候，有人會去嘗試解決，哪怕結果是失敗的也沒有關係，但是有一些人連辦法都不想就退縮了。在他們的信念中，不是覺得自己不可能成功，也不是覺得自己沒有價值，而是認為自己在某些方面不如人，哪怕是一些極為簡單的事情，他們從未嘗試，就斷定自己做不到。就像曾經的陸小美一樣。

這些擁有「無助病毒」的人，有些是因為在他們小的時候，父母過度包辦了他們應做的大多數事情，或強行要求他們一定要按照父母的意願做事，剝奪了他們鍛鍊的機會，不允許他們挑戰自己的權威；或者父母處處拿他們的弱項與別人家孩子的強項做比較，讓他們總感覺自己不如人。久而久之，他們就會覺得，「我自己是沒有辦法解決問題的，但是我爸媽可以，或者別人可以。」於是，無論遇到什麼問題，他們都不會再嘗試自己解決。

這些父母就像網路上流行的一句話說的那樣——「他們剪斷了孩子的翅膀，卻抱怨孩子不會飛。」

限制性信念之二：無望

對我們最具殺傷力的限制性信念就是「無望」。無望就是絕望，不對任何可能的情況再抱有希望。有這種信念的人，他們只會做出一個判斷——任何嘗試都是沒有可能的。於是面對任何的可能性，他們也就不會再去做任何努力，哪怕是最簡單的事情。

對一件事情不抱希望的人，覺得自己做不到，別人也做不到，沒有人可以做到。無望的人根本不會尋求幫助，既然沒人做得到，為什麼還要尋求幫助呢？

一個人為什麼會有這樣的限制性信念呢？

據說阿姆斯壯小的時候，有一天，在後院蹦蹦跳跳，他的媽媽問：「你在幹什麼？」他說：「我要跳到月球上去！」

媽媽沒有潑冷水，罵他「神經病」或「異想天開」之類的話，而是說：「好啊，不要忘記回來吃飯哦！」

結果，他成了第一位登上月球的人。我不知道這個故事是真實的還是杜撰的，但這個故事用來說明限制性信念最好不過了。假如阿姆斯壯的媽媽當時直接跟他說：「這不可能！」一個小孩子偉大的夢想就會被扼殺，當太多太多的「不可能」一次次灌輸給孩子時，這種觀念就像詛咒一樣困住一個人的一生，這就是「無望」思想病毒的形成。

我女兒很小的時候就有一個夢想，她想成為大明星，我當然不希望自己的女兒成為明星，但我並沒有打擊她說「不可能」，我只是告訴她：「成為明星也是不錯的選擇，不過明星都是多才多藝的啊，你不光要會唱歌、會跳舞，還要會彈鋼琴，而且成績還要好。」充分利用她的夢想來激勵她。我的女兒會不會成為明星我不知道，但我知道的是因為她的夢想，她開始喜歡唱歌和彈鋼琴，我知道一個懂音樂的人的人生是幸福的。

我的孩子是幸福的，因為我明白了這一點。但大多數的家長並不明白，他們往往會用現在的資源判斷未來，將自己和孩子鎖定在現在的時間框架中——現在資源不足，無法實現的事情，他們就會輕易地下結論：「這不可能！」這就是「無望」的根源。

每一個孩子都是夢想家，孩子小的時候總有一些天馬行空的想法，如果一個孩子告訴父母自己對於未來的期望，父母總是打擊他，告訴他不可能，漸漸地，這個孩子就會向「現實」低頭。既然根本沒有可能，誰還會去思考如何實現呢？

所以，不管情況有多糟糕，不管現實有多困難，都要告訴自己，這只是暫時的。暫時做不到的事情，不等於未來不可能，科技每天都在發展，以前做不到的事情，不是很多在當下實現了嗎？

人類沒有翅膀，不可能飛，可是人類發明了飛機；人類不可能克服地心引力跳上月球，可是人類可以發明宇宙飛船；人類沒有順風耳，可是人類發明了電話，可以和萬里之外的人聊天；人類沒有千里眼，可是人類發明了影片通話，可以及時看到大洋彼岸的人的一舉一動……

也許今天人類還有很多不可能，但誰知道明天會不會變成可能呢。只有充滿希望，人類才能不斷發展，不是嗎？

限制性信念之三：無價值

無價值的例子從第三個故事中就可以清楚地看到，小袁過著優渥的生活，但她的日子依然在痛苦中度過，因為她知道，這一切並不是她創造的，在與母親的相處中，她的母親反覆地向她灌輸了一種思想：她並不值得擁有這一切，因為她不配！

當然了，在無價值的人中，像小袁這樣的孩子還算是非常幸運的，至少她可以享受母親為她創造的豐富物質生活。而大多數「無價值」的人，他們生活在貧困和內心痛苦的雙重枷鎖中，無法自拔。

為什麼內在的「無價值」也會影響到外在呢？兩千多年前，古亞特蘭蒂斯的智者在翡翠石板上刻下了「上行，下效，存乎中，形於外」這句非常智慧的話。如果我們內心貧乏，生活就會顯現出來，並且會傳承給我們的下一代。

我曾經就是這樣一個內外皆貧乏的人，從匱乏到富足，這條路我走過，所以，我非常清楚。

在之前的章節裡，我曾給大家講過一個茶葉的故事，走進心理學的世界之後，我才明白，那時我的自我價值太低，別人的好意會被我視作「侮辱」。為了維護那點少得可憐的自尊，我不得不用盡一切辦法，證明自己是對的，卻不曾覺察，在我證明自己的同時，卻把一包上好的茶葉推出了我的世界。

其實，被我推出世界的，又何止一包茶葉？

一個內心貧乏的人，為了保護那顆脆弱的心，通常都會築起一堵又高又厚的圍牆，把自己困在一個小小的世界裡獨自掙扎求存。這堵牆在保護自己的同時，也把一切美好擋於牆外。

學習心理學，其實就是一條自我療癒的道路。一路走來，內心越來越豐富，你會神奇地發現，你的外在生活，包括你的有形財富，也會自然而然地發生改變。因為「存乎中」，自然會「形於外」，更重要的是，讓你的下一代同樣富足，因為「上行」就會「下效」！

這也是我二十五年來一直堅守在傳播心理學這條路上的重要原因。學心理學的這個好處，你覺得夠嗎？

具有無價值、無資格感的人較容易逃避成功，面對自己喜歡的東西，不敢去追求，害怕自己沒有資格，配不上這些東西，當然這一切都是在潛意識中發生的，意識很難覺察得到。

我曾經看過一則新聞，一個母親經常打罵自己的女兒，因為她的丈夫希望她能生一個兒子，但是她卻生了一個女孩兒。她每次在丈夫那裡受了氣，就會把氣撒在孩子身上，一邊打孩子一邊說：「我這輩子被妳害慘了！」

試想一下，這個女孩長大以後會變成怎樣的人？她最親近的母親都覺得她是毫無價值、只會給別人增加負擔的人，她以後的生活還會好嗎？

有些父母會將自己對生活的不滿情緒轉移到孩子身上，甚至會期待孩子實現自己沒有實現的目標，如果孩子沒有達到自己的期待，父母就會責怪孩子「沒用」。漸漸地，孩子對自己的認知就是「沒用」，也形成了「無價值」的信念。「我沒有價值」這個信念，會比「我不會成功」這個信念對孩子的影響更大。

這種信念會影響一個人成年後與其他人的關係，他可能會害怕與別人建立任何情誼，因為他覺得自己會成為別人的負擔；他也很難與別人合作，因為一旦合作不成功，他就會自責，是自己「無能」造成的。

「我沒有價值」這個信念對個體影響最大的就是「親密關係」。找到一個伴侶，開始一段感情，他就會把自己的人生託付在對方身上，期望對方照顧自己的人生。但是又有哪個伴侶能夠負擔這麼重的責任呢？即便那個人真的很愛他，也會被他強烈的依賴和無休止的索取折磨得精疲力竭。所以，即便真的能和別人建立一段親密關係，這種關係也不會長久，對方會因為不堪忍受巨大的壓力而離開。當伴侶離開之後，他又會再次強化自己「沒有價值」這個信念，很可能會想——「看，我果然沒什麼價值，誰都不想和我在一起。」

每個人都想證明自己，大多數人會用一生來完成這件事！一個人一旦形成了「我不值得擁有」這樣的信念，他同樣會用他的一生來證明這一點！

這三種限制性信念可能同時存在於一個人的思想中，它們相互作用，影響著一個人的所有行為，最終的結果就是讓這個人待在原地，難以進步。

有些人一生庸庸碌碌，羨慕別人的成功，哀嘆自己的不幸。其實，他們的身上基本都能找出這三種限制性信念。

「學習心理學，
其實就是一條自我療癒的道路。」

03 限制性信念的來源

上一節中，我提到父母的教育會導致孩子形成限制性信念。這一節中，我將詳細解釋限制性信念是如何形成的。

經驗

我們的限制性信念基本上都是通過經驗形成的。我們做一件事情，就會產生一系列後果，通過這種「行動—結果」模式，人們就可以得出一個結論——我採取什麼行為，就會得到什麼結果。

但是人們往往會忽略一個事實——事物並非一成不變，我們往往沒有掌握事實的全部。

我有一個朋友，他曾準備和一個姓陳的老闆談合作。談判的時候，他發現這位老闆非常不友善，全程皺著眉頭，並且中途不停地離開接電話，非常沒禮貌。他介紹產品的時候也總是被這位老闆的各種問題打斷，而且無論他怎麼解釋，也看不到這位老闆露出笑容。局面越來越僵，最後在尷尬的氣氛中結束了談判。當然，我朋友就沒有再繼續跟這位老闆合作。

機緣巧合，不久以後我有個項目需要與這位老闆合作。朋友聽說這件事情後，好心提醒我：「這個陳老闆是個脾氣很壞、沒禮貌的人，你要小心點。」

聽他這麼說，我還真是有點擔心，懷著忐忑的心情應邀去了這位老闆的公司。見面之後，我發現這位陳老闆根本不像我朋友說的那樣，他風趣儒雅，很有涵養，對我們的到來安排得很周到，完全無法想像他曾那樣粗暴地對待過我的朋友。

難道這段時間發生了什麼大事，使這位老闆性格發生了翻天覆地的變化？

我與陳老闆的合作順利地進行著。合作中我發現，他的涵養並非裝出來的，他確實是一位體貼周到、令人敬仰的人。可是，為何和我朋友的談判會搞得那麼僵呢？

和陳老闆慢慢熟悉以後，我把這件事情告訴了他。他想了想說：「團長，你朋友遇到我的那段時間，可能正好是我和前妻辦理離婚手續的時期。那段時間，財產分割和子女撫養權的問題，搞得我焦頭爛額，見誰都一副苦瓜臉，整個人狀態極差。」這種狀態一直延續到他辦完離婚手續，休息調整了很久，才慢慢恢復過來。

原來如此，我朋友根據自己不好的經歷判斷了這個人，並非他的經驗出錯了，只是他沒有掌握事實的全部就形成了一個信念——這位陳老闆是一個脾氣很差、沒禮貌的人。

很多人都是這樣，會根據自己過去的經驗，形成一個信念，這個信念會左右他們的行為。有時，這種經驗並非直接來自自己，很可能來自別人。

讀書的時候，我有一個同學，從來不敢在冬天的晚上洗頭髮。他對我說，小時候他媽媽告訴他，冬天晚上洗頭髮第二天會頭疼。我覺得很奇怪，我和身邊的很多人都會在冬天的晚上洗頭髮，可我們從來也沒有頭疼。有一次，我見到他媽媽，和她聊到冬天洗頭髮會頭疼這個問題，老人家說：「我們那個時候沒有吹風機，冬天的晚上洗完頭髮，到睡覺的時候頭髮還沒有乾。如果頭髮沒乾就睡覺，很容易著涼，當然會頭疼。」

朋友聽到母親說的這番話，啞然失笑。

母親傳遞給他這個經驗的時候，還沒有吹風機。母親為了保護自己孩子免受頭疼之苦，向孩子傳授了自己的經驗片段，但孩子卻並不知道事實全部，就稀里糊塗地相信了。

教育

我們的教育大多來自兩個方面，一方面是我們的父母，另一方面是學校。

大部分的父母都希望自己的孩子人生順遂，所以他們會把自己人生中的信念以及他們認為的好與不好的經驗傳遞給自己的孩子。

在很多家長的信念中，好成績就意味著好的人生——成績好的孩子就能進入好大學，進了好大學才更容易找到一份穩定、優越的工作，人生就有了最堅實的保障。

那些成績不好的小孩，要承受來自父母、老師甚至同學的歧視。漸漸地，他們就會對自己的能力失去信心，覺得自己不可能成功，沒有辦法做到，不去嘗試與創新。重複父母的老路，當然，也會重複父母的錯誤與痛苦。

錯誤的邏輯

在做決定的時候，人們會先評估這個決定的「投入與產出」，確定自己需要投入的時間、精力和金錢，然後可能得到什麼樣的回報。

但是很多人關於「投入與產出」的估計其實是錯誤的。他們沒有仔細研究過自己做出這個決定的依據是否真實可靠，往往將這個依據泛化。

我經常聽到一些言論，其中最常見的就是「這是不可能的，因為從來沒有人做過」。我時常聽到家長對自己的孩子說這句話。如果一個小孩的理想是周遊全世界，當他把這個理想告訴自己父母的時候，父母會怎麼說呢？也許會說：「這不可能，因為我們祖祖輩輩都沒有人做過這樣的事。」

「周遊世界」對很多中國家長來說是一件投入非常大的事情，並不容易實現，但這個理想是否真的是「天方夜譚」？我曾經的理想就是周遊世界，但是那時我並沒有那麼多錢負擔這樣的旅行，那麼我如何實現的呢？我組織很多企業家赴海外參觀考察，去了二十多個國家，走進了二十多家世界五百強，我不僅實現了「周遊世界」的理想，這個項目還不斷支持著我最愛的心理學教育事業。「團長」這個稱呼也是從那時開始出現的。

藉口

有時，人們用錯誤的邏輯形成一個信念，為的是給自己的失敗找一個藉口。

當一個人做了一件事情，卻沒有效果，他可能將自己的失敗合理化，用一個藉口為自己開脫。藉口用得太多，就會變成一個信念。

我知道很多女士在減肥，有一次我的一個學員對我說：「團長，運動減肥對我沒用。」我問她：「妳嘗試過了嗎？」她說她曾經辦過健身卡，還專門請了教練，學習了一段時間，體重不降反升。剛好我認識她的健身教練，有次聊天我們談到這件事，她的健身教練告訴我：「她都沒有按時來過，可能就來過三、四次吧。而且有些學員剛開始運動，運動完了會很容易餓，他們又覺得自己運動了，可以吃多點，結果運動量不夠，飲食卻增加了，當然會長胖。」

當一個藉口變成「信念」的時候，就會限制我們找到解決問題的辦法。

恐懼

限制性信念還有一個重要的來源，就是「恐懼」。

在我們的社會中，我們都害怕被批評、被無視、被拒絕，這些恐懼就會漸漸演化成限制性信念。

我曾經看過一篇文章，很多美國老師覺得中國學生太安靜了，課堂上不發言，也不參加討論，更不會提出反對意見。但美國學生就不同，他們經常挑戰老師的理論。中國學生很可能有種信念——老師說的都是對的。但這種信念是怎麼形成的呢？

「藉口用得太多，
就會變成一個信念。」

04 怎樣消除限制性信念

限制性信念大多數是在我們童年時期形成的，而我們一生都在「創造」經歷去「符合」這些信念。如果你能回顧自己的人生，就會發現自己的經歷總是相似的。

限制性信念會影響你的生活，它幾乎會影響你做的任何一件事——阻礙你發現機會，讓你喪失嘗試的勇氣。

消除限制性信念的第一步，當然就是找出它。

如何找出你的限制性信念呢？

首先，來看看你對自己生活的哪些方面不滿意。比如，你很想找到一位伴侶，卻發現自己很難和別人建立親密關係，你會怎麼解釋這件事情？如果你是一位男士，你可能會說：「女人都喜歡有錢人，我又不是有錢人。」如果你是一位女士，你可能會說：「男人都喜歡年輕的女人，但是我已經不再年輕了。」總之，你若將這個現狀合理化為自己無法解決的困難，那麼這個解釋很可能就是一個限制性信念。

但是你可能會說，事實就是如此啊，你還能舉出很多親身的經歷去證明這個信念。你的信念就是以這樣的方式運作的——你相信什麼，你就會得到什麼。只有你完全不再持有這個信念，它對你的魔力才會消失，它才不會再影響你的生活。

有時候，限制性信念不會以一種清晰的方式存在於你的頭腦中，在生活的某些領域，如果你已經盡量採用樂觀、積極的應對方式，但結果還是不滿意的話，那麼，你可能在這個領域存在限制性信念。

比如，如果你的財務狀況很差，你對此有什麼感覺？焦慮、憤怒還是無助？這時你需要讓自己沉浸在情緒中一段時間，順著情緒找出這個信念。每一種情緒可能代表不同的信念，如憤怒或許說明你有這樣的信念——我這樣的人不配有錢，無助可能說明你沒能力掙到錢。

當你找出這些限制性信念以後，就可以用ＮＬＰ的方法一步步消除它了。

第一步：將你的限制性信念寫下來，然後好好感受它，感受它帶給你的情緒。進入生活中種種不如意的經驗裡面，充分感受這些不如意給你帶來的痛苦、悲傷、憤怒、內疚或其他種種情緒。

第二步：從情緒中抽離出來，讓一個成年的、智慧的自己告訴過去的自己，這些都只是你的信念，而不是事實。你可能不會認同這個觀點，因為你實實在在經歷過很多事情。事實如此，你怎麼去挑戰呢？在這個時候，你可以做出選擇。如果你希望過上理想的生活，這個信念就必須被消除；如果你仍然「抱住」它不放，你的目標永遠無法達成。你為它做的每一句辯護，都會讓它變得更強大。你希望達成自己的目標嗎？希望的話，你就選擇相信它只是你的一個信念，而非事實。

第三步：嘗試用一個新的信念去替代它。你可以用一個積極正面的信念替代舊的信念，可是怎樣知道這個新的信念對你是否有用呢？當你想到這個新的信念的時候，感受一下自己的身體和情緒，你是否覺得充滿了力量，是否有了正面的情緒？如果是，那麼這個新的信念就是正確的。如果你的財務有問題，你可以對自己說：「曾經我的財務狀況不好，但我從中汲取了不少寶貴的經驗，這些經驗足以讓我以後受益。」

第四步：採取新的行動。當你採取新的行動時，你可能會感到害怕。跨出自己熟悉的領域，很多人都會感到害怕或者不適，但是你可以告訴自己，我的行動要符合自己的信念。比如，如果你認為自己已經從過去失敗的財務經驗中吸取了教訓，那你會採取怎樣的行動？如果你希望自己飲食健康，也給自己找到了新的信念，要成為一個飲食健康的人，那麼每頓飯會為自己準備哪些食物？

第五步：獎勵自己。如果你真的想告別舊的信念，形成新的信念，並且開始採取行動，一定要獎勵自己。在不斷鞏固自己新的信念的過程中，它會越來越堅固，你的生活也會隨之發生改變。

發現自己的信念，並且證明它是限制性信念並不容易，消除限制性信念更難。

就像一個人身體不舒服，他只能看見自己的症狀，若沒有醫生的幫助，他很難發現病因是什麼。發現了病因之後，才可能對症下藥，但是，往往在「選藥」這一步容易出錯，一個資深的醫生可能更容易找出適合的治療方法和恰當的藥物去治療患者的疾病，但是若遇到經驗不足的醫生，則可能使用錯的治療方法。

「如何消除限制性信念」的方法，來源於心理學很多流派的理論以及我多年從業的經驗，是經過許許多多實際案例總結出來的方法。看似很簡單，只需要幾個步驟，但實際上這個過程需要由專業人士指導才能順利完成。

也許你從書中或者網上都看過不少改變信念的方法，但你會發現並沒有什麼用。很多人問我，「為什麼我讀了那麼多書依然過不好自己的人生？」因為，**知道是沒有用的，重要的是能做到。如何才能真正改變自己的限制性信念，這裡有一個關鍵的竅門，就是必須要有情緒的參與。**在我的職業生涯中，做過不少個案，個案是否成功的關鍵就是我能否把當事人帶回限制性信念形成時的情緒狀態中。

很多朋友找我吃飯，讓我幫他改變限制性信念，我通常都會拒絕，因為在飯桌上無法做到，這也是我一直推薦朋友去上課或找專業諮詢師在特定環境中做個案的原因。

很多人也問過我這樣一個問題，「我上了不少課，可是回去不久就忘光了，如何才能記住學到的東西？」

我通常會告訴這些朋友，如果上課只是為了學習知識，你一定會忘光的，因為人的記憶力是有限的，就算你非常用心地記住了老師所講的知識，對你的人生大概也沒什麼用，即使你知道了很多，你的人生也並不會因此改變。

真正有用的並不是學到了多少知識，在互聯網越來越發達的今天，只要能上網，知識隨手可得，所以知識會越來越不值錢。我經常跟學員說：「知識可以百度，唯有能力不能搜索！」

「知識可以百度，

唯有能力不能搜索。」

可以忘記的是知識，而能力一旦形成，你一生都忘不了。比如，小時候學會了騎自行車，不管你多少年沒騎自行車了，今天的你一定還會騎，只要你的身體健康，你一輩子都會騎自行車，你永遠都忘不掉騎自行車這種能力。

信念的改變也是一樣，如果在課堂中你改變了某個限制性信念，對你的影響絕對是終身的！因為那不是知識，而是能力！

這本書的所有概念和方法，都為你打開了一扇通往幸福的門，但是走進門之後，你能走多遠，取決於你在多大程度上掌握了這些方法。所以，除了讀書以外，我也推薦大家走入課堂，在資深導師的指導下學習運用這些方法。

期待有緣的讀者能夠勇敢地走進心理學這扇門，去改寫自己的種種限制性信念，重新活出精彩的人生！

無論如何請記住：不管你今天活得如何，你都值得擁有更美好的生活！

Chapter 4
情感銀行

01 別以為錢可以解決任何事情

前幾章我們分別講了「對與錯」、「人生模式」和「限制性信念」，如果你能夠明白這幾個概念，並對自己的人生有所覺察，再按照本書給出的方式去嘗試改變，你會迎來一次新的成長。

從這一章開始，我們將從個人成長角度轉向如何維護人與人之間良好關係這個角度。沒有一個人是獨立生存在這個世界的，一個人總是需要經營很多關係，與親人的關係，與同事的關係，與朋友的關係等。有些人事業成功，卻不善經營關係，他的成功一定很辛苦，也未必長久。這些不善經營關係的「成功人士」，婚姻和家庭往往風波不斷。

有人說，人心隔肚皮，人與人之間的相處太難了。真的很難嗎？

是的，對於大多數人來說，是很難的！因為，大多數人都沒有學習過如何與人相處，都不太了解人的心理規律。當你對人性一無所知的時候，與人相處怎麼會不難呢？

但是我們也會看見某些人很善於處理人際關係，他們又是如何做到的呢？有人說「人情練達即文章」，多久才能達到「練達」的地步呢？又如何才能真正了解人性呢？以下的章節，我將通過幾個真實的故事，對人性的各個方面有一個感性的認識，同時也會向各位讀者傳授處理人際關係的方法。

請你們看完這幾章以後，再來回答這個問題——人與人相處真的很難嗎？

錢也買不到的班長

「程總，謝謝你今晚的招待。我們一起敬程總一杯，謝謝他的盛情款待。程總現在的互聯網公司做得有聲有色，以後我們還要請程總多多支持。」

「好說好說！只要我能當選班長，以後吃的、喝的都包在我身上！」程東將杯中酒一飲而盡。

程東是《NLP教練式管理》課程的一位學員，上面一幕就是他競選班長前請客拉票的場景。

我們每一期的課程都會選班委，班長這個位置競爭最激烈。由於學員很多都是事業有成的老闆，所以每一次競選班長的時候，都能看到非常有趣的現象——每一個「成功人士」都使出十八般武藝競爭一個職位，可謂真正的「高手過招」。

在競選環節，其他同學都準備了很多演講稿，程東最後一個上台，對同學們說：「同學們，如果你們選我做班長，我每人發一千元的紅包。」

他講完這句話，全場譁然。

接著他又說：「任何班級活動，我願意個人承擔一半費用；任何同學來我所在的城市旅遊，食宿我全包。」

程東自信滿滿地站在講台上，對競選班長這件事胸有成竹。

如此豪氣的拉票競選，我也是頭一次看到，那麼，程東最終有沒有被選上呢？我先賣個關子，我們先來看看他為什麼會來到我的課堂。

程東最常去的地方就是酒館，藉著酒勁他能口若懸河、滔滔不絕地講很多俏皮話。程東似乎什麼都懂，雖然沒有一樣精通，但是他很聰明，和搞房地產的人坐在一起聊互聯網，和搞互聯網的人在一起聊食品、貿易，和搞工業的人談農業，和搞農業的人談政治……大家都以為他是行家，而他不過只是知道些皮毛而已，可誰又會去深究自己不熟悉的行業呢？他的朋友似乎很多，無論哪個領域，都有幾個他的「好哥們兒」，也沒人真的會去驗證他說的這些關係有多可靠。靠著巧舌如簧和這股聰明勁兒，再加上膽大心細，程東從一個紀念品銷售員成為幾家企業的老闆，他曾經吹過的牛有些還真實現了。

紙醉金迷的日子一開始是挺誘人的，但過久了，程東感到有點疲倦，無聊、空虛成了聚會後的常態。認識的人不少，大家在一起時都稱兄道弟，但是程東心裡清楚，這些都是演戲。他自己是個戴著面具生活的人，所以誰戴著面具，他也心知肚明。他安慰自己，「人生就是一場戲，何必那麼在意。大家都是演員，出來不過就是為了求財，只要有了錢，什麼都好說。現在的人，哪會有什麼真情。」

一開始，這樣的套路還是挺有用的。可是最近幾年，程東開始發現錢越來越不管用了。

最讓程東觸動的是公司最近的一次人事動盪。

去年年初，程東公司開始建立一個互聯網平台——為一些高檔社區配送新鮮果蔬、肉類。程東非常看好這個項目，專門停下手上很多工作開始找高檔社區物業合作。合作談下來以後，程東將手下幾位技術最好的員工都調配到了這個項目。

然而不久之後，一個高級技術人員提出離職。這個人的離職就像一個導火線，之後不斷地有人員開始離職。公司正在推進一些重要的項目，一兩個員工離職倒沒有什麼問題，可是越來越多的人離職就是大問題了。程東漸漸發現，項目進度比自己預想的緩慢很多。怎麼解決員工離職的問題呢？程東想了想，「不就是覺得錢給少了嗎，我給！每個普通員工工資提高10%，主要負責人提高20%，不少了吧？這個項目一定要拿下來。」

工資刺激確實有點效果，但是半年過後，又出了一件大事——負責這個項目的經理突然提出離職，這還不算，好幾個團隊成員都要和他一起走。

程東為了留住他們，出了雙倍的工資。然而那些同事似乎去意已決，任程東嘴皮磨破也無濟於事。由於前期籌備平台一直沒休息過，身體出了點小狀況，加上留不住員工又急又氣，程東竟然大病了一場。生病期間，程東覺得自己信奉的真理似乎突然不靈了。

在互聯網界，缺的不是錢，是人才，比程東有錢的企業家多了去了，但是人才卻相當緊俏。一個有技術、有經驗的互聯網人，不知道有多少投資人願意出高價來挖。當錢不再像以前那樣管用時，程東感到一絲恐慌。

程東出生於一個很普通的人家，在打拚的過程中，他深深地體會到錢的重要性。他做過很多工作，每一份都做得不長。後來一個朋友介紹他去旅遊景點做紀念品銷售，那是他第一次接觸銷售。程東天生是個銷售人才，普普通通一個紀念品到他的手中，被說得天花亂墜。程東也特別會招攬遊客，所以他銷售業績特別好。漸漸地，程東不滿足於只是銷售紀念品。他辭了職，開始應聘其他公司。

不久，他進了一家銷售防火材料的公司，專門負責西藏、甘肅地區的銷售。這兩個地區也是公司當時尚未涉足的最後區域。程東第一次去跑銷售的時候，被別人推出了大門，產品也一併被扔了出去。程東不甘心，第二次改變了策略——他手上提著的不只是產品，還有很多別的「禮物」。因為細心的程東發現，有些東西在西藏、甘肅這些地方，還算比較稀奇的事物。這一次推銷果然順利了很多，至少採購部主任客客氣氣地接待了他。雖然還沒答應採購，但是程東摸索到了方法，也看到了希望。第三次再去，他見到了廠長，也成功完成了銷售任務。當然程東也付出不少本錢。這種「有錢好辦事」的方式在之後的工作中簡直屢試不爽，程東在心裡開始默默信奉一句「真理」——有錢能使鬼推磨。

賺到第一桶金之後，程東開始做自己的企業。在商場摸爬滾打了十多年的程東，已經熟諳「送禮」之道——送誰、送什麼、什麼時候送、送多少，他都非常清楚。當很多人都在抨擊這種「潛規則」的時候，程東常常暗自竊喜。

這次生病讓程東開始有點醒悟。躺在病床上的他心裡其實很慌亂，如果錢都不管用了，他以後怎麼營運公司？用什麼辦法擴大未來的事業？

程東的一個朋友是我的學員，這個人也是一個企業老闆。他去醫院看望程東時，發現程東面容憔悴，神情沮喪。那種沮喪並不是病人的沮喪，而是一種很無望的感覺。程東和他聊天也慨慨的，失去了往日的奕奕神采。在朋友關切的詢問之下，程東才一點點道出自己的苦惱——如果錢收買不了人心，他該用什麼辦法招賢納士呢？程東這個朋友建議他來學院參加一些培訓課程，多了解一下「人心」。也正是因為這個契機，程東才走進了我們的課堂。

通過對程東的深入了解，我想大家對他為什麼會用紅包拉選票就不再奇怪了，因為，那就是他成功的法寶，也是他行走「江湖」的秘密。可惜的是，這一次，法寶不再管用了，這一次不僅沒有為他爭取到選票，還引來大家反感。他成了得票最少的候選人。

其中當然有一個原因是班上同學大多都是老闆或者高管，程東期望用這些小恩小惠打動他們，實則是一種侮辱。更重要的是，程東平時根本沒有和同學建立一定的關係，很多人對他都不了解，更談不上信任，怎麼可能放心選他當班長呢？程東這一招，不僅沒博得同學好感，還使同學對他有了很不好的印象。

錢，也許能辦到很多事情。但是，也有很多事情不是錢可以辦到的。

很多時候，情感比金錢更管用，尤其是想要留住人才的時候。下面這個故事是我的親身經歷。

如何挽留想要離職的高管

我投資了好幾家心靈成長培訓公司。有一天，其中一家公司的CEO約我吃飯。剛見面，我見他愁眉不展，似乎心事重重。我開玩笑地說：「怎麼那麼不開心？不想和我吃飯？」

他說：「團長您說笑了，其實是最近工作上遇到一件難事。約您出來吃飯也是想和您談一談。」

這家公司有一位合夥人叫大斌，他負責一個特別重要的部門。大斌這個部門做得特別好，最近一段時間他特別想將部門獨立出來，成立一家公司，為此他專門找到CEO談過，但是考慮到公司整體發展，CEO拒絕了他的要求。一段時間之後，大斌提出離職。

大斌若現在離職，必然對公司造成非常大的負面影響，公司在短時間內很難找到合適的人接替大斌的職位。現在公司正處在發展的關鍵階段，如果這個部門高層人事動盪，會對公司發展帶來很消極的影響。CEO找大斌談了幾次話，但是大斌的態度堅定，去意已決。

大斌負責的部門是網路推廣部，他擁有豐富的互聯網產品營運經驗。互聯網公司也正是投資者的風口，雷軍曾說過「站在風口上，豬都能飛起來」，雖沒見過飛起來的豬，只是互聯網公司的待遇真是飛起來了。只要你真有本事，來挖你的人比熱心的街道大媽還勤快。所以，互聯網企業的人心浮動是一種常態，公司經營者們每天都在經受著這些煎熬。我的拍檔眼前正處在這種狀態中，我很了解他的處境。

為了能為拍檔分憂，我請求他讓我跟大斌見面聊聊。一般我不插手投資公司的業務，這次之所以會提出見大斌一面，是因為大斌也曾經是我手下的一名員工，後來隨著業務分拆而轉到了新的公司。我與他曾經有過一段情誼。這段情誼是怎樣建立起來的呢？事情還要從幾年前說起。

有一天公司開例會，我發現大斌沒有來，詢問同事大斌去哪裡了。同事告訴我，大斌家裡出了點事，他急急忙忙趕回去了。後來我才知道，大斌父親被查出腦癌，需要立即做手術。

那時的大斌是一位普通的技術人員，收入不高，也沒多少積蓄，面對高額的手術費用正在犯愁。

我找到大斌，告訴他我知道了他父親的事情，問他是否需要幫助。大斌有點為難地說：「父親手術需要準備一筆費用，大概要十萬塊錢。我只籌到了五萬元，還差五萬元，太急了，不知道去哪裡湊。」

「不用去湊了，我先幫你墊上，公司有個基金，你忘了嗎？誰有困難都可以動用基金裡的錢。」我安慰大斌，「下午我讓財務把錢劃到你帳戶上，先去給你父親交手術費吧。」

大斌看著我，眼神裡有驚訝，也有感動。他用略微顫抖的聲音小聲地說：「團長，這個錢……我不確定什麼時候才能還給您……」

我拍拍他的肩膀說：「錢你不用急著還，成立這個基金的目的就是幫助有需要的同事，以後有能力賺到錢再把錢還上，讓其他有需要的同事可以得到幫助，如果真沒錢，你可以永遠都不用還。你先拿去給你父親交手術費，好好照顧你父親，如果還有什麼難處，你再來找我。」

「謝謝您，從下個月起，從我的工資中扣，我會盡快還清的。」大斌是鄉下孩子，我也是，鄉下出生的孩子都不願欠別人的人情，這一點我非常明白。

「不用，這是基金裡的錢，因為有你和同事們的共同努力，才有公司的今天，所以，這個基金有你的一份功勞，你值得享用這個基金的幫助。」讓受助者不會因為被幫助而愧疚，維護受助者的自我價值，這是我一貫的助人原則。

大斌感動得向我深深地鞠了一躬。

這件事情之後，大斌對我非常尊重，雖然我和他之間還隔著一層管理級別，平時很少打交道。後來隨著新公司成立，大斌到了新成立的互聯網公司，我們之間見面次數更少了。但是我們偶爾會見面，我能通過他對我的態度感覺到，我在他心中有一定的位置。

我也是窮孩子出身，深深知道需要錢時卻拿不出來的那種焦慮。很多年前，我曾是家裡的驕傲，因為我是我們村裡第一個考上大學的。在那個時候，一個農村的孩子能考上大學，可以說是整個家族的榮耀。可是這個榮耀，卻愁壞了我們全家人——因為大學的學費對那時貧寒的我來說是個天文數字。

父親知道我想讀書，也為我能考上大學感到光榮，他安慰我說：「放心，學費爸爸來想辦法。」從那天起，父親開始在我們村挨家挨戶借錢，求別人幫忙。可是農村人又能有多少錢，即便有點積蓄，誰又願意借給別人家的孩子讀書？父親那段時間天天往別人家跑，一遍遍地央求親戚鄰里借錢給我們，即便如此，仍然沒有湊夠學費。

我記得一天傍晚回到家中，看見父親獨自漠然地坐在一張老舊的小木凳上，低著頭抽悶菸。他緊鎖著眉頭，眉間和額頭幾道深深的皺紋，彷彿刀痕一般刻在了我的心上，那種疼痛的感覺，我至今想起似乎都要吸一口涼氣。從那時起，我深知需要錢卻沒有錢的苦，是一種心如刀割卻無法言表的痛。

工作以後，我父親也曾得過一場重病，那時我還年輕，經濟也不寬裕。我很想為父親請最好的醫生、用最好的藥，讓他接受最好的治療，可每次碰到錢這道坎兒，我卻不得不謹慎，思考再三，反覆計算。面對父親的疾病還要斤斤計較，我很愧疚，可是面對錢不夠這麼冷冰冰的現實，我也無可奈何。每到這時，我就會想起父親當年借錢讓我上學獨自愁悶抽菸的樣子，他當時無力、無奈的感覺，似乎也蔓延到我的心裡。所以，當我有能力之後，立即在公司裡成立了一個困難互助基金，把自己其中一年的所有企業培訓導師費拿出來，希望公司裡的同事在面臨和我當年相似的困境時，可以無後顧之憂。這個基金成立快十年了，公司裡好幾位同事都用到了這個基金，他們再也不用經歷我當時那樣的窘困。

大斌是這個基金的其中一位受益者。

和拍檔聊完之後，我約大斌吃了一頓飯。這次談話非常順利，大斌答應留下來。我知道，我的談話會有效果，並不是我比我的拍檔有更高的談判能力，而是幾年前我曾經在大斌的情感銀行中存過一筆錢。

02 什麼是情感銀行

美國心理學家威拉德．哈利（Willard Harley）提出了「情感銀行」這個概念。他認為，**每個人心裡都有個情感帳戶**（見圖4-1）。他將關係中的相互作用比喻為銀行中的存款與取款。存款可以建立關係，修復關係；取款使人們的關係變得疏遠。存款是指讓對方開心，感覺被欣賞、被肯定，或是做了一些讓對方高興的事；取款則是請求幫忙、求助，或者獲得對方的支持。而批評、指責、嘲諷甚至謾罵等行為，會迅速消耗你的情感存款，甚至讓你的情感帳戶透支。

當你在對方「帳戶」的情感存款豐厚的時候，你身上的一些小問題就可以被對方原諒。但如果你在對方的情感帳戶沒有存款甚至負債，你的一點小問題也會被放大，導致對方不能原諒你。

情感銀行其實在我們的文化中存在已久，就是我們常說的「人情」。我們也常常將人情比作錢款，如誰幫了我們一個忙，我們就會說「欠了一個人情」。

大斌能夠留下來，是因為幾年前在他困難的時候，我曾幫過他大忙，在他的情感銀行中存過一大筆「款項」；而程東是一個不太注重存儲情感的人，那些他覺得沒利益關係的人，他不想投入自己的感情。當然，這也和我們上一章講到的「信念」有關，在他的信念中，金錢可以使別人滿足他的任何需求，包括情感需求。然而他不知道「情感」其實有另外一個帳戶，他從不經營和員工之間的這個「帳戶」，以為不停給員工加工資就可以留住他們，但實際上「金錢」往往在關鍵時刻不如「情感」有效。

我們確實聽說過一句話——有錢能使鬼推磨。這句話在我們文化中流傳了很多年，我猜相信這句話的大有人在，並不只程東一個。這句話有問題嗎？客觀地說，這句話曾經並沒有問題。但是，它漸漸不再適用於現代這個社會了。為什麼會這樣呢？這裡，我想藉用著名的心理學家馬斯洛提出的「需求層次理論」來解釋這個問題。

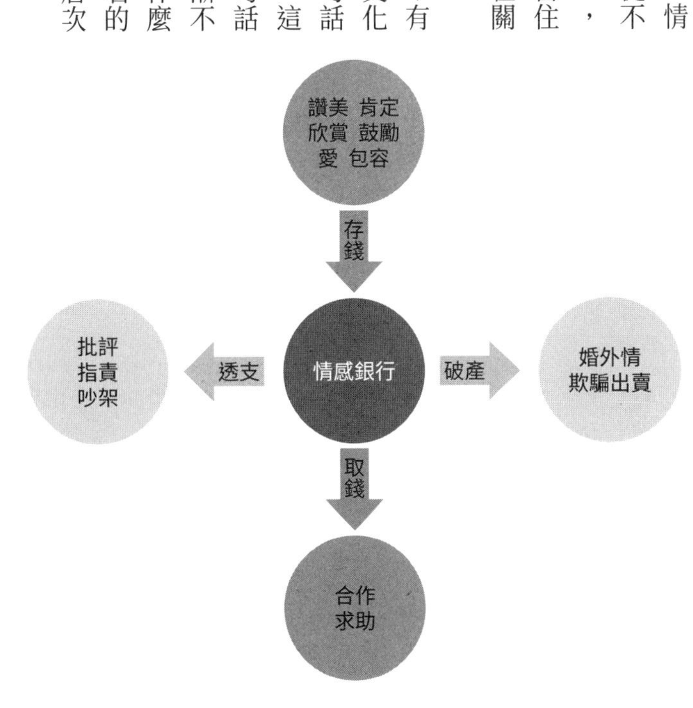

圖4-1　情感銀行

馬斯洛需求層次理論

馬斯洛將人類需求像階梯一樣從低到高分為五個層次，分別是：生理需求、安全需求、社交需求、尊重需求和自我實現需求（見圖4-2）。

第一層次：生理需求

任何一項需求（除「性」以外）得不到滿足，人類的生理機能就無法正常運轉。換句話說，人類的生命會因此受到威脅。從這個意義上說，生理需求是推動人們行動最首要的動力。馬斯洛認為，只有最基本的需求滿足且達到維持生存所必需的程度後，其他需求才能成為新的激勵因素，那時，這些已被滿足的需求也就不再成為激勵因素了。

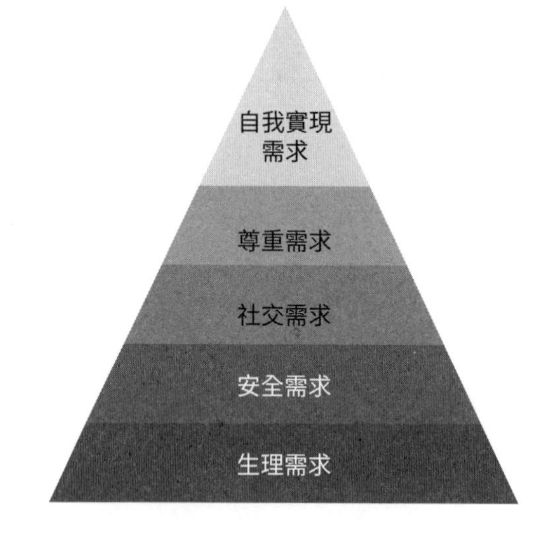

圖4-2　馬斯洛需求層次理論

第二層次：安全需求

馬斯洛認為，整個有機體有一個追求安全的機制，人的感受器官、效應器官、智能和其他能量主要是尋求安全的工具，甚至可以把科學和人生觀都看成滿足安全需求的一部分。當然，當這種需求一旦得到相對滿足後，也就不再成為激勵因素了。

第三層次：社交需求

人人都希望得到別人的關心和照顧。感情上的需要比生理上的需要來得細緻，它和一個人的生理特性、經歷、教育、宗教信仰都有關係。

第四層次：尊重需求

人人都希望自己有穩定的社會地位，要求個人的能力和成就得到社會的承認。尊重的需求又可分為內部尊重和外部尊重。內部尊重是指一個人希望在各種不同情境中有實力、能勝任、充滿信心、獨立自主，內部尊重就是人的自尊；外部尊重是指一個人希望有地位、有威信，受到別人的尊重、信賴和高度評價。馬斯洛認為，尊重需求得到滿足，能使人對自己充滿信心，對社會充滿熱情，體驗到自己活著的價值。

第五層次：自我實現的需求

自我實現的需求是最高層次的需求，是指實現個人理想、抱負，發揮個人能力到最大程度。達到自我實現境界的人，接受自己也接受他人，解決問題能力增強，自覺性提高，善於獨立處事，要求不受打擾地獨處，完成與自己的能力相稱的一切事情。也就是說，人必須幹稱職的工作，這樣才會使他們感到最大的快樂。馬斯洛提出，滿足自我實現需要的方式是因人而異的。自我實現的需要就是指努力實現自己的潛力，使自己逐漸成為自己期望的人。

馬斯洛認為，五種需求像階梯一樣從低到高，按層次逐級遞升，但這種次序不是完全固定的，可以變化，也有種種例外情況。

一般來說，某一層次的需求相對滿足了，就會向更高層次發展，追求更高層次的需求就成為驅使行為的動力。相應地，基本獲得滿足的需求就不再是激勵的力量。

五種需求可以分為兩級，其中生理需求、安全需求和社交需求都屬於低級的需求，這些需求通過外部條件就可以滿足；而尊重的需求和自我實現的需求是高級需求，通過內部因素才能滿足，而且一個人對尊重和自我實現的需求是無止境的。同一時期，一個人可能有幾種需求，但每一時期總有一種需求占支配地位，對行為起決定作用。任何一種需求都不會因為更高層次需求的發展而消失。各層次的需求相互依賴和重疊，高層次的需求發展後，低層次的需求仍然存在，只是對行為影響的程度大大減小。

回溯過去，大多數時候物質匱乏，人們生活貧窮。按照馬斯洛的需求層次理論，過去很多人還掙扎在滿足最基本的「生理需求」這一層次上，所以「錢」確實是最有效的手段。

但隨著生活水準日益提高，最基本的需求幾乎都已經滿足了。在低層次需求滿足以後，人們就開始想要滿足高層次的需求了。

很多企業的優秀員工和高管真正需要的根本不是錢，因為憑藉自己的實力，他們去哪裡都可以找到一份收入理想的工作。程東沒有找到離職員工真實的需求在哪裡，還在用曾經的理念指導現在的行為——給員工加工資，留住他們——這當然行不通。一個只是重視「錢」的老闆，必然在「情」上就會表現淡薄。程東一直覺得這個世界上所有人都只看重錢，那他當然只會用「錢」去解決問題，而忽略在別人的「情感銀行」中存款。一個從來沒有在別人「情感銀行」中存過款的人，在面臨「錢」解決不了的問題時，又有什麼資本與別人談判呢？

如何在「情感銀行」中存款

想要在別人的情感銀行中存錢，需要做到的就是**給予別人肯定、讚美、關心、幫助、愛，並且能夠真心地欣賞對方，在適當的時候給予鼓勵，這些都是存錢的行為。**

「情感銀行」對建立和維護人與人之間的關係如此重要，但是「存款」卻並非簡單的行為，在很多時候，有些人以為自己在存款，卻存錯了帳戶，或者別人根本沒收到。

怎樣才能夠將款存到你想要存的「情感帳戶」中呢？一定要把握好兩個原則。

原則1：給予別人真正需要的東西

當你口渴的時候，一個人給你水喝，這就是你需要的。但是，如果這個人給你一個饅頭呢？從他的角度來看，他給予了，是在存款，但是從你的角度來看，這不是你要的東西，這可能是一個取款行為。如果你們知道對方的感受，一定都會覺得委屈。

我曾經聽過一個笑話，有一對老夫妻晚上吃魚，丈夫把魚頭給了妻子，自己吃魚尾。妻子突然就生氣了，對丈夫說：「我和你一起生活幾十年了，你一直都把魚頭給我吃，我喜歡吃的是魚尾！」正在吃魚尾的丈夫愣住了，過了好一會兒才說：「親愛的，我不知道妳喜歡吃魚尾。其實，我最喜歡吃的就是魚頭。」

這則笑話明顯表現出了夫妻關係中的一個問題——我們以為在對別人好，但別人未必認同。

很多夫妻不和睦，也是如此。妻子在家辛辛苦苦打掃衛生、洗衣做飯，但丈夫卻不認可。妻子會覺得很委屈，「我為這個家庭付出了這麼多，你卻不認可我。」但丈夫也有自己的委屈——「我不需要一個保姆，我需要的是一個能在我孤獨的時候陪我說說心事、聊聊天的愛人，家裡髒一點、亂一點有什麼關係？沒人做飯，去餐廳吃好了。」

妻子如果總是按照這樣的方式去做，付出越多，她在丈夫那裡的存款被取走越多；而丈夫又不認可妻子的做法，總是不給予肯定，他在妻子那裡的存款也會減少。所以，情感存款一定要給予對方想要的東西。

那我們怎麼判斷對方的需要，然後投其所好地給情感帳戶存款呢？其實有一個非常簡單的方法，就是仔細聽聽對方經常抱怨的是什麼。在抱怨最多的事上，做1%的努力，這時就相當於存一塊錢，而對方相當於收到一百塊錢。比如，對方總抱怨妳是個工作狂，像個男人婆，妳可以偶爾早點下班去接接孩子。只要妳稍微做點調整，他就會有很大的心理滿足。

原則2：找對「存款」時間

銀行四點鐘下班，八點鐘才去存款，能存款成功嗎？同樣，情感存款也要找對時間，你在對的時間存款，也許只存了一點，別人卻能收到很多；而你在不對的時間取款，只是取了一點，別人卻覺得你取了很多。

當對方做錯事情覺得很心虛的時候，如果你能不談這件事並且原諒他，這就是一筆大存款。舉個例子，據說很多家庭因為投資失誤造成了夫妻情感危機。有些夫妻會責怪對方投資失誤，但如果這時候一方能對另一方說：「我了解你的挫折，每一個人都會有失誤，那沒有關係，錢還是可以賺回來的。」這句話，就是一筆大存款。

再舉個例子，與別人發生爭執的時候也是存款的好時機。當兩人意見不合時，一方如果能很快轉換角色，站在對方角度思考問題，這也是一種存款的方式。

存款的最佳時間有一個很重要的關鍵點，這一點幾乎對所有的人都適用，這個關鍵點就是情緒高漲的時候。試著回想一下過往中印象最深刻的事情是什麼？我猜此刻你能想起來的，都是那些與情緒有關的事情。人們的大腦很健忘，每天都會發生大量的事情，但我們能記住的不多，一旦某件事情被情緒所包裹，我們就很難忘記。所以，我經常告訴學員這樣一句話：「能忘掉的是事，忘不掉的是情。」

因此，在別人遇到挫折、失敗、困難或是悲傷、痛苦時，我們能及時施以援手，哪怕是一點點力所能及的幫助，你在對方的情感帳戶上就會存上一大筆「款項」。

雪中送炭總比錦上添花要強。

・專欄・愛的五種語言

關於如何在婚姻中給彼此存款，美國著名婚姻家庭專家蓋瑞・巧門博士（Dr. Gary Chapman）提出「愛」有五種語言，每一個人對於「愛」都有自己的定義，他們希望愛人給予自己的東西也不相同。如果你知道伴侶愛的語言是什麼，然後給予他想要的，才能讓他真正滿意。這五種語言分別是什麼呢？讓我們一起來看看。

第一種語言：肯定的言辭

如果你的伴侶最主要的「愛的語言」是肯定，你的讚美和感謝是對伴侶最好的滋養。不久，你就能看到你的婚姻發生變化，因為你的伴侶會對那些讚美和感謝感到滿意。

第二種語言：服務的行動

「行動比語言更有說服力。」

對某些人來說，伴侶為你做了什麼，才是愛的表現，比說什麼情話都管用。

一個已婚十五年的女人說現在的婚姻讓她感覺很受挫。

「我老公倒是每天都說『我愛妳』，但他什麼事情都不幫我做。我洗碗的時候他就會坐在沙發上看電視，壓根兒就沒想過幫我做點什麼。我現在簡直聽煩了他說『我愛妳』。如果他真的愛我，就該幫我做點兒家務。」

這位女士愛的語言就是「服務的行動」。當丈夫明白妻子的語言是「服務的行動」後，他開始學習自己妻子的「語言」。不到一個月，他們的婚姻就有了極大改善。

第三種語言：收禮物

人類歷史上，送禮物給別人被看作一種示愛。因為大家心裡都有一個想法，如果你愛某人，那麼就會送點兒什麼給伴侶。

但很多人都不知道，對某些人來說，「收到禮物」就是他們愛的語言，這種行為會讓他們感覺自己備受寵愛。如果你的伴侶有著這種「愛的語言」，不妨在伴侶生日、節日、結婚紀念日，甚至不怎麼特別的日子送禮物。

禮物不用貴重或精美，重在心意，一張卡片、一束花都能讓伴侶開心不已。

第四種語言：高品質時間

如果你的伴侶「愛的語言」是高品質的時間，給伴侶全身心的關注是展示你愛意的最佳方式。有些男士可以一邊看電視、一邊讀雜誌，還能聽到妻子講話，並為此感到自豪。這是個令人羨慕的特質，但這可不是什麼「高品質的時間」。

男性朋友們，如果你真的期待你的妻子對你讚賞有加，下次你看體育賽事的時候，如果她剛好走進房間，如果她想和你聊天，關掉電視機，全身心關注她。這樣你在她心裡一定能加一千分。

第五種語言：身體的接觸

我們早就知道了身體接觸對感情會有巨大影響。身體的接觸是我們還在嬰兒時期就能理解的「愛的語言」。

婚姻中，「身體的接觸」這種愛的語言包括：與伴侶散步時，將手搭在伴侶肩膀上；一起在外時手牽手等。

如果伴侶「愛的語言」是身體的接觸，沒什麼比你主動伸出手觸碰伴侶更為有效地表達愛意的方式了。

找到對方「愛的語言」，用對方需要的方式去關愛對方，你的每一分存款，對方都能夠收到。因為，你存款的帳號正好就是對方的帳號；如果你只是用自己的喜好去對待另一個人，很多時候，你會存錯帳號，就算你付出了大量的情感，對方卻一點也收不到。

這就是NLP所說的，溝通的意義在於對方的回應。

「伴侶為你做了什麼，
才是愛的表現，
比說什麼情話都管用。」

03 情感債務

什麼是情感債務

給別人的情感銀行存款，當然有很多好處。在管理中，給員工的情感帳戶存錢，會使領導者在員工心裡更加有分量，增加領導者的影響力；在婚姻中，給伴侶的情感銀行存款，可以使夫妻間的關係更加融洽。

但是，話又說回來，任何事情都具有兩面性，就像道家的太極，陰中有陽，陽中有陰。醫學上也有類似的說法，是藥三分毒，人參錯用是毒藥，砒霜用對是良方。不適當的存款，會讓處於弱勢的人產生一種愧疚感，如果一個人經常性地接受別人的情感存款，甚至成為一種依賴時，會形成一筆很大的「債務」，這種債務，我們稱為「情感債務」。

欠了錢，只要我們努力賺錢，總有一天可以還清；欠了情，就不是隨便能夠還得清的了。這種還不清的情感債務，會對我們的身體和心靈造成很大的傷害。

以下四種情況都會產生情感債務。

第一種是恩惠衍生的情感債務。當你遇到困難時，需要別人施以援手，幫助自己渡過難關。受幫助的一方獲得了益處，而提供幫助的一方，在時間、金錢、利益或其他某些方面有所付出。對於他人這種付出，受助方首先會感激，繼而會覺得對他人有所虧欠，會找機會報答。一旦還沒有找到合適的機會報答他人提供的恩惠，就會形成一種情感債務。

第二種是愧疚引起的情感債務。有時候我們會做錯一些事情，對他人造成傷害。這時你可能會覺得至少要向對方說聲對不起，甚至會提出補償的建議。反過來他人傷害了我們，我們也很希望聽到一些道歉的話語，或者是通過一些補償（行動上的），讓我們能夠心理平衡。

第三種是承諾產生的情感債務。當我們對他人許下一個諾言時，就會讓對方產生期望。如果承諾沒有履行，且我們承諾的事對他人又很重要，他們就會有失望的感覺。特別是在對方非常信任我們的情況下，期望值會更高，如果我們沒能履行承諾，那我們不僅欠他們一個承諾，更是辜負了他們對我們的信任，動搖了自我形象。承諾是一把很有威力的「雙刃劍」，信守承諾，會獲得別人的尊重，否則，只會給別人留下不值得信任的印象。

第四種是角色和責任帶來的情感債務。每一個社會角色都承擔著相應的責任，如妻子和丈夫的角色，有些事情是丈夫應該做的，是他該承擔的責任，另外一些事情是妻子應該做的，是妻子應該承擔的責任。如果由於特殊的原因，雙方或一方無法承擔相應的責任，情感債務就產生了。比如，父母因為工作的原因，無法照顧自己的孩子；或者成年子女能力有限，無法讓自己的父母過上好的生活，或者父母患病需要治療時，無法籌到足夠的醫療費用；夫妻一方因為身體或者體質的原因，無法承擔應有的家庭經濟責任，沉重的經濟壓力落到另一方身上……這些狀況都會產生情感債務。

以上四種情況，是情感債務產生的主要來源。情感債務不但會影響當下這段人際關係，甚至還會影響其他人際關係的建立與維繫。

一個人處於弱勢位置的時候，可能會有人願意提供幫助，但是如果這個人接受了別人太多的幫助，而又覺得自己無法還清的時候，就會產生愧疚的感覺。這種感覺可能會影響個體的很多關係和行為。

健康適量的愧疚感，是心靈的警報器，是人類良知的情緒內核，它可以提醒我們照顧他人的利益和感受，調整人際關係，有利於個體適應社會生活，但過度的愧疚感會對我們的身心產生很大的危害。

當一個人因情感債務而產生愧疚時，通常會有如下三種反應。

1.自責和自我懲罰。你可能在電影或現實中看過這樣的場景，一個人做了錯事後，會搧自己耳光，或者有些人會用利器扎傷自己，通過這種方式減少愧疚的感覺。

2.自我攻擊。如果愧疚感強烈到一定程度，自我懲罰就會升級為自我攻擊，甚至自我毀滅，這種方式通常是自殘或者自殺。還有一種潛意識的自我攻擊是讓自己生病。

3.無價值。過度的愧疚感會讓人自責、自我懲罰和自我憎恨。這種對自己的否認情緒會產生自卑，也就是內在的一種極大的「不值得擁有」感，覺得自己不值得被愛，這種不值得、不配的感覺就是心理學所說的低自我價值。自我價值是一個人的靈魂，當一個人的自我價值被摧毀後，他什麼事情都做不好，人際關係、工作、財富等方方面面都會陷入困境，欠的人情就會越來越多，陷入一個負面的循環中，無法自拔。

身心是一個系統，當心理處於長期的痛苦狀態時，身體同樣會出問題。《生命的重建》一書作者露易絲・海在書中說過，**當我們自我批評、怨恨和內疚時，會創造一種叫「疾病」的東西**。所以，情感債務不光會破壞我們的心理，更嚴重的是會摧毀我們的身體。

因此，不適當地助人，有時也是一種傷害。至於如何幫助別人又不會因為情感債務而對人造成傷害，我們稍後再談，我們先談談如何消除已經對我們造成傷害的情感債務。

如何消除情感債務對我們的影響

我們或多或少都會欠下一些情感債務，如果你已經意識到自己深受情感債務的困擾了，請不要害怕，經過多年的發展，心理學已有很多方法可以幫助我們處理這些困擾，這或許就是一次改變的好機會。

處理情感債務引發的愧疚感，可以試試如下方法。

1.接納。情緒沒有好壞之分，它只是一個信號，愧疚感也是一樣。所以，當我們感到愧疚時，不要去否定它，更不能去對抗它。正確的方法是接納它、擁抱它、感謝它，然後去看看它到底要帶給我們什麼訊息，我們可以從中學到什麼，如何去提升自己。

2.表達感謝或道歉。上面說過，受惠、虧欠、失信、不負責都會產生愧疚感，對於第一種情況，我們要向幫助我們的人表達真誠的感謝；而對於後三者，我們要向我們曾經傷害過的人表達歉意。哪怕對方不在我們身邊，或者已經不在人世，我們也要表達。因為，這種表達也是自己的一種情緒宣洩。

3.提升自我價值。告訴自己，我是值得被幫助的，肯定並欣賞自己。

4.用時間界定法。把過去或目前的困境界定在某一個時間範疇之內，告訴自己，這是暫時的。堅定未來改變的可能性，對未來充滿希望。

5.通過學習和成長，讓自己慢慢強大起來。只有強大起來，才能承擔責任、彌補過錯、惠及他人。

6.成為一個助人的人。幫助他人有助於提升自我價值，同時也可以讓世界因為我們的存在而變得更加美好。

NLP或其他心理學流派對消除這種愧疚感還有很多方法，但是這裡篇幅有限，我們就不再談及。當然，上面的方法看起來好像挺簡單的，但實際操作起來還真不容易，因為自己操作時很難進入情緒中，沒有情緒的參與，改變會遇到很大的障礙，這一點在前面的章節已經談過。如果你有類似的問題，或許可以考慮走進課堂，在課堂中解決。《升級生命軟體》系列課程就是專門處理無助、無望、無價值這些病毒的，而愧疚，就是無價值的一種表現。

「不適當地助人，
有時也是一種傷害。」

助人時如何避免造成情感債務

讓被幫助的人有價值

或許大家都聽過這個故事。

在一個公益扶貧現場，一位年輕義工下了卡車，看到一位瘦骨嶙峋、衣不蔽體的男孩朝他們跑來，那個男孩很少看到這樣的大卡車。義工動了憐憫之心，轉身拿了車上的物品向小男孩走去。

「你要幹什麼？」一位資深義工大聲呵斥，「放下！」

年輕義工愣住了，他不知道這是怎麼了，我們不是來做慈善工作嗎？

資深義工朝小男孩俯下身子：「你好，我們從很遠的地方來，車上有很多東西，你能幫我們搬下來嗎？我們會付報酬的。」

小男孩遲疑地站在原地，這時又有不少孩子跑過來，資深義工對他們說了相同的話。有個孩子就嘗試著從車上往下搬了一桶餅乾。

資深義工拿起一床棉被和一桶餅乾遞給他，說：「非常感謝你，這是獎勵你的，其他人願意一起幫忙嗎？」

其他孩子勁頭十足地一擁而上，沒多久就卸貨完畢，義工發給每個孩子一份救助物資。這時又來了一個孩子，看到卡車上已經沒有貨物可以幫忙搬了，十分失望。

資深義工對他說：「你看，大家都累了，你可以為我們唱首歌嗎？你的歌聲會讓我們快樂！」

孩子唱了首當地的歌，義工照樣也給了他一份物品，說：「謝謝，你的歌聲很美妙。」

年輕義工看著這些若有所思。

晚上，資深義工對他說：「對不起，我為早上的態度向你道歉，我不該那麼大聲對你說話。但你知道嗎？這裡的孩子陷在貧窮裡，不是他們的過錯，如果你輕而易舉就把東西給他們，讓他們以為貧窮可以成為不勞而獲的謀生手段，因而更加貧窮，這就是你的錯！」

幫助別人是一個善良的舉動，可是，如果幫助別人而讓人產生無價值感、愧疚感，這就不是幫助人了，而是用一種叫「助人」的方式去害人。所以，光有善良是不夠的，正因為我們善良，所以我們更要有智慧。

如何助人而不害人，從上面的故事中我相信大家已經深有感觸。助人，要讓對方覺得他是值得被幫助的，通過他的某種付出，讓他覺得自己是有價值的。這，就是助人的基本智慧。

讓愛流動

有一部電影叫《讓愛傳出去》（Pay It Forward），電影一開始，主人公尤金老師非常動情的「改變世界」一課，觸動了小主人公特雷弗，於是他腦中產生了幾何式發展的愛，相信愛，並且開始傳遞愛。於是，騎著單車的他展開了更多的尋愛之旅，傳遞著愛的行動和訊息。他讓吸毒的流浪漢戒掉了毒品，得到了重生；讓自己的母親不再借酒消愁，開始相信愛，開始原諒外婆，她們重歸於好；讓老師尤金不再只活在自己的世界裡。

影片用特雷弗的生命詮釋「讓愛傳出去」，雖然電影有戲劇的成分，現實生活中的愛的傳遞有時未必會像電影那樣有效果，但這種讓愛流動的方式是療癒的。當我們幫助了一個人，而對方暫時還沒有足夠的能力去做什麼的時候，可以像電影主人公那樣，告訴對方——當你以後有能力時，像我一樣去幫助身邊的人，用這種方式把愛傳出去。這樣做不是為了讓這種愛像電影講述的那樣最終流回到自己身上，而是讓愛流動起來，讓被幫助的人感到有價值！就算今天我們在某些方面還處於弱勢，需要接受別人暫時的幫助，我們也不會覺得自己欠了一筆永遠也償還不清的情感債務。

同時，我想提醒各位讀者，當我們面對困難的時候，如果能夠自己解決問題，盡量自己解決；遇到暫時不能解決的問題，盡量提升自己的能力，讓自己每天都在成長、不斷進步，今天解決不了的困難，總有一天會迎刃而解。

04 情感銀行的現實案例

把丈夫推開的女人

一架飛機劃過湛藍的天空，留下一道白色的煙，藍天就像被劃開了一條長長的傷口，從東到西。

秋天的陽光還是很刺眼，仰望天空的時候，董羽的眼睛被陽光刺得流出淚來。此時那個男人應該已經坐在飛機上了吧，也許他在九千多公尺的高空中正愉快地看著窗外的白雲，他永遠也不會知道，在遙遠的地面，有個女人此時正望著天空流淚。

中秋節到了，但是今年沒有月圓，也沒有團聚。董羽將孩子送到了父母家，獨自來參加我的課程。而此時，她的丈夫正和另一個女人坐在飛機上，去國外旅行……

董羽年輕的時候很漂亮，是學校舞蹈隊的隊長，因為舞蹈特長，她被保送進了一所重點大學。在大學裡，她認識了後來的丈夫肖軍。肖軍當時是建築系的高材生，還是校籃球隊一員，高大英俊。他和董羽是當時學校裡公認的「金童玉女」。

然而，董羽的父母反對女兒和肖軍在一起。董羽父母都出身書香世家，兩人都是高級知識分子，董羽從小在優越的環境中長大。但肖軍家庭背景卻差得比較多，父親很早去世，他由母親撫養長大。母親做一點小生意，含辛茹苦十幾年將兒子養大。還好肖軍十分爭氣，成績一直很好，考上了重點大學的建築系，還被保送研究生。

董羽父母使了很多方法阻止女兒和肖軍來往，然而越阻止，兩人的關係越堅固。最後董羽父母只好妥協，同意兩人在一起。大婚那晚，肖軍緊緊抱住董羽說：「親愛的，這輩子我一定會對妳好，只對妳好。」

一想到這裡，董羽的眼淚又嘩嘩地流了下來。這些年到底發生了什麼，使兩人變成今天這樣？

她想起丈夫求她的情景：「我們離婚吧，我不愛妳了。」

「不愛了？難道你忘記曾經許下的諾言了嗎？」董羽記得自己對肖軍歇斯底里地吼叫著。

過去那麼多年的記憶被董羽反覆翻出來，她想知道，到底是什麼時候出的錯，導致了她與丈夫之間的問題。

思來想去，她也不知道哪裡出了問題，她能感到丈夫對自己越來越冷漠，越來越疏遠，可是她不知道錯在哪裡。

董羽是《升級生命軟體》課程二階的一位學員。無助的董羽在一個深夜給我發短信說：「團長，非常抱歉這麼晚還打擾您，但是我真的非常難過，我老公有了外遇，我被拋棄了，我不知道該怎麼辦，甚至想一死了之。我不明白他怎麼這樣狠心，我到底做錯了什麼。這麼多年我為了他付出了很多，他變得越來越好，可最後我卻被拋棄了。中秋就快到了，可是他卻跟另一個女人去旅遊了，我最近總失眠，好痛苦，能不能幫我做個案？」

看到董羽的求助訊息，我能感受到那種被背叛、被拋棄後的痛楚，我答應第二天幫她做個案。

第二天早上，在簡略地講解了一些婚姻的基本知識後，我把董羽請到了台前。也許因為失眠，她非常憔悴，雙眼無神。她曾經是班裡很注重儀表的一位女士，還常常和其他女學員分享穿衣心得、護膚心得，可現在的她穿著一件縐巴巴的連衣裙，頭髮胡亂地紮起來，眼角彷彿還留著淚痕。

我請董羽跟我和同學們說一下她的婚姻狀況，還沒開口，她的眼淚就湧了出來，開頭的那一幕就是她一邊哭泣一邊斷斷續續描述出來的畫面。

「團長，我為他犧牲了很多，無論是婚前還是婚後，為什麼落得今天這個下場？」

我沒有回答她，我也無法回答她，很多人以為做心理工作的人什麼都知道，其實我們什麼都不知道，我們唯一知道的就是保持好奇心，做一面鏡子，在陪伴的過程中讓當事人自己去覺察。

「是啊，聽妳的描述，妳已經為他付出了很多，現在他這樣對妳，妳感到很難過，對嗎？是怎麼發展到現在這個地步的呢？」我用一個新的問題去回答她的問題。

「在別人眼中，我丈夫是個高材生，成功人士，相貌堂堂。可你不知道，為了他現在的一表人才，言談舉止不俗，我費了多少精力。他的家庭經濟條件其實很差，他大學時的一雙球鞋，一直穿了七年。我記得去年參加他公司的年會，他公司的同事一直稱讚他很會搭配衣服。一雙球鞋穿了七年的人，哪裡懂什麼搭配！全是我一手教出來的。我是一個很注重形象的人，剛結婚的時候我都不好意思帶他見我的朋友，他總是穿那些不適合的舊衣服，含蓄一點的朋友說他樸素，有些比較直率的朋友直接在我面前說他『土裡土氣的』。那時他總是穿舊衣服，有些還是別人穿過的衣服，大小、款式都不適合他。我命令他扔掉去買新的，他一開始還捨不得。我只有把他那些衣服全部剪破，他沒辦法才同意扔。扔掉的那些舊衣服有整整兩大包。年輕時我們經濟條件都不太好，為了讓他穿得光鮮亮麗，我都是先給他買衣服，才買自己的。幾年下來，他才慢慢開始對穿著有點品味了，否則即便他現在有錢，也還是一個土裡土氣的大老粗而已。」

董羽說得有點激動，我讓她喝了口水，她繼續說：「我剛嫁給他的時候，他就是個木訥的理工男。他學習成績是好，但也只是理工科好，文學修養很差。我家是書香世家，我父親是當地小有名氣的文人，兩位哥哥也是學者。家裡聚會邀請的親戚朋友都是文人雅士。他那時的談吐簡直讓我感到丟臉，尤其在我父親的朋友面前。雖然他們不明示，但是從我父親對他的態度也能看出，我父親對自己有這樣的女婿感到羞恥。其實家人一直反對我嫁給他，認為他各方面都配不上我。看著自己愛的男人被自己家人看不起，那種心情真是複雜：又難過、又焦急，一邊覺得家人過分，另一邊也覺得他不爭氣。如果不是我逼著他學習文學，他現在哪有可能被別人認為是個儒商！現在我父親願意坐下來和他聊聊天，談談歷史、國學，這不都是我的功勞嗎？」

「他原來喜歡整天宅在家裡看書，朋友一直都是那幾個不夠檔次的，聚在一起就喜歡在大排檔喝啤酒。若不是我常常罵他不懂社交，鼓勵他去參加一些高端的社交活動，他哪裡可能進入現在這樣高端的朋友圈！現在人人都以為他是一個高雅的成功人士，只有我知道他當年的蠢樣兒！」

董羽越說越氣憤，臉都脹紅了，眼裡的血絲似乎更明顯了。我看著她的表情突然變得有些猙獰，心裡不禁一驚，連端茶杯的手都微微震了一下。我心裡一陣嘆息，這樣的妻子，男人在她面前哪裡還有尊嚴！

我問董羽：「聽妳這樣說，好像是妳把一個土裡土氣的鄉下仔培養成了一位有成就的儒商，在這過程中，妳付出了很多，可是妳丈夫卻背叛了妳，和另外一個女人在一起，妳為此感到痛苦，對嗎？」

「是的，我這樣對他，沒想到他把我的良心當狗肺，我當初真是瞎了眼，嫁了這個混蛋。」

「從妳的口中得知，妳丈夫確實是個混蛋，我只是有點好奇，妳當初為什麼還要嫁給一個混蛋呢？」

董羽整個人僵住了，她沒想到我會問這樣一個問題，她停了好一會兒，然後悠悠地說：「以前，他不是這樣的。他是一個貧寒家庭出身的孩子，完全靠自己的努力從一所重點大學畢業，進入人人都羨慕的企業工作，沒有靠任何背景，都是自己一步一個腳印、踏踏實實爭取來的，這是我非常欣賞的一點。那時他沒什麼錢，打工掙來的錢基本上都會用來買書，別的同學去玩、去吃吃喝喝的時候，他卻勤奮地學習著專業知識。記得有一年暑假，非常炎熱，他和幾個同學被選上做一個項目，其他同學都不願意跑工地，他卻每天都堅持，測量、改報告、查看進度，一個假期下來都快變黑炭了，整個人也瘦了一圈。後來這個項目還獲了獎，若沒有他的認真，怎麼可能做得下來？我看中他的踏實，覺得他是一個可靠的人。」說到這裡，董羽的語氣開始漸漸變得溫柔起來。

「他雖然不善言辭，但他很細心。我很少聽他說什麼甜言蜜語，但是他卻很關心我。他從來不會對我發脾氣，知道我喜歡什麼，生病時把我照顧得無微不至。」說到這裡，董羽的眼淚又流出來了，「團長，我真不知道他為什麼變成了今天這樣！」

「嗯，妳的意思是，在結婚之前，妳丈夫曾經是一個很好的人，妳嫁給他之後，他就慢慢變成了今天這樣，是嗎？」我把她的話進行了一個總結。

「嗯嗯，是的。越來越冷漠，越來越疏遠，越來越不關心我！」董羽連連點頭。

「妳做了什麼，讓他變成了今天這樣呢？」我問。

「團長，你是說我把他變成這樣的？」董羽的眼睛瞪得很大，直直地盯著我，我知道，她無法接受這樣的責任，為了給她一個空間，我決定重複問一次。

「我沒有這樣說。我想再向妳核對一下，看是不是妳的意思。妳說在結婚之前，妳丈夫是一個很好的人，對嗎？」

「對。」

「你們結婚後，妳丈夫就慢慢變成了今天這樣，對嗎？」

「對。」

「妳做了什麼，讓妳丈夫變成了這樣呢？」

這一次，董羽沒有馬上反駁，而是沉默了好長一段時間，然後用充滿疑惑的眼神看著我，好像剛剛睡醒一樣。她對我說：「團長，我聽懂了，妳還是說這是我的責任。這怎麼可能呢？我為他付出了那麼多，他卻跟另一個女人在一起，這怎麼可能是我的錯？」

當局者迷，旁觀者清。我決定用薩提爾的雕塑手法，讓董羽從一個抽離的角度看看自己的婚姻。於是，我讓她從學員中選一位女士代表她自己，選一位男士代表她的丈夫，我請她的角色扮演者左手插腰，右手指向她丈夫，擺出一個「指責」的應對姿態；而她丈夫的角色扮演者對他太太單腿跪下，左手放在胸口，右手掌心向上伸出，頭部微微向上抬，看著他的太太，擺出一個「討好」的應對姿態。然後問董羽：「結婚後，你們大概是這樣相處的嗎？」

「是這樣嗎？」一開始，當著這麼多學員的面，她不太願意承認這個畫面，「不過，我好像是有點強勢，這都是為了他好啊！如果不是我在背後不斷鞭策他，他哪有今天的成就？」

個案做到現在，我相信現場的學員都明白是怎麼回事了，就算各位讀者不在現場，我相信你們也知道了大概。我把個案繼續做下去。

我開始讓董羽的角色扮演者模仿她的語氣，用手指著那位扮演丈夫的男學員說：

「你穿得土裡土氣的，怎麼見人？一點品味都沒有，我帶你去買衣服。」

「你話都不會說，整天只知道搞技術，帶你去見朋友簡直讓我丟臉！」

「我父親為有你這樣的女婿感到羞恥，一點文學素養都沒有，平時要多讀點文學方面的書！」

「你只會去那些又髒又亂的大排檔，沒有一個上檔次的朋友，怎麼做生意？」

「我這都是為你好！」

「你……」

我讓這位學員把她前面抱怨過的話一連串地說了出來，然後指著角色扮演者問董羽：「妳覺得這個董羽怎麼樣？」

「好像是有點過分。」董羽有點不好意思地說。

我轉向那位扮演她丈夫的男學員，問他：「你覺得怎麼樣？」

「很壓抑，同時又很無奈，她確實讓我進步了，可是，這種感覺很不好受。」這位男學員已經進入角色了，很誠實地呈現了一個男人會有的感受。

我從學員中挑選了一位女同學，邀請她來到講台上，站在這位男學員的視野之內，請她面帶微笑地向他招手，用誇張的語調對他喊：「哇！你好帥！」、「你好成功！」、「你好儒雅！」、「你好有水準！」、「我崇拜你！」、「我好喜歡你！」

「你誠實地回答我，此時你有什麼感覺？」我再次問那位男學員。

「我感到一股強大的力量吸引我向那邊走去，我想逃離這個地方。」其實不用我問，從他的眼神能夠看到這個答案。

我轉身回到董羽這邊，誠懇地問她：「看到剛剛這一幕，妳有什麼感受？」

「好像是我的問題，是我把他推走的。」眼淚再次從她的眼中湧出，這次不再是剛才帶有委屈和怨恨的淚水，或許是內疚和悔恨的眼淚。我知道，她已經開始覺察了。時候到了，我溫柔地問她：「我想，妳曾經和丈夫有過一段美好的時光，對嗎？還記得那時的妳是如何對他的嗎？」

「是的，我們曾經有過一段很美好的時光，那時他英俊、勤奮又有才華，雖然有不少缺點，雖然我父母看不起他，但我欣賞他的能力、他的品格。當所有人都不看好他的時候，我堅持和他站在一起。在我父母阻撓我們在一起的時候，他覺得自己配不上我，怕耽誤了我，那時他想要分手。是我給他勇氣，告訴他我不會看錯人，他一定會成功，我信任他。這段感情，一直是我在給他很多的勇氣。」

「嗯，很好。當年的妳，肯定妳的丈夫，欣賞他、愛他，給他勇氣。那結婚後呢？是否仍然這樣做？」

董羽聽我這麼問，一下子沉默了，許久無言。

「我明白了，團長……」董羽慢慢抬起頭，眼淚無聲地流了出來，「婚後，我對他有太多的期待了。我希望他變得更好，快快出人頭地，快快達到我希望的水準。但是，我真的是為他好，我不希望別人看不起他。」

「是的，妳是為了他好，妳的動機是好的。我想妳丈夫一定也明白這一點，所以他不是也在努力配合妳嗎？如果他沒有配合妳，他現在怎麼可能成為妳期望的樣子呢？」

「可是他不愛我了……」

「董羽，妳做了什麼，讓妳丈夫不再愛妳了？」我再次拋出這個已經問了兩次的問題。

「我指責他，沒有給他面子，他感到不被尊重，家裡沒有溫暖。這是他經常對我說的，以前我總是覺得這是為他好，看了這個『雕塑』，我知道他也不好受。」

「是的，妳確實是為他好，妳有一顆善良的心，可是，一個男人總是被自己的妻子否定、抱怨和指責，他會有什麼感覺呢？這些年究竟是他變了，還是妳變了？是他變了妳才變，還是妳變了他才變？不管是他變了還是妳變了，重要的是，妳從這段關係中可以學到什麼呢？」

我問了董羽一個相當複雜的米爾頓式問題。她沉默不語，這樣的問題其實並不需要回答，只是讓對方進入潛意識，進行深層次的思考和覺察就夠了。等她有了足夠的思考之後，我知道是時候結束了。

「董羽，那個女人妳認識嗎？」

「認識，是我丈夫的一個下屬。」

「妳對妳丈夫的態度，和她對妳丈夫的態度有什麼不一樣嗎？」

「她不僅是我丈夫的下屬，還算是他的學妹，她對我丈夫一直充滿了敬仰之情，甚至可以說是崇拜。」

「敬仰、崇拜，也就是說，她非常欣賞妳丈夫，對嗎？」

「對。」

「妳知道，欣賞、肯定這些行為在一個人的情感銀行中都是存款，而指責、抱怨、否定卻是在取款。妳一直在丈夫的情感銀行中取款，取了那麼多年，可能早已掏空的時候，有個人開始給他存款。如果妳是他，妳會怎麼做呢？」

「團長，不用說了，我知道了……」說著，董羽將頭埋進手中，哭了起來。

我知道她真的知道了！董羽和她丈夫的故事讓我唏噓，這樣的故事，又何止發生在董羽身上呢？在他們剛結婚的時候，兩人在彼此的情感銀行中都有很多存款。但是隨著時間的流逝，董羽忽視了持續「存錢」，只是一味地支取。當存款所剩無幾的時候，另一個人卻一直在她丈夫那裡存款，最後他會選擇誰，一目了然。

這個故事也讓我想到，夫妻之間需要存款，朋友之間需要存款，同事之間需要存款，那麼父母與子女之間是否需要存款呢？當然需要。雖然大家常說「血濃於水」，但是父母和子女之間其實也存在一個情感銀行，這個銀行中存款的多少也遵循同樣的原則。

孩子為什麼親近爸爸卻疏遠媽媽

「爸爸，爸爸，你要去哪裡？」小天看著爸爸拖著行李箱，突然感到一陣不安，跑到爸爸身邊一把抱住他的腿，用可憐巴巴的眼神望著他。

「小天過來，爸爸要出差，快趕不上飛機了。」媽媽張麗走過去想要把小天拉開。

「我不要爸爸出差，爸爸出差誰送我上學？誰陪我吃飯？誰給我講故事？」

「小天，乖，爸爸只去幾天，很快回來。」小天爸爸李勇輕輕拍著小天的頭說，「媽媽會陪你的。」

小天怯怯地望了張麗一眼，又轉過頭對李勇說：「我要爸爸陪。」

張麗聽兒子這麼說，有點生氣，走上去拉開小天，說：「爸爸要遲到了，你怎麼那麼不懂事。」

看著媽媽一臉怒色，小天極不情願地鬆開了手，垂頭喪氣地走回臥室。

李勇走後，張麗回房間看小天，只見他抱著玩具熊正哭得來勁兒。

都說孩子和媽媽親，但是在張麗家卻不是這樣，兒子似乎和爸爸感情更好。有時候張麗看著他們父子倆親親熱熱的樣子，還有點嫉妒，但是她沒辦法像丈夫那樣細緻地照顧孩子。張麗是一個典型的女強人，管理著一家擁有幾百人的企業，每天事務繁多，她一年中幾乎有半年的時間都在各地出差。而丈夫李勇從事的工作比較簡單，朝九晚五，所以孩子小天基本由丈夫照顧。

張麗回想起，前幾年小天還比較小的時候，只要自己出差，小天也是這樣抱住她不讓她走，有時候還會撕心裂肺地大哭大鬧。時間久了，小天似乎漸漸習慣。張麗出差時，小天最多和她說聲再見，有時候甚至完全不在意。張麗一直以為是小天長大了，懂事了，可今天看到丈夫離開時小天的表現，張麗突然意識到——小天還是一個孩子，但是因為自己對他照顧太少，他的內心已經和父親更親近了。

想到這裡，張麗一陣心酸。她走進小天臥室，想要安慰他一下。看見媽媽走進來，小天立即不哭了，有點害怕地看著她。

「小天，媽媽今天帶你去吃飯。你想吃什麼啊？」張麗溫柔地對小天說。

「肯德基！」

「不要吃這些東西，沒營養！」張麗有點生氣，「媽媽帶你去吃別的好嗎？」

「不吃！爸爸都會帶我去吃肯德基！如果爸爸在，一定會帶我去吃！」

聽到這裡張麗更生氣，覺得丈夫慣壞了孩子，心想趁著這幾天李勇不在，好好改變一下孩子的生活習慣。張麗對小天說：「小天聽話！那些東西沒營養。」

「不嘛，我要吃！」說著小天又哭起來，一邊哭，一邊喊爸爸。

張麗無奈，只好答應了小天的要求。

吃完肯德基，張麗帶著小天玩了一整天。回到家中的時候，張麗覺得自己累得不行了，原來帶孩子玩是這麼累的事情。好不容易哄小天洗完澡上床睡覺，秘書突然打來電話，說公司出了點事情，張麗不得不打電話聯繫幾位負責人了解事情經過。這時，小天走過來要張麗講故事給他聽，張麗不耐煩地對小天說：「媽媽忙，今晚不講了，小天自己去睡。」說完就開始處理工作，完全沒時間顧及小天。

三天後，李勇回到家裡，兒子小天一看到爸爸就撲上去說：「爸爸，你終於回來了！我好想你！」

看到丈夫回來，張麗對丈夫說：「你怎麼總是帶小天吃肯德基，沒有營養。」

「小天是喜歡吃肯德基，不過只要給他講講道理他就不吃了。每次他吵著要吃，我就安慰他一下，他很懂事，就不會吵了。」

咦？不對啊。張麗想，那天我也給小天講了道理，他還是大吵大鬧，為什麼小天不聽我的話？

「這幾天小天睡覺應該挺乖吧？」李勇問。

「挺乖的，除了第一天晚上讓我講故事，之後都沒有了。」

李勇看著張麗，猶豫了一下說：「我這幾天晚上都打電話給他講故事，不然他不肯睡覺。」

聽丈夫這麼說，張麗才恍然大悟，原來丈夫即便不在兒子身邊，也盡量想辦法陪伴兒子，而自己就陪在兒子身邊，卻似乎離他很遠，難怪兒子親近丈夫而疏遠自己。想到這裡，張麗心中不免有些內疚。

在大多數家庭中，孩子和母親更加親近，尤其是孩子還比較小的時候。不僅僅是因為母親生育了孩子，還因為在大多數家庭中，母親對孩子的照顧往往比父親多。但是從張麗家的情況我們可以看出，父親對孩子照顧更多，父親在孩子情感銀行中的存款比母親多，孩子更加親近父親。

情感銀行是我們與生俱來的一種評價關係的方式，甚至在某些動物身上我們也可以看到。我家養了一隻小狗，平時忙於工作，比較少照顧牠，牠的生活基本上是由我家保姆負責，所以現在小狗和保姆特別親近，對我反而沒有那麼親。連動物都如此，何況人？

「父母與子女之間，

也存在一個『情感銀行』。」

05 關係的秘密

情感銀行與人際關係

通過前面幾個故事和對情感銀行概念的分析和講解，大家應該已經明白「情感銀行」對我們的人際關係有多麼重要。

當我們明白了「情感銀行」這個概念之後，我想有關關係的一系列問題都會迎刃而解：

・為什麼戀愛時雙方的關係那麼好？

因為戀愛期間，戀人們時時刻刻都在對方的情感帳號上存款，不斷給予對方讚美、肯定、關愛和幫助。

・為什麼結婚後雙方的關係會變差？

因為婚後大多數夫妻都忘了存款，開始挑剔、批評、指責……這些行為讓帳戶不斷透支，直至破產，關係當然會破裂。

・為什麼在孩子小時候父母與孩子的關係都很好，一旦孩子上小學，親子關係就開始慢慢變差？

因為幼兒園階段沒有考試、沒有比較，父母在這個階段一直都在肯定自己的孩子，不斷在孩子情感帳戶上存錢。而一旦孩子上了小學，有了考試，就有了比較，大多數父母從這個階段開始對孩子批評、指責，肯定和讚美開始大幅減少，情感帳戶中的存款也慢慢減少，甚至開始透支，於是孩子的心門開始對父母關閉。

●為什麼合作夥伴一開始感情很好，可是一段時間之後卻分道揚鑣，有些甚至反目成仇？

因為合作之初，相互欣賞、相互鼓勵、相互支持，雙方都在對方的情感帳戶中存款，可是隨著合作時間變長，對雙方的長處和優點熟視無睹，而缺點和不同開始慢慢呈現，於是雙方開始相互指責、相互批評，甚至嘲諷……最後情感透支，一段關係又怎能不破滅？

●一個好不容易花重金挖來的人才，一段時間之後為什麼卻黯然離職？

因為當你要挖一個人才的時候，為了得到他，你一定說盡好話，看到的全是對方的優點，不斷給予讚美和肯定。可是一旦進入公司工作一段時間之後，你會看到他的另一面，於是你開始了批評、指責……當情感銀行的存款耗盡之日，便是他黯然離開之時。

你可以一直問下去，只要是關係方面的問題，在情感銀行這個隱喻上，都可以得到讓你豁然開朗的答案。

在銀行帳戶中不斷存款的人，財富會越來越富足，物質生活會越來越富有；擅長在情感銀行中存錢的人，能夠將生活中各種關係經營得當，人際關係會越來越和諧，精神生活會越來越豐富，而不擅長「存錢」的人，人生的各種關係會變得一塌糊塗。

在情感銀行中存錢表面上看起來並不難，有時是一句鼓勵，一些體貼、讚美、支持就能在對方的情感帳戶中存「一大筆款」。當然，你需要知道對方想要什麼，在什麼時間存進去最合適，才能在人際關係上如魚得水。

可是，為什麼現實中的關係破裂比比皆是——恩愛夫妻反目成仇，手足兄弟分道揚鑣，就算是血濃於水的親人也會對簿公堂？如果在情感銀行存款那麼容易，這些問題都不應該存在才對。

情感存款其實與在銀行裡存現金一樣，都不是一件容易的事。兩者都有一個共同的前提，就是你得先有「錢」，才能把「錢」存到某個帳戶上。如果你根本就沒有，用什麼去存款？

要存錢到銀行，我們得先掙到錢，這個道理誰都明白。可是，要在別人的情感銀行裡存錢，我們情感銀行裡的錢又從何而來呢？

心理營養

看完以上內容，想必你已經很清楚在他人情感銀行中存錢的好處了。既然好處那麼多，是不是知道這些道理的人就一定會去「存錢」呢？

其實並非如此。知道了這個道理，仍然還是有很多人做不到。為什麼？一個人如果從小到大都沒有得到過別人的欣賞、鼓勵、讚美、支持和關懷，或者曾經得到過，但是在成長過程中常常受到批評、指責、嘲笑、攻擊、謾罵，那麼他的情感帳戶上一定是赤字。

一個人永遠給不了他自己都沒有的東西！

就像一個人自己都沒有錢，他拿什麼去給別人存錢呢？有些人並非不想給別人的情感銀行存錢，而是他自己兩手空空，沒有辦法存錢。這種匱乏的狀態，其實是一種「心理營養的缺乏」。

薩提爾專家林文采博士提出了「心理營養」這個概念。一個人身體的成長需要各種營養，如維生素、蛋白質、礦物質等，而一個人精神的成長也需要營養，這種精神的營養就是心理營養。心理營養是滋養人際關係的重要元素，當你覺察到人際關係出了狀況，可以看看彼此處在哪一層次的溝通中，彼此需要怎樣的心理營養。心理營養可以直接滋養每個人內心深處的渴望：被愛、被關注、被肯定、被欣賞、安全、自由、連結等。孩子在成長過程中，如果從來得不到父母無條件地接納、愛、肯定、關注等，他的心理營養一定是匱乏的。心理營養匱乏的人，很難給予別人關愛、支持、欣賞。由於不會存錢，他們的婚姻可能出現問題，企業管理可能會出現問題。就像程東，他經歷了兩次婚姻失敗，企業也留不住員工，他從來沒有得到過足夠的心理營養，也難以滋養別人。

希望通過這一章的學習，各位讀者能夠開始重視「情感銀行」，並且能夠將當年缺失的心理營養補回來，學會在自己和別人的情感銀行中恰當地「存錢」。當你掌握了這個技能之後，你的婚姻、工作、家庭及人際關係一定會有所改善。

學習心理學，其實就是為了讓自己的心靈富足起來。這也是改寫命運的最好方法。也許在你小的時候，父母忽視了給你足夠的「心理營養」，也沒必要再責怪父母，第一，他們當年一定不知道這個道理，如果知道，我想沒有父母會吝惜給孩子這些「營養」；第二，大多數父母也想給孩子他們認為最好的東西，可能他們以為否定和責怪是一種好的方式；第三，薩提爾說過，「一個人在二十五歲之後，就要開始做自己的父母。」如果父母當年沒有給我們足夠的心理營養，我們可以自己幫助自己，讓心靈豐富起來。

至於如何讓自己的心靈豐富起來，需要非常多的篇章才能講清楚，而僅僅看書，沒有情感的參與，作用非常有限。我真誠建議你走進一些好的心理學課堂，去彌補自己的某些缺失，讓自己成為一個心靈豐富的人。當你的心靈豐富起來的時候，你也會善待自己的孩子，給予他們足夠的心理營養，終結家族心理營養匱乏的歷史。

Chapter 5
冰山原理

01 了解人心最深的渴望

上一章我們講了「情感銀行」，大家應該已經明白「情感銀行」對我們的人際關係有多麼重要。當我們明白了「情感銀行」這個概念之後，很多人與人之間的問題就會迎刃而解。但是情感銀行只是人際關係的潤滑劑，需要長時間的前期儲蓄才能在關鍵時刻起作用，有些人因為自身成長經歷，也很難為別人存款。要知道，這世上還有很多情況，等不及我們慢慢去存款。有沒有一種方式，可以迅速拉近兩個人的距離呢？

很多人都覺得與別人打交道是一件不容易的事情，所以俗語才有「知人知面不知心」的說法。

你有沒有覺得在職場上，有人似乎沒有更加過硬的本事，但就是如魚得水，上至領導，下至清潔阿姨，人見人愛，升職加薪總有他。他似乎並沒有比你努力更多，為什麼人人都喜歡他呢？

有時在商場買東西，有的銷售員推銷之後，客戶不想再碰這個商品，可是如果換一個銷售員，客戶可能開開心心地埋單，還要不停地感謝。同樣的東西，為什麼有這麼不同的效果？優秀的銷售員到底做了什麼？

有男士說「女人心，海底針」，很多男士常常不知道自己的太太到底在想些什麼，似乎總是一言不合就把陳年往事都搬出來，明明一點雞毛蒜皮的事情，卻能吵到十年、八年之前的事情上，吵一架就像一場災難般的戰爭，兩敗俱傷。吵到最後，丈夫也不明白太太到底為什麼發那麼大脾氣。難道真是太太無理取鬧嗎？

有人說，這世上最難掌控的因素就是「人」這個因素。為什麼「人」這個因素這麼難以掌控？因為，很多人根本不了解「人」。

我想大部分人根本不知道「人」還有一本說明書。因為不知道這本說明書，所以很多人的人際關係、家庭生活都不如意。你想拿到一本「人」的說明書嗎？幫助你快速地了解一個人——你不需要提前在這個人的情感銀行中存款，不需要對他有多了解，即使剛剛認識，這本說明書也能幫助你很快與他人建立起一個良好的關係。

這本說明書的名字就叫《冰山原理》，是NLP中一個非常重要的工具，這個工具可以讓你明白為什麼人們會有某種情緒或者行為，明白別人真實的需求是什麼，明白一個人心靈深處的渴望是什麼。若你能運用得好這個工具，你很可能會成為一個談判大師、管理大師、婚姻家庭關係大師……

「為什麼『人』這個因素這麼難以掌控？
因為，很多人根本不了解『人』。」

這個工具並不難了解，通過下面幾個小故事，你就能對「冰山原理」有一個比較好的掌控。

將不可能的談判變成可能

「爸爸，你這次要走幾天？」女兒看見我又在收拾行李，跑來拉著我的衣袖問我。

「這次是四天。」我摸摸她的頭說。

「這麼久啊！」看到她失落的眼神，我的心又開始作痛。

我喜歡我的工作，因為我的工作是一份助人的事業，每一次看到學員們因為我的課程而受益，看到他們愁容滿面地開始第一天的課程，容光煥發、笑逐顏開地結束最後一天的課程，我的內心就非常滿足。

然而，這份讓我滿足的工作，卻有一個讓我十分痛苦的部分——要時常出差，離開家人。因為課程一般要在一個比較大的酒店進行好幾天，為了保證休息，我不太可能每天回家，只有住在酒店，所以上課也就意味著和家人分別。尤其是每次和女兒的分別，讓我特別難受。因為自己學習心理學，所以我比很多人更清楚在孩子成長過程中，父母的陪伴有多重要，但是工作的特殊性又讓我不得不經常出差。每次收拾行李時看到女兒依依不捨的眼神，我的心都隱隱作痛。

要是可以在家附近講課就好了。我時常這麼想。

其實也並非不可能，我家附近就有一個五星級酒店，酒店是一個很大的社區群，除了酒店，還有別墅、公寓、商店等，整個社區環境非常優美，有山有水。如果能在這裡講課，可以說是一件十分完美的事情——環境滿足課程的要求，而且離我家距離不到十分鐘，我可以上完課就回家，再也不用面對經常和家人分別的痛苦。

但是我的這個心願，卻一直沒有實現。最大的困難就是，這家酒店會議室的租賃費用很高，我們一直在嘗試和酒店談判，想拿到一個優惠的價格，可是幾輪談判下來，都沒有達到滿意的結果。

「團長，酒店還是不同意給我們優惠價。」一上班，行政經理就來到我辦公室，向我匯報了昨天談判的結果。她沮喪地說：「昨天和他們談了一下午，我想盡了各種辦法讓他們給我們打折，提了三個方案他們都不同意。」

「一點兒可能性都沒有嗎？」

「沒有可能性啊，團長。談了這麼長時間了，酒店態度還是很強硬。要不我們聯繫其他酒店吧？很多酒店想和我們合作呢。」

確實有不少酒店願意與我們合作，但是為什麼我執意希望和這家酒店合作呢？我不願意和家人分開是一個重要的原因，還有一點，酒店的環境非常好，依山傍水，空氣清新，學員們上課往往要上一整天，中途休息時可以外出走走，放鬆一下，消除學習帶來的疲倦；而且酒店地理位置也不錯，離廣州市區的車程並不遠，方便同學和老師上課。我們與這家酒店合作過一些大型會議，他們的硬體設備、員工服務態度都讓我們感到滿意，如果能夠長期合作下去，對我們來說非常有利。

在我的信念中，沒有「不可能」的談判，只有暫時沒有找到突破口的談判。

我想了想，對行政經理說：「我們一定可以談下來。」

行政經理一臉驚訝地看著我，吞吞吐吐地說：「團長，我建議還是別浪費時間了，談了好幾個月了……」

是的，談了好幾個月了，我並非不識時務的人，如果確實不可能，我也不會非要和現實作對。但是，這幾個月中，我其實一直在觀察酒店，也在思考，功夫不負有心人，我發現了一個和酒店談判的極佳突破口。

我對經理說：「下午幫我再約一下酒店的總經理，我想親自和他談談，如果還是不行，我們再換別的酒店。」

下午見面之後，酒店總經理開門見山地對我說：「團長，會議室的價格是集團規定的，我們真的沒辦法給你打折了。」

我說：「我不是來要求你給我打折的，我其實想來與你合作。」

一聽「合作」，總經理似乎有了興趣，他將身體微微前傾，想要聽我怎麼說。

於是我將想法告訴了他，聽完之後，他連連點頭，認為我說得很有道理，最後他對我說：「團長，會議室的價格確實不是我們可以決定的。但是聽你這麼說，我覺得非常有道理。我願意專門向集團請示，給你們一個低折扣的會議室價格。如果申請到了，我會立即聯繫你。」

不久之後，我就接到酒店經理的好消息，我們能用一個令人滿意的低價租到酒店的會議室了。

我和這位總經理到底談了什麼？讓他突然同意了我們的折扣要求呢？在揭開謎底之前，我也希望你能夠回想一下，生活中有哪些「談判」的場景，你一直努力想要和對方達成某項協議，或者非常努力想要對方同意你的要求，但是對方卻像鐵板一塊，無論你怎麼努力都找不到突破口。或者你有沒有見過那些「討價還價」的情景，兩個人都劍拔弩張，誰都不願意在價格上退讓一步，買東西的人買不到想要的，賣東西的人也銷售不出自己的商品。就因為價格談不攏，造成雙輸的局面。

談判前的某天清晨，跑完步，我約了一個朋友在酒店喝早茶，早茶後，我們一起在酒店附近散步。酒店的林蔭下晨風徐徐，十分愜意，一路上都能聽到清脆的鳥鳴。我正沉浸在這份安靜、溫暖中，朋友突然對我說：「這個酒店怎麼那麼荒涼？」

荒涼？我望了望四周，確實，我們在酒店小路上走了幾十分鐘，似乎只看到一個保安員無聊地坐在保安亭裡發呆，還真沒遇到其他人。

我喜歡這個酒店，最主要的原因就是它非常安靜，平時人很少。我常常約朋友來這裡吃飯，因為用餐客人少——早上喝茶的時候，偌大的一間餐廳，只有我和朋友這一桌人，整個餐廳的服務生似乎都在為我們服務。我當時還有點替酒店心痛，裝修奢侈豪華，僅大廳中央那一盞華麗的水晶吊燈每天都要費不少電，更別說還要支付服務員、廚師、接待人員的工資和設備折舊。每一張餐桌上都有一個小花瓶，每天都要換一支鮮花，這些小細節都是一家五星級酒店的標配，但是這些高檔的配置卻常常被白白浪費掉——因為鮮有人消費。

想到這裡，我心裡感嘆了一下。幾年前，這家酒店其實非常熱鬧，每天人來人往，有很多旅行團入住，很多大型會議在這裡舉行，在旺季的時候常常一房難求，若想在這裡的餐廳吃飯，必須要提前預訂。可是近幾年，由於國內外旅遊市場的影響，整個酒店行業都受到了巨大的衝擊，這家酒店的經營也越來越慘淡，客人越來越少。如果作為遊客，我當然喜歡這樣的酒店——一個安靜而舒適的空曠度假公園；但我也是一個公司的經營者，我會不由自主地站在老闆的角度去考慮問題。如果我是酒店的老闆，看到自己的房產白白折舊，看到設備白白損耗，看到酒店的花園、小徑、樹木生長茂盛卻無人欣賞，看到偌大的餐廳燈火輝煌，員工個個著裝整齊，卻沒有客人光顧，該是多麼心痛和焦急。

我突然想到，不就是和酒店談判的絕佳時機嗎？他們一直不願意將會議室低價租給我們，如果此時我換一種談判方式呢？過去我們一直在爭取折扣上費功夫，沒有考慮到酒店真實的需求，這樣當然談不下來。酒店的需求是什麼？無非就是希望有更多客人來消費，如果我們能幫酒店解決這個問題，他們怎會不肯提供更優惠的會議室呢？

見到酒店總經理後，我先告訴他我不是來和他討價還價的，我想與他合作。因為是「合作」，所以他對我的戒備之心也就減少了。然後我對他說出了我的看法：「我是你們的顧客，常常來你們酒店吃飯、散步什麼的。曾經你們這裡非常興旺，想吃飯必須要預訂，我有親戚朋友過來想住酒店，還經常訂不到房。」

「唉，前幾年是這樣。別說您了，我們自己的員工想預訂房間，遇到旺季的時候都可能訂不到。」

「可是這幾年，說了您別生氣，我越來越喜歡在你們酒店散步了，因為這裡的環境越來越好，人少了，鳥兒好像都多了，空氣也更清新，關鍵是特別安靜，很適合作家寫書或者畫家寫生。不過從經營者的角度來看，我看著你們這麼多設備、房間白白折舊，看著你們每天還要投入這麼多費用在人工、水電、維護營運上面，我真是有點心痛，感覺很多錢都浪費掉了。」

「哎，團長，看到這樣的情況，作為一個外人的您都會心痛，我們自己何嘗不是呢！我們也很著急啊，可是現在整體市場環境都是如此，我們著急也沒辦法。」

「所以我才說想要與你們合作嘛！」

「怎麼合作呢？」總經理急切地看著我。

「我們每年都有很多課程要舉辦，幾乎每個月都有，每年還有一場大型的年會。只要有課程，不僅僅是我們主辦方要用到你們的會議室，還會有不少學員直接住在酒店裡。在你們酒店住宿，肯定還會用餐吧，除了用餐，有些學員可能還會有其他的消費，如和同學聚會什麼的。雖然我們只用到了你們的會議室，但是我們帶來的學員可不僅僅使用你們的會議室。多的不敢說，只要我們每一次課程都在你們這裡舉辦，一年至少能保證你們有五百萬元的營業收入。」

我看見總經理默默點頭，繼續說：「如果沒有顧客來消費，你們每天的經營費用還是固定的，每天折舊也是固定的。如果一年至少保證有五百萬元的營業收入，至少能抵銷你們的費用攤銷，這不是一件好事情嗎？」

「對對，團長您說得很有道理。」

「所以，如果我們合作，我能帶給你們的就是每年五百萬元營業收入的保證，而我們，只是希望能夠用一個相對較低的價格租用你們的會議室。」

我如此給酒店總經理分析一番，並且提出我們的解決方案之後，總經理怎會有不答應我們請求的道理？

其實我們和酒店的談判從開始到最後都只有一個目的，就是以較低價格租賃酒店的會議室，但是為什麼之前都不奏效呢？

因為之前我們把焦點都放在「價格」上面了，根本沒有發現酒店方的需求。談判的原則就是——要發現對方的需求，同時想辦法滿足對方的需求，在滿足對方需求的同時，邀請他們滿足我們的需求，這其實是ＮＬＰ中「冰山原理」的道理之一。如果只在價格方面糾纏，我們只能在行為或者觀念這兩個影響比較小的層面費盡心機，尤其在商業談判中，如果希望談判順利進行，達到雙方預期的效果，就必須要從更高層面——需求層面入手。

在談判過程中，我也用到了角色轉換的方法，體驗對方的情感。如果我只把自己當作客戶，我的關注點可能永遠只會放在價格上，但是當我站在酒店經營者的角度去思考問題的時候，很快就能發現經營者的需求。而談判最關鍵的就是要發現對方的需求。

「冰山原理」當然不僅僅能用在談判中，運用這個原理在情感關係中，看到別人真實的內心需求，也會讓你的情感關係提升一個層次。

02 什麼是冰山原理

「冰山原理」是薩提爾體系中的一個概念，薩提爾女士將人的「自我」比喻成一座漂浮在水面上的巨大冰山，能夠被外界看到的行為表現或應對方式只是露在水面上很小的一部分；在水面之下更大的山體則是長期壓抑並被我們忽略的「內在」。揭開冰山的秘密，我們會看到生命中的渴望、期待、觀點和感受，看到真正的自我。

當我們和他人打交道的時候，往往只能看到他人的行為，聽到他人的話語，有些敏感的人或許還能感受到他人的情緒，我們根據這些外部的訊息推測對方的想法。但僅僅只是推測，甚至很多時候根本無法推測，尤其是當自己也陷入情緒中的時候，這也是為什麼很多人覺得與他人相處很難，很多人常常陷入「對與錯」的爭論中。薩提爾運用冰山原理，使人們有機會看見彼此的視角、彼此的感受、彼此的期待。

這裡，我們先來看看薩提爾的冰山原理是什麼。薩提爾將個人內在冰山分成七個層次：行為、應對方式、感受、觀點、期待、渴望、自我（見圖5-1）。

層次1：行為

行為位於冰山的頂端，是我們通過五官可以直接接收到的部分，是來自他人和環境的訊息。如一個人在憤怒地叫罵，一個人在開心地數錢，一個人在靜靜地讀書等等。**行為是我們最容易看見的部分，也是最容易出錯的部分。**

我記得曾經有一個引起全國關注的網路影片，影片中一個男司機從一輛紅色汽車上拖下一個女司機，將她暴打了一頓。第一天新聞報導說，女司機被暴打至骨折、腦震盪，身上多處瘀青。女司機對記者說：「他把我從車裡拖出來，一個字都沒說，動手就打。」影片一經播出，輿論都在討伐男司機，很多人的評論都是——「這個男人太可惡了，男人打女人就是不對，人渣……」但是不久之後，這個事件居然出現了反轉——男司機行車紀錄器記錄下女司機超車、變道、多次逼停男司機的證據，差點造成男司機撞車，女司機還多次辱罵男司機——輿論的憤怒從男司機身上轉到了女司

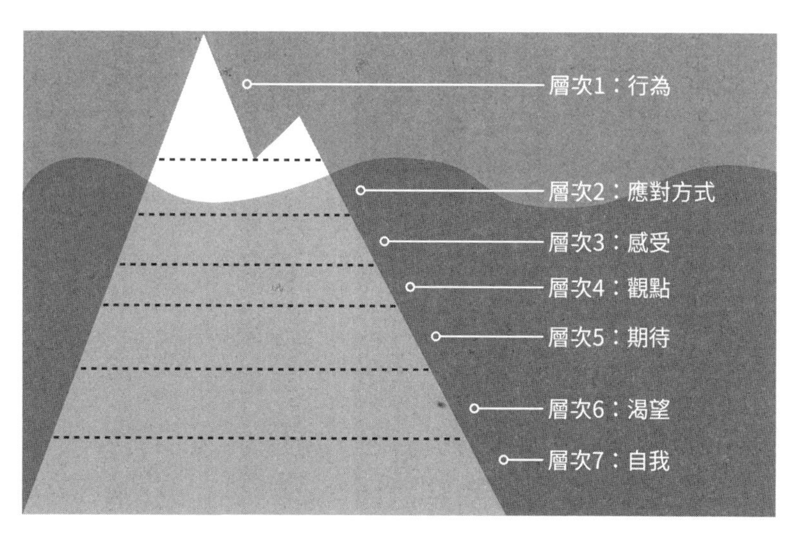

圖5-1　個人內在冰山

機身上，很多人竟然感覺很解氣。事件發酵幾天以後，有網站做過一個調查，竟然有不少人支持男司機的打人行為。

我在這裡姑且不對這個事件做任何評價，只說說「行為」這個問題。為什麼影片第一天播出來的時候，大眾都討伐男司機？因為大家最初都沒有了解事件全貌，只看到了男司機的行為。最初討伐男司機甚至評判男司機是「人渣」的人，後來有不少人轉為支持男司機。這個事件充分說明，很多人都會從一個人的行為去判斷這個人，行為顯而易見，卻很容易出錯。

層次2：應對方式

我們對外在處境如何回應或反應，就是我們的應對方式。

薩提爾認為，人們往往有四種應對方式。

第一種是討好。有這種應對方式的人總是感覺自己不好，或者一旦出了問題都是自己的錯，對別人和顏悅色，希望讓每一個人都對自己滿意，也常常會犧牲自我價值；討好的人總是會對自己說：「這是我的錯」、「我不值一提」、「我不能生氣」等等。

第二種是責備。採用這種應對方式的人剛好和採用「討好」應對方式的人相反，他們強烈維護自己的權益，為了保護自己，可能變得充滿攻擊性和暴力，會將自己的態度表現出來，甚至不斷挑剔苛責別人；採用責備這種應對方式的人，可能常常會對自己說：「我絕不能讓別人覺得我好欺負或者軟弱」。

第三種是超理智。超理智的人很少會碰觸情感部分，他們會通過引經據典、羅列數據證明自己的觀點正確。超理智的人往往比較沉悶，不通人情，給別人的感覺可能比較冷漠；因為很少觸碰自己的情感，所以他對別人的情感也不敏銳；採用超理智這種應對方式的人可能常對自己說：「一個人必須冷靜、鎮定」、「講話要有客觀依據，事實勝於雄辯」、「情緒化是不對的」等等。

第四種是打岔。打岔的人和超理智的人正好相反，他們的想法不斷變換，很希望能夠在同一時間做無數的事情；打岔的人給人的感覺總是快樂和樂觀，很討人喜歡，因為他們的出現會打破很多僵持或者不愉快的狀況，他們就像一個群體中的開心果；但是他們很難將注意力集中在某一個嚴肅的話題上，他們可能很富有創造性、有趣，會用很多方式吸引別人的注意力；他們可能常常對自己說：「沒有人會關心這個。」

老闆把一個員工叫進辦公室，因為在最近的一次考核中，他沒有完成銷售業績。

老闆生氣又失望地說：「怎麼搞的，你一直都做得很不錯，上個季度是怎麼回事？什麼地方出問題了？」

討好型應對方式的人會說：「老闆，對不起，是我沒有做好工作……」他完全不為自己爭辯，哪怕這次業績沒有完成的根本原因並不在他這裡，也許是被別的部門拖累，但是他一旦面對批評，就將所有責任攬到自己身上。

責備型應對方式的人會說：「老闆，你這樣問，我會覺得很驚訝，因為你知道我已經非常拚命了，客戶太難啃，一時要降價，一時要提前供貨……這你都知道啊！」他們會保護自己的利益，挑剔別人的問題。

超理智型應對方式的人會說：「整個情況是這樣的，在過去的幾個月中，整體市場份額下降了十個百分點，同時競爭對手推出了非常有優勢的新產品，所以，銷售業績沒有下降就不錯了。接下來，我們需要公司給予更大的支持力度，如市場部做一些促銷活動……」他會客觀分析情況，不帶感情色彩地去分析現狀。

打岔型應對方式的人會說：「哦，是。老闆您說得對，是！以後一定注意。」然後轉身出門時，吹起了口哨……

層次3：感受

感受是普遍的人的情感經驗，如愛、生氣、害怕、輕視、疼惜和嫉妒等。引發這些感受的因素則因人、家庭或文化而異。

感受常常強烈地依賴過去的經驗基礎。即便我們此刻的感受是由當前的事件激發出來的，我們也常常會根據自己長期積累的感受作出反應。我們的反應性感受是建立在期望和觀點基礎之上的，而它又與自我價值和自尊密切相關。

當我們體驗到某種特別的感受，如生氣或者嫉妒，通常會根據自己學到的社會規則是否接納這種感受而作出反應，同時也會影響自我接納。我們也許被教導生氣是不好的，所以在生氣時，會認為自己不應該有這種感受，這種想法進而產生另一種感受，如對原有感受感到羞愧。

還記得我們在「人生模式」這一章中提到過的ＡＢＣ理論嗎？心理學家埃利斯提出的ＡＢＣ理論認為，不同的人對於不同事件會有不同的情緒反應和行為反應，並非事件本身引起了這種反應，而是人對這個事件（Ａ）的不同看法（Ｂ）導致了不同的反應（Ｃ）。很多人以為，是事件引發了一個人的情緒和行為，但是ＡＢＣ理論卻認為，事件只是激發了我們的信念系統，讓它起作用，由於人對不同事件的看法不同，才會出現各種不同的情緒和行為。這個理論也可以解釋，為什麼面對同樣一件事情，有些人無所謂，而另一些人卻很憤怒。

人們往往會用行為表達自己的感受，生氣的時候罵人、打人，傷心的時候哭泣等等。很多時候，其實人們只注意到他人的行為，卻忽略感受。很多夫妻在吵架的過程中，丈夫往往比較理智，總會為自己找很多理由，甚至覺得太太胡攪蠻纏，但是，太太卻可能會抱怨丈夫：「你有考慮過我的感受嗎？」太太可能在用「胡攪蠻纏」的行為，表達自己的感受。

層次４：觀點

觀點也被稱為信念、態度、價值觀。觀點常常與我們對自己的感受交織在一起，強大、牢固且難以拆分。**觀點來自現在和過去經驗的結合，不只是根據此刻所見所聞的事實，也受到我們的期待與渴望的影響**。例如，女孩從未得到過父母的擁抱，將之解釋為自己不被愛或不值得愛；或是發現學校其他同學欺負她，她的解釋可能是自己很笨或不受歡迎。這種解釋會影響她的自我價值感以及她對自己的看法與感受。

我們往往會根據極為有限的知識基礎形成觀點，特別是在我們年幼的時候。

我們每個人都會對同一個事件產生屬於我們自己的獨特觀點，每個人也會用不同的方式來描述相同的事情。

一個中國女人嫁給了一個美國男人。有一天，中國女人的母親去美國家裡探望，美國男人問岳母：「妳想喝飲料嗎？我們有鮮榨的果汁、可樂、礦泉水、咖啡，妳需要什麼呢？」岳母第一次到女兒女婿家裡，還很客氣，於是隨口說：「不用了，我不渴。」女婿一聽，哦，不渴，那就不準備了。然後就幫岳母布置房間去了。岳母等了半天也沒見到女婿端水過來，才發現女婿真的沒有要給自己倒水的意思。後來岳母回到家，給大家講這件事，很多人都笑這個美國女婿太死心眼兒——別人說不喝水只是客氣，你還真當別人不喝水啊？但如果美國女婿知道這件事情，一定很鬱悶。在美國人的觀念中，你說不用，就是不用，我不能逼著你去做你不願意做的事情。

這個小故事就說明，每個人都有自己獨特的觀點，這種觀點會左右一個人的感受與行為。

在「對與錯」章節裡面我也提到，夫妻雙方爭吵的焦點通常都放在誰對誰錯上，為了證明自己是對的，他們甚至會搬出過往許多事情。最後引發爭吵的這件事情已經不重要了，重要的是「證明對錯」。夫妻為了對錯而進行爭論，其實也是在「觀點」這一層面爭論。

層次5：期待

每一個人對他人和自己都有期待，期待是從渴望而來。**渴望幾乎都是相同的，期待卻因**

人而異。比如，每一個小孩都渴望父母的愛，但小孩怎樣知道自己得到了父母的愛呢？有些小孩通過父母的擁抱和親吻知道自己被愛，有些小孩則通過和父母玩耍知道自己被愛，有些小孩則通過父母的言語知道自己被愛。比如，一個小男孩期待親近父親，希望父親常常陪伴自己，溫柔地和自己說話，如果父親能做到，他的期待就得到了滿足，這個小男孩的情緒、行為都不會出現問題；可是，如果父親工作很忙，又是一個不太會表達感受的人，也不知道如何與小孩親近，這個小男孩將會處於期待總不能被滿足的狀態。小男孩若沒有什麼辦法滿足自己的期待，只能忍受這種匱乏的狀態。那些未被滿足的期望如果進入觀點層面，這個小男孩可能認為自己是一個很差勁的人，所以得不到別人的愛；如果進入感受層面，他很可能會體驗到受傷、孤獨甚至憤怒。

這個小男孩成年後，他會「偷偷」將這些渴望帶入另一段關係中，或一直帶著期待沒有得到滿足而產生的不適感生活下去。如果在隨後的某個人生階段，這一期待得以實現，那麼當前的關係將會呈現出價值，而過去的渴望和不適也將消失。

很多時候人們並沒有表達出他們的期待，或者他們可能也不清楚自己的期待。我們的期待通常來自人類普遍存在的渴望。一個期待被愛的人，他的期待若總是不能得到滿足，為了生存，他會不斷地放棄自己的期待和被愛的需求。這些經歷不但會導致他產生低自尊、痛苦、傷害和自我貶低的感覺，還會讓他產生這樣的結論：「我不好，我不值得別人愛。」

我常常看到有些人炫耀自己購買的奢侈品，一個簡單的布包可能要上萬元，還有一些剛工作的年輕人會買幾十萬元的車代步。這些奢侈品真的是剛需嗎？其實未必。很多人覺得，昂貴的奢侈品可以滿足自己被別人肯定和尊重的需要。甫入社會的年輕人，事業剛剛起步，獲得的肯定自然很少，認可與尊重也不多，這些昂貴的奢侈品讓他們的某些期待得到了滿足。

層次6：渴望

所有人都想被愛、被重視、被接納。

當我們漸漸成長，這些渴望得到滿足或是未得到滿足，都將對我們未來的發展、成熟以及我們處理自身感受有很大的影響。因為這些渴望，我們發展出幾種應對方式，表現形式可能是那些得到接納或不被接納的行為；為了得到別人的重視，我們可能討好或控制他人。當普世皆同的渴望未被滿足時，就很難與他人連結，或者連結不穩固。

在生命早期，通過不斷嘗試和體驗，若自我受到反覆「轟炸」，並由此形成了對自己的定義，限制了自身的發展，生命也漸漸變成了僅僅維繫生存的過程。如果渴望得到了滿足，個體就有機會發展出高自尊、表裡一致的生存方式、健康的壓力應對模式以及愛自己和愛他人的能力。

層次7：自我

冰山的核心或基礎就是自我，它決定了我們與自己和世界的關係。**這一部分最難以被察覺、被了解，常常需要花很長時間才能看清它的真正本質。**「自我」是一種生命的真實狀態；我們在情感上完全活在當下，能完整地兼顧我、他、情境，能讓生命力在自然狀態下不斷成長，內心充滿喜樂與意義感；同時，能很順暢地和任何人連結。我們追求的目標是與「自我」連結，發現我們本來的面貌以及我們最深切的想要。

看到一個人的「冰山」

以上是「冰山原理」的理論，為了更好地幫助讀者們理解這一理論，我在這裡舉一些例子。

某天上班，某人發現自己的電腦被打開了，電腦桌面上放著一些陌生的文件。此時，這個人非常憤怒，這是他的**感受**。然後他大聲對周圍人吼道：「到底誰動了我的電腦？」對周圍人的「吼」就是他的**行為**。

那麼這種行為和感受背後的觀點是什麼呢？他的**觀點**可能是──「在沒有經過我的許可前，任何人都不得打開我的電腦。」他**期待**──「如果有人要用我的電腦，必須事先得到我的許可。」這種期待來源於這樣的**渴望**──「我希望被尊重，在安全的環境中工作。」在這個人發現電腦被人打開那一刻，他的自我價值感變低，因為有人沒有尊重他，隨便動了他的電腦，他感覺工作環境不安全。

所以，這麼簡單的一個事件，也能看出一個人的冰山。

在工作中，在職場的人際關係中，看見對方的冰山也非常重要，能讓一個人贏得同事、合作夥伴的心，讓大家能夠求同存異，凝聚在一起做事業，這也是現代經營者重要的才能之一。

有兩個年輕人，畢業以後一起創業，經過幾年艱苦的努力，事業小有成就。其中一個人想追求更大的發展，另一個人卻漸漸開始感到自滿，鬆懈下來，享受當下的成功，越來越注重享樂。那個想要更大發展的人看見合夥人的這種表現，開始擔心、著急，甚至有些憤怒，他怎樣表達自己的意見會比較好呢？如果他能看見對方的冰山，並且通過一種合理的表達，讓對方看到自己的感受和想法，他應該這樣說：「兄弟，我們一起創業這麼多年，現在企業發展到了一個相對比較穩定的階段，我注意到你現在開始把更多的時間花在打麻將上，用於學習和業務的時間越來越少。我內心有一種擔心，擔心企業的發展會受到影響。也有一種害怕，害怕我們之間的關係會越走越遠！你是我人生中很重要的人，是一起打拚的生死弟兄。我很在乎和你的關係，我不知道是不是因為我哪些地方沒有做好，令你這樣。我無法想像沒有你的日子，我該怎麼帶領這個企業往前走！希望你能夠告訴我發生了什麼，我能為你做點什麼……」

想像一下，拍檔聽到這樣一番肺腑之言，會有什麼樣的感受？是否會有所觸動？是否會感到一種溫暖和支持？是否也能同時感受到尊重和認可？這樣的話語，可以讓夥伴更順利地接受他的意見。

再舉一個例子。

丈夫下班回家，興沖沖地告訴妻子：「告訴妳一個好消息啊！我升職了！」

此時，如果妻子能夠看到丈夫的冰山，她就能正確地回應丈夫。丈夫的冰山是什麼呢？在丈夫興沖沖的**行為**、**言語**背後，他的**感受**是興奮和開心。他的**觀點**是——「升職意味著我事業的進步，是我能力的體現。」他的**期待**——「我要和家人分享這一喜悅，讓他們也高興。」而他的**渴望**——得到家人的認可和讚美。那一刻，丈夫呈現了一種高能量的生命狀態，自我價值迅速提升！

妻子這時如果說：「你真棒！我為你感到驕傲！看到你取得的成績，我們都很開心！」

如果是這樣，這對夫妻的感情一定很好。

但是，如果妻子不這樣說，而是對丈夫說：「取得這點成績就把你高興成這樣，不看看你多大年紀了。你看看那個誰，比你年輕那麼多，已經坐上處長位子了。」

如果妻子這樣說，她的冰山是什麼？也許她內心曾經渴望丈夫肯定，但是丈夫沒有，現在丈夫要她肯定，她不願意；又或者在她的觀點中，鞭策比鼓勵重要，她想時刻提醒丈夫，還有人比你更好，你要更努力。這些都是行為之下的層面，並不能通過行為看出來，所以，丈夫只看到了妻子冷嘲熱諷的行為，而看不到妻子的整座冰山。

如果夫妻雙方都只能看到彼此的行為，而不去了解行為背後的各個層次，這對夫妻的關係就堪憂了。

下面，我想再分享一個學員故事，通過學習心理學，他的家庭關係得到了很大的改善。

03 冰山原理的運用

「劉凱，你在哪兒啊？」電話中，一個女人焦急地說。

「姐，我在客戶這裡談事情。下班再打給我不行嗎？」劉凱有些不高興地說。

「老爸又開始發酒瘋了，我們都管不住，現在在家裡砸東西、罵人，鄰居打電話叫我去，110都來了！你快過來啊，我給弟弟也打了電話，他正在趕來的路上！」

劉凱皺皺眉頭，這個老爸啊，幾十歲的人了，越來越不像話了，酗酒成性，一喝多了就發酒瘋，每次都搞得雞犬不寧，家裡的碗砸壞了一套又一套。這是第幾次找來110了？第二次？第三次？去年做體檢，醫生已經提醒他血壓高，不能再這麼喝酒了，可是他不聽。一喝多了就把幾個孩子都大罵一頓，「不孝順，還不如生下來就……」什麼奇怪的話都能罵出來。幾個兄弟姐妹每次去看望父親，都會被小區裡的鄰居指指點點，大家還以為這幾個子女多麼不孝順父親，令父親經常暴怒或者以淚洗面。劉凱還記得，上次一個年輕的民警還教訓他：「你們這些子女也太不孝順了，怎麼能把老人家氣成這樣？」劉凱一個堂堂企業大老闆，平時走到哪裡都被人稱讚，居然被一個小自己二十歲的小青年教訓，說他不孝順父母，他還只能硬著頭皮聽著，連連點頭認錯。其實，劉凱姐弟是非常孝順父親的，尤其是劉凱，給父親花錢從來不猶豫，有什麼好東西都會給父親買。

「哎，老爸啊，老爸，你能不能讓我省省心啊！」劉凱一邊想，一邊嘆氣，對姐姐說：「行，我這邊處理完事情立即過去。妳看看又砸壞了什麼，我讓秘書準備買新的。」

匆匆忙忙和客戶談完合作，劉凱立即奔向父親家。

走到樓梯間，劉凱看見鄰居隔著門用奇怪的眼神盯著他們，然後小聲地跟旁邊的人嘀咕著什麼。劉凱只有假裝看不見，直奔父親家。

一進門，就看見姐姐正在清掃一地的碎玻璃、碎瓷片，弟弟正在扶起倒下的家具。

劉凱臉一沉，問道：「爸呢？」

「喏，鬧夠了，累了，進臥室睡覺了。」姐姐對著臥室努努嘴。

「這次鬧得比上幾次都厲害，電視都砸了。」弟弟把砸壞的電視機搬到門口，嘆了口氣，「這麼好的電視，我自己都捨不得買呢，他居然給砸了。」

「以後給他買木頭的東西，木杯子、木碗，砸不壞的。」姐姐一邊掃地上的玻璃碴兒，一邊憤憤地說。

「妳不怕他下次喝多了一把火燒了嗎？買木頭的，下次更有得說了，說我們當他是乞丐，拿個木碗給他用。」弟弟沒好氣地說。

劉凱一屁股坐在沙發上，氣得說不出話來。

父親到底是怎麼了？

劉凱想起小時候，父親那時就喜歡喝酒，但是並沒有喝完就發酒瘋啊！其實父親和幾個子女關係都不錯，但是好像在子女工作、父親退休之後，他就越來越喜歡喝酒了。母親去世前，也常常因為父親酗酒和他吵架，那時父親也只是偶爾酗酒，並沒有現在這樣嚴重。

其實，劉凱姐弟和父親關係還是非常好的，父親非常重視孩子的教育，所以幾個子女現在都事業有成，尤其是劉凱，成為一家集團公司的老總。幾個子女對父親的贍養都非常慷慨，劉凱專門給父親在江邊的一棟公寓樓裡買了房子，裝修豪華，姐姐和弟弟也分別給父親購置了昂貴的家具、日用品，父親平時的生活費，幾個孩子也毫不吝嗇。劉凱實在弄不明白父親到底出了什麼問題，越來越愛飲酒，而且酒後鬧事的情況也越來越頻繁。

不知道讀者們有沒有劉凱這樣類似的困惑，家裡有一個讓你不省心的老人，你覺得自己對父母已經很好了，給他們花了很多錢添置好東西；每次看到新聞報導中那些不贍養父母的人，你心中都有一種隱隱的自豪感。但是父母的生活狀態似乎並不好——不開心，甚至時常生悶氣，或者給你找麻煩，就像劉凱的父親一樣。但是他們又是你的父母，你不可能責怪他們，更加難以教訓他們。你該怎麼辦？

這時，或許就是「冰山原理」派上大用場的時候了。

在行為這個層面我們看到，劉凱的父親有一個酗酒後破壞的行為，父親的應對方式是指責。當父親破壞東西的時候，他的感受是什麼呢？一定非常不好，非常憤怒。學習了冰山原理以後，我們都知道，感受下一層是一個人的觀點，正是因為有了這樣的觀點，才會引發一個人對應的情緒感受。那麼，劉凱父親的觀點是什麼呢？這一點我們不得而知，但從他醉酒以後罵孩子們的話可以揣度出他的觀點——他覺得孩子們不孝順。這就奇怪了，劉凱姐弟在父親身上花了不少錢，怎麼還是被父親認為不孝順呢？或許父親認為的孝順和孩子們理解的孝順是不一樣的。觀點下一層是一個人的期待，也是他的需求。當一個人的需求得不到滿足的時候，他就會有不好的感受，同時，想要採取行動（應對方式）去滿足自己的需求。父親覺得孩子不孝，總是酗酒鬧事，是否是因為父親有什麼需求得不到滿足呢？我們再來看需求之後更深的層次——渴望。

前文說了，不論種族、文化、宗教、性別或膚色，所有人都想被愛、被重視、被接納，所以渴望是普世皆同的。那麼劉凱的父親也一樣，希望被孩子們愛，被他們重視。但是孩子們似乎都忙於自己的生活，雖然給他提供了豐富的物質，但是他們卻沒看到父親對被愛與被重視的**渴望**。因為自己的**需求**得不到滿足，所以劉凱父親覺得孩子們不孝順自己，也許常常借酒消愁，漸漸就變成了酗酒，在酒精作用下，他便開始出現了暴力的**行為**，以此引起子女的注意。

學習了「冰山原理」以後，想必你都可以幫助劉凱分析他父親酗酒鬧事行為的原因了。

當劉凱帶著這個煩惱走進我的課堂，他向我請教如何解決這個問題。我用冰山原理分析了他父親這種行為的原因後，他恍然大悟。劉凱說，母親去世以後，父親在外人面前並沒表現得很傷心。劉凱當時還覺得父親很堅強，也就沒有太在意。但是他也發現，母親去世以後，父親酒喝得越來越多，酒後鬧事的情況也越來越嚴重，特別是今年，搞得幾個子女不勝其煩。母親的離世可能讓父親感到很悲傷，沒有了老伴兒的生活也很孤獨，雖然沒有說出口，但他內心應該很渴望子女的關愛。

聽我分析完，劉凱反思了自己對父親的疏忽。雖然他花錢給父親買了不少東西，但是由於工作忙，這些東西他都是吩咐秘書去採辦，快遞送貨。他一年也只有重大的節假日去父親那裡坐坐，而且電話不斷；姐姐有兩個孩子，平時要照顧自己的家庭，也很忙，一個月可能去看望父親一兩次，每次也待不了多久；弟弟常常出差，兩三個月才去看看父親。今年他們一家四口聚在父親這裡的時間，似乎都是在父親酒後鬧事之後。

課程結束以後，劉凱將姐姐和弟弟聚在一起，開了一個家庭會議，說出了自己的想法。他覺得父親可能是獨自在家，覺得孤獨，又不好意思告訴子女們自己的感受，所以越來越依賴酒精。喝醉之後開始鬧事，是想通過這種方式引起子女們的關注，希望子女們能陪伴在自己身邊。聽劉凱說完，姐姐和弟弟都深表贊同。

「你這麼一說，好像真是這樣。你看，我們三個一年聚在一起陪他的時候很少，結果他這一鬧，大家都來了。」姐姐說。

「那怎麼辦才好呢？我們三個也不可能常常來陪他，我經常要出差。」

「要不這樣好不好？」劉凱說：「以後，我們輪流每週來一天陪陪父親，陪他喝喝茶、吃吃飯。弟弟不出差的時候就過來一天，我以後也帶家人過來和他一起過週末，如果我沒時間，就讓太太帶孩子過來。」

「這個辦法倒是可以試試，他總這麼喝酒也不行。我平時可以過來，找一天帶孩子過來吃晚飯也沒問題。」姐姐說。

「我不出差就過來看看他。」弟弟說。

「好，那咱們就試試看。」

從那天開始，劉凱三姐弟便開始輪流陪伴父親。

這個辦法很快開始奏效。經過半年的嘗試，父親喝酒次數越來越少了。雖然說還不太可能戒酒，但是酗酒情況基本沒有了，更別說酗酒鬧事了。通過這段時間的陪伴，劉凱發現，不僅父親的情況大有好轉，他和姐弟們的關係也比之前更親密了，大家只要有時間，就會相約一起去父親那裡。劉凱有時工作壓力大，也會主動去找父親聊聊天，有時聽聽老人的看法，似乎比自己悶頭煩惱更有效。

其實劉凱的父親和所有人一樣，他的渴望就是被愛、被關懷，他期待孩子們能夠陪伴他，若孩子們不來陪伴他，他就會覺得孩子們不孝順了，會感覺失落、寂寞和憤怒，會用酒精去緩解（應對方式）自己不舒服的感覺，但是酒精又會促使他做出暴力的行為。

當一個人的需求不能通過正常手段獲得滿足的時候，他就會採用非正常手段達到自己的目的。當然採用這種方式的不僅僅是劉凱的父親，很多人都是這樣，為了得到關注，做出過激的行為。比如，有些被父母忽略的孩子，可能會用特別叛逆的方式引起父母的關注。**當你可以看到別人內心的冰山時，你才能夠知道如何應對他人的行為。**

每一個行為背後都隱含著一個人的需求與渴望，但我們大多數人卻只能看到別人的行為。

劉凱父親的酗酒與謾罵，是他對孩子表達一種不滿，這種不滿的背後，是他對孩子愛和重視的需求。

當你上班遲到的時候，如果領導責備你，也許他是期待你能更重視個人發展；當顧客抱怨一個產品有很多問題的時候，也許他是期待產品能夠更明確用戶需求。同樣，若你的伴侶對你指責、抱怨，甚至和你爭吵，在這樣的行為下，他可能有一個沒有得到滿足的需求，如果你能夠看到伴侶的這個需求，並且能夠滿足他，爭吵一定會少很多。很多父母說，孩子長大之後，就越來越不懂孩子在想什麼了，尤其當孩子進入青春期之後。孩子真的那麼難以理解嗎？如果用冰山原理去理解孩子，你會發現孩子並不複雜，他渴望得到的東西和你是一樣的。

冰山原理是一個非常有效的人際溝通工具，通過看到別人的冰山，你就能通過他的行為、情緒，一層層地深入他真實的內心，看到他內心的期待、渴望，如果能夠滿足期待與渴望，你們的關係會變得非常融洽。學會使用這個工具，你的工作也會越來越順利，家庭關係也會越來越和諧。當你能夠看到一個人的內心時，你自己也會變得更加包容。

冰山原理還可以用來觀察你自己。當你出現一種行為的時候，你可以通過這種方式了解自己，了解自己的期待與渴望，讓自己的內心真正富足起來。

「每一個行為背後都隱含著一個人的需求與渴望，但我們大多數人卻只能看到別人的行為。」

Chapter 6

情緒管理：關乎生命品質

01 情商與情緒

我曾受《廣州日報》邀請，為他們的ＶＩＰ讀者做有關孩子教育的主題演講，在最後的提問環節，一個媽媽問我：「團長，一個人的智商並不是最重要的，最重要的是情商，對嗎？」

我對這個問題不置可否，這個媽媽又接著說：「我現在就在訓練孩子的情商，經過這麼長時間的訓練，我覺得已經取得了很好的效果。」

聽她這麼說，我和在場的嘉賓們都肅然起敬。我問她：「妳是怎麼訓練孩子情商的呢？」

她說：「我讓孩子學會控制和管理情緒，我最討厭那些動不動就發脾氣的人，所以，我訓練我兒子從小就不要發脾氣。」

聽她這麼一說，我開始感到頭皮發麻，渾身不自在，我問她：「妳孩子多大啊？」

「四歲，是個男孩子。」這個媽媽有點自豪地說，「剛開始訓練的時候也挺難的，不過我沒有放棄，想了各種辦法，現在他可乖了，幼兒園老師也常常表揚他，說他是最聽話的孩子。別的男孩總是搶玩具、打架、哭鬧什麼的，但他不會。」說到這裡，這位媽媽充滿了自豪，「可是我有個朋友，她說我這樣的方法不對，會害了孩子，所以我想問問團長，我這樣

做對嗎？」與其說她是在問我問題，倒不如說她想向我證明她是對的。

我不知道該如何回答她，一個四歲的孩子，竟然在母親的訓練下不再有情緒，這到底是一種怎樣殘酷的訓練啊？

在成長的過程中，也許我們曾被身邊人的情緒深深傷害過，也許因為自己的情緒化吃盡了苦頭，因此我們視情緒為洪水猛獸，要將它囚禁於牢籠之中。請您回憶一下，在您撫養孩子的過程中，是否也或多或少阻止過孩子表達自己的情緒呢？尤其是男孩子，當他們表現出悲傷的情緒時，很多父母可能會說：「男孩子，哭什麼哭，丟臉！」當他們表達憤怒的情緒時，父母要麼責罵他們不聽話，要麼威脅他們：「你再發脾氣，我就不愛你了」，甚至乾脆打他們一頓。在大多數人的認知裡面，情緒化是不好的。因此，我們總是想方設法地克制或控制自己的情緒，生氣的時候讓自己壓制怒火，悲傷的時候讓自己克制悲傷，甚至開心的時候也要喜不形於色。

當我們這樣看待自己的情緒時，自然也希望我們的孩子能給別人冷靜、沉著、理性的印象，所以這位媽媽如此訓練自己的孩子，本意也並非不好，只是這種訓練孩子控制情緒的方式，真的好嗎？一個從小就冷靜、理性、喜怒不形於色的人，他開心嗎？

這位媽媽的故事，又讓我想起了另一個「乖」孩子的故事。

那時，我的女兒還在上幼兒園，有一天我去幼兒園接女兒，女兒哭著告訴我，有個叫「天天」的男孩子打了她的好朋友，打得很厲害，小男孩將那個孩子推倒在地，然後不斷地用腳踢她，女兒想去勸架還差點被打。儘管老師已經通知男孩的父母到園，但是想起當時的情景，女兒還是嚇壞了。

這個男孩我認識，因為流行「尿布」外交，父母平時都圍著孩子轉，孩子要和同學玩，於是孩子的父母自然都認識。這個孩子平時挺乖巧的，他的父母都是文化人，平時看起來溫文爾雅的，怎麼會產生如此暴力？

我安撫了女兒好一會兒，等女兒停止哭泣時，我問她：「天天平時不是挺乖的嗎，怎麼會那麼暴力呢？」

女兒告訴我，他平時是很乖的，可是有時會變得很嚇人。因為從事心理學教育的職業習慣，我對這個孩子產生了好奇心。

在一次家長的聚會上，我刻意坐到了天天爸爸的身邊，跟他聊起了孩子，我說：「天天很乖，很聽你的話啊，你讓幹什麼他就幹什麼，現在很少有孩子能做到這樣了。」他說：「是的，這孩子平時挺好的，只是一發起脾氣來很嚇人，對我們和比他大的人還好，但經常會欺負比他小的孩子，甚至會拿家裡的貓出氣。我聽說您是一位心理學老師，我就想向您請教一下，我兒子這種情況，是不是心理有什麼問題呢？」

「心理問題倒不至於，只是我好奇他為什麼會這樣。你們平時打孩子嗎？」我猜測一個暴力的孩子通常都有被暴力對待的經歷。

「沒有啊！我們從不打孩子，在孩子犯錯後，我們只會讓孩子反省。」

「怎麼反省呢？」我對一個四歲孩子的反省感到很驚訝。

他說：「我有個朋友也是做老師的，他告訴我，孩子要從小就管教好，否則大了就不容易管了。他告訴我一個方法，叫『關禁閉』，就是孩子犯錯之後，就把他關在洗手間裡，讓他反省，直到他認錯了才讓他出來。你說天天現在這種情況是不是跟這個有關？」

當然有關！聽他這麼一說，我大概也明白這個孩子問題出在哪裡了，這種關禁閉式反省，只會讓孩子屈服於權威，面對比他強大的力量，他學會了壓抑，可是那些被壓抑下來的情緒，到哪裡去了呢？它消失了嗎？當然不會，這些情緒只會儲存在身體裡面，當達到一定的閾值時，就會爆發，於是我們看到天天會用更暴力的方式將憤怒發洩在弱小的人身上，遭殃的是那些比他小的孩子，還有那些可憐的小動物。

我與這位受過高等教育的父親談了差不多一個小時，要說服他放棄這種所謂的「反省」真不容易，我只是請他嘗試一段時間不要關禁閉，他將信將疑地答應了我。這事已經過去五、六年了，這個孩子小學和我女兒上了同一所學校，所以，我們的交往一直保持著，我看著那個「小暴力」慢慢變得文明起來，就知道他父親再也沒有將他關在洗手間。

天天是幸運的，因為他沒有一直被「禁閉」下去；那個四歲就被訓練管理情緒的小男孩也是幸運的，因為他的母親開始接觸心理學，並願意在心理學裡發現人生的秘密。可是很多人就沒有那麼幸運了，大多數父母都不知道「情緒管理」的代價。

我就是沒那麼幸運的人。

情緒管理的代價

親愛的讀者朋友們，你們是否也有一個不聽話、總是愛發脾氣的小朋友呢？當孩子發脾氣的時候，你又作何反應呢？有效果嗎？

又或者說，在你小的時候，是不是也曾經被這樣要求？現在的你已經被訓練成了喜怒不形於色的「老好人」，平時能忍則忍，很少表達自己的悲傷和憤怒？如果是這樣，我想問的是，你快樂嗎？你幸福嗎？

我們真的要控制自己的情緒嗎？如果不控制，我們又深受情緒所擾。面對那些所謂的「負面」情緒，我們究竟該怎麼辦呢？

人們總喜歡將一些事情分為「正面」和「負面」兩極，情緒也是這樣。面對所謂「負面」的東西，人們總是排斥、抵制或壓抑，於是，悲傷、憤怒、無助等「負面」情緒通常被人們深深地壓制下來。

我曾經就是這樣一種人。還記得那一年，我父親去世了。對於常人來說，這應該是一個非常悲痛的時刻，但是我那時卻沒有眼淚，也並不覺得特別悲傷。因為我一直認為，人活到一定年紀去世是一件非常正常的事情，父親也只是到了這樣的年紀。人人都一樣，又何必太悲傷呢？那時的我根本沒有意識到這種想法以及當時的反應有什麼問題。因為從小就習慣壓抑自己的情緒，我習慣了將很多事情「合理化」，不僅是悲傷的情緒很難表現，面對本該憤怒的事情，我也顯得很平靜。

按照本章開頭那位母親的觀點，以前的我就是一個情商高手了。然而，這樣的情商「高手」，不管是在工作還是在生活都充滿了問題。

我從小就被教育要管好自己的情緒，我的父母成功地把我培養成了一個「好人」，我平常處事冷靜、條理清晰、邏輯縝密、無懈可擊，從不會被情緒所困，就算遇到很大的困難，也不會感到痛苦。因為我很善於管理那些「負面情緒」，絕對不會讓它們出來干擾我的人生，結果，它們卻偏偏嚴重地干擾了我的人生。

首先是在工作上，因為我是一個冷靜的人，所以我非常不喜歡那些情緒化的人。那些多愁善感的人，我覺得他們太脆弱；那些易怒的人衝動、膚淺，幹不了什麼大事；那些猶豫、恐懼的人，我覺得他們膽小、懦弱……我的公司總是招不到適合的人，我總覺得無人可用，於是，我這個老闆又忙又累。

工作上超理智的我，在生活上也不例外。我認為努力工作，為家人創造一個好的生活環境，讓孩子受到良好的教育，是一個男人的責任。我愛我的太太，我愛我的家人，我把賺的所有錢都交給我太太，自認為這是對太太最好的愛。可是，結婚初期，我總是聽到太太對我的抱怨，說感受不到我的愛，說我對她不好。那時的我覺得不可思議，我把一切都給了妳，妳還覺得我不愛妳，這簡直太過分了！如果這都不叫愛，那什麼是愛呢？

當然，我也是幸運的，雖然當年我的父母把我教育成了一個壓抑情緒的人，但我在成年後有緣接觸心理學，這已經是萬幸了！我相信還有太多像我一樣的人活在「不可思議」中。

學習了心理學之後，我才知道，我什麼都給了我太太，唯獨沒有情感。而我的公司之所以沒有人才，是因為我害怕情緒，而恰好人才都是有情緒的，多愁善感的人情感細膩，是寫文章的好手，是處理關係的公關、客服精英；易怒的人愛憎分明、行動迅速，是執行力高手；猶豫、恐懼的人思維縝密、深謀遠慮，是不可多得的智囊。

流露悲傷會讓人覺得脆弱，表達憤怒會傷害自己的親人，可是管理好了這些「負面情緒」又會變得冷漠不近人情，甚至變成某一天會爆發的垃圾人，那我們面對與生俱來的情緒，該怎麼辦呢？要回答這個問題，我們先來了解一下情緒究竟是什麼。

02 情緒究竟是什麼

情緒，是對一系列主觀認知經驗的統稱，是多種感覺、思想和行為綜合產生的心理和生理狀態。情緒通常分為喜、怒、哀、驚、恐等，也有一些細膩微妙的情緒，如嫉妒、慚愧、羞恥、自豪等。

情緒是我們心理和生理的狀態，是一種生命力的體現，可是出於二元思維的習慣，人們常常將情緒分為兩類：當一個人體驗到某種情緒的時候，如「喜悅」、「自豪」等，會感覺很舒服，於是人們把這類情緒叫「正面情緒」；還有一類情緒，如「憤怒」、「悲傷」、「恐懼」等，當一個人體驗到這種情緒的時候，會感覺不舒服，想要逃離或者迴避，人們覺得這種情緒是不好的，是「負面情緒」。我們都不想要「不好」的東西，想避免自己有「不好」的情緒，於是就有了情緒管理理論：希望把這些情緒管理起來，而最簡單的管理方法就是把這種情緒壓抑下來。

壓抑情緒會有什麼代價呢？我們以「憤怒」為例，看看情緒是個什麼東西。

憤怒是我們日常生活中常碰到的情緒，每當事情不如自己所願、需求得不到滿足或者感覺自己被侵犯時，人們就會感到憤怒。當有憤怒情緒時，人們會變得有攻擊性，這種攻擊行為往往會傷害到身邊的人，同時也會給自己帶來麻煩。所以，憤怒過後，人們往往會後悔自己的憤怒給別人及自己帶來的傷害。為了避免這種痛苦，人們開始學會壓制憤怒，還美其名曰「百忍成金」。殊不知，這種「忍」會導致向內攻擊，讓身心受傷。同時，憤怒是一種能量，壓抑下去的憤怒並不會消失，它只是暫時停留在身體的某個位置，當人的憤怒不斷被壓抑下來時，就像一個不斷充氣的氣球，總有爆炸的一天。憤怒發洩出來會傷害他人，壓抑下來會傷害自己，那如何是好？我們首先來認識「憤怒」，引發憤怒的壓力源通常有如下四種：

1.痛苦的感受（來自心理感覺）；

2.痛苦的知覺（來自身體）；

3.一些讓人糾結和掙扎的事情；

4.危險臨近的時候。

人們面對上面這些情況時，為了避免碰觸自己的痛苦感受，會產生一種叫「憤怒」的情緒，用這種情緒終止我們感受到的痛苦、脆弱或者無助，把內在的痛苦轉向對外的攻擊，所以說，憤怒是一種次要情緒，是一種防衛機制。憤怒可以讓我們無須面對痛苦，而是通過攻擊、逃跑、隔離等方法，停止壓力。

明白了這一點，再認識憤怒就簡單了，只要我們能夠透過憤怒正視其背後的痛苦，接受痛苦帶給我們的有效訊息，我們就會成長，讓自己變得更有力量。

舉一個我親身經歷的例子，記得某年年初我與公司同事去泰國普吉島度假，回國那天訂的是凌晨兩點的飛機票。因我平時養成了早睡早起的習慣，所以在深夜辦理登機手續的時候，又睏又餓，那天排隊的人又多，泰國航空的服務效率十分低下，排了好長時間的隊，大家都心情煩躁，突然有兩個人跑到隊伍前面插隊，我一下子憤怒了！我忍無可忍，馬上發動全公司同事一起抵制，於是泰國機場出現了一場不小的動盪。我開始覺察到事情的嚴重性，我的憤怒本來是維護「正義」的，可是我憤怒的行為卻把我變成了「錯」的一方。為了維護「正義」，泰國機場人員也開始憤怒，然後他們憤怒的行為也將他們變成「錯」的一方……本來只有一方是錯的，但因為憤怒的情緒，慢慢地，大家都開始一「錯」再「錯」起來……

當我覺察到這一點，我問自己：憤怒之下我想掩蓋的痛苦是什麼？如果我不生氣的話，我會感受到什麼？

我瞬間感受到了一種深深的無助，一種被不公正對待、被欺負的痛苦，當我正面接納這種痛苦，跟它在一起時，憤怒就煙消雲散了。我問自己，我要做些什麼才不會被不公正對待，才能維護我們的權益？一下子，我的大腦靈光多了，於是我的語氣也平和了下來，在平和的狀態下，問題就容易解決了，終於一場風波平息下來。

從上面的例子可以清楚地看到，憤怒本身沒有問題，憤怒這種情緒帶來的行為才有問題。憤怒是一種力量，是一種可以保護自己的力量，一旦把這種力量轉化成對外的攻擊，就會造成對別人的傷害；一旦把這種力量壓抑下來，轉化成對自己的攻擊，就會造成對自己的傷害。**最好的方法是，當憤怒到來時，我們能夠覺察它，直接勇敢地面對憤怒之下的痛苦，這種力量就會變成一種讓自己成長的能量，借助這種能量，你不需要攻擊別人，也可以保護好你自己。**

當然，做到這一點並非易事，我們需要覺察。所謂**「覺察」**，就是注意到一些潛意識裡的習慣性反應。潛意識裡有很多反應模式，我們先來看一下我們的「求存系統」。

遠古的人類每天都會面對比自己更強大的野獸或獵物，處於危險中。面對其他動物，人們通常會有兩種反應。

1. 攻擊。當人們有把握戰勝對手時，就會選擇攻擊，將動物變成自己的獵物。

2. 逃跑。當面對那些比自己更強大的動物時，人們會選擇逃跑，確保自己的生存。

這就是存留在我們基因中的求存模式，正因為有這樣的模式，人類存活至今。可惜的是，今天的人類面對一些跟危險沒有任何關係的事情時，同樣會使用這種求存模式。就像我上面提及的例子，只不過是插隊而已，但我的潛意識誤判為「危險」，馬上啟用求存系統，立即發出攻擊，保護自己。這就是憤怒的自然反應原理。

當我們明白這一點，可以把這種潛意識的反應提到有意識的覺察中，然後用理性的邏輯系統，請「求存系統」暫時缺席，不參與生活的瑣事，這樣，我們就能保持覺察。當然，要做到這一點，需要不斷地訓練自己。而最好的訓練就是當我們感覺到憤怒時，深呼吸，問自己：「這是跟生存有關的危險事件嗎？」如果不是，再直面憤怒之下的痛苦情緒，接納它，跟它在一起，把它的力量化為勇氣，平和而堅定地維護自己的權益。當你能做到這一點時，你會發現，自己不僅有力量，還充滿智慧。

負面情緒有什麼用

情緒的負面影響常常被過度誇大，人們會刻意否認情緒，或者選擇性地拋棄一些情緒。有人認為情緒會影響人的判斷力，只有像機器人一樣，擺脫情緒的困擾，人才會頭腦清醒、智力超群。他們否認情緒，把它像敵人一樣對待。

有人認為可以選擇性地「拋棄」一些情緒。例如，拋棄消極情緒，「我們可以完全不生氣或者完全不難過，永遠保持快樂」、「老師永遠只能對學生微笑，對他們發火是魯莽和不理性的」、「孩子只能愛自己的父母，如果恨他們，就會有很深的罪惡感」。實際上，情緒的力量是整體的，只有自由地體驗各種情緒，才能感受到更多流暢的情緒。

承認和接納我們的情緒，並不是因為它是對的，而是每種情緒都有它獨特的價值和功能，都有它存在的理由，並且都是我們可以利用的力量。如果僅僅為了某種情緒而忽略其他情緒，我們就無法完整地體驗生活。就如紀伯倫所說：「悲傷在你心中切割得越深，你便能容納更多的快樂。」

作為消極情緒的「悲傷」，同時也是一種能促進深沉思考的情緒反應，可以讓我們更好地從失去中取得智慧，更珍惜目前的擁有；而「恐懼」的體驗雖然讓我們難受，卻可以提高神經系統的靈敏度和對潛在問題的警覺，從而獲得正常情況下得不到的訊息，迅速作出「戰鬥或逃避」的準備。因此每種情緒都值得我們由衷地讚賞。

除了憤怒，還有幾類常見的負面情緒，我們一起來看看它們各有什麼作用。

1. 嫉妒

嫉妒是指人們為爭取一定的權益，在比自己有優勢的人面前，懷有一種冷漠、貶低、排斥或敵視的心理狀態，是一種亟欲排除或破壞別人優勢地位的心理傾向。嫉妒是天主教教義七原罪之一，這可能是我們最難以啟齒的一種心理狀態。相比於憤怒，人們更不允許嫉妒的出現，也更加掩飾自己的嫉妒之情。

然而嫉妒有什麼用呢？嫉妒告訴你，你最渴望的是什麼以及渴望的程度。跟憤怒一樣，嫉妒本身沒有問題，因嫉妒產生的某些行為有問題。記得有人說過，要成為城市裡最高的大廈，有兩種方法：一是摧毀比自己高的大廈；二是在打好堅實的基礎後不斷建造。嫉妒讓人們普遍選擇前者，所以，世俗將嫉妒看成一種邪惡。

如果我們能意識到「想成為最高的大廈」可以用第二種方法，嫉妒其實就是另一種力量！

2. 悲傷

悲傷是理解世界的門徑，是人與人連接的情感之一。理解悲傷是心理諮詢師必備的一種能力。悲傷帶來的哭泣，可以釋放緊張，緩解心理壓力，是一種心理保護措施。

美國學者研究發現，悲傷時的眼淚可以「排毒」，人們痛快地哭過後，自我感覺都比哭前好許多，健康狀態也有所增進；更進一步的研究發現，人們在情緒壓抑時，會產生某些對人體有害的生物活性成分，哭泣後，情緒強度一般可降低40%；而對那些不愛哭泣、不會用眼淚消除情緒壓力的人進行的研究發現，壓抑悲傷會影響身體健康、促使某些疾病惡化，如結腸炎、胃潰瘍等疾病就與情緒壓抑有關。

可惜的是，大多數的男性，特別是中國的男性，遇到悲傷的事情時強壓著悲傷，把淚水獨自嚥下。殊不知，此舉對身心健康有著極大的危害。我猜想，男人的平均壽命較女性短也可能與心理壓抑、流淚少有一定關係。

我們現在有太多手段讓自己遠離悲傷這種感覺了，KTV、酒吧、電競等這些喧囂場所裡，有著太多悲傷的人，他們選擇了隱藏、壓抑的方式去面對悲傷，沒有勇氣去面對這種可以療癒自己的能量。

3.焦慮

焦慮是人類進化過程中發展出來的基本情緒，過度的焦慮是一種病理反應，會嚴重影響健康，所以人們對焦慮有一種排斥心理，認為這是不好的，是一種「負面情緒」。然而適度的焦慮卻具有積極的意義，它可以充分地調動身體各臟器的機能，適度提高大腦的反應速度和警覺性。焦慮讓我們聚焦未來，讓我們更加謹慎細緻，讓我們審視自己的不足，避免重大失誤。

4.無聊

當此刻所做的事情不符合自己價值觀時，無聊的心理體驗就出現了。無聊感的產生是價值觀改變而注意力沒有改變的結果。

無聊感在提醒你，此刻所做的事情並不符合你的價值觀，無聊可以讓你深思生命的意義，甚至迫使你採取改變行動。如果你對自己的工作感到無聊，那麼這份工作可能不適合你，順著這份感受你或許可以看到內心正在對你說：「你在消耗自己的生命。」如果你對自己的生活感到無聊，這種感覺會問：「你內心真正想要什麼？生命的意義何在？」

無聊可以讓你進入深層思考，無聊可以讓你充滿創意，無聊提醒你是時候改變了。

5.恐懼

恐懼是指對某些事物或特殊情境產生比較強烈的害怕情緒。我們總認為恐懼是不好的，有恐懼感的人是膽小鬼。殊不知，恐懼是人類與生俱來的一種保命情緒，就是這樣一種情緒讓我們人類存活到今天。

試想一下，人類沒有了恐懼會怎麼樣？面對動物園裡的老虎，沒有恐懼的人會變成牠的食物；面對危險，沒有恐懼的人會性命不保；面對法律，沒有恐懼的人會無法無天，終有一天會成為階下囚；面對大自然，沒有恐懼的人肆意妄為，於是地球沒有了顏色。

勇敢並不等於沒有恐懼，而是一邊恐懼一邊面對。恐懼讓我們注意安全；恐懼提醒我們做事的邊界，讓系統更加平衡；恐懼讓我們變得更強大。

每一個負面情緒都有自己的作用，如果我們能夠認識它、面對它，接受它帶給我們的禮物，我們將受益無窮。

03 面對情緒我們該怎麼辦

我曾讀過王小波講的一個古怪的故事。「據野史記載，中亞古國花剌子模有一古怪的風俗，凡是給君王帶來好消息的信使，就會得到提升，給君王帶來壞消息的人則會被送去餵老虎。於是將帥出征在外，凡麾下將士有功，就派他們給君王送好消息，以使他們得到提升；有罪，則派去送壞消息，順便給國王的老虎送去食物。」（《花剌子模信使問題》）我猜讀到這個故事的朋友都會覺得花剌子模的君王太荒唐了，壞消息並不是信使的責任，他只是壞消息的傳遞者而已，可惜遇到了一個荒唐的君王，讓自己冤死虎口。

這樣的君王實在太可恨了，對嗎？可是，我們並不知道，其實我們自己也是這樣荒唐的「君王」，而各種情緒就是那些冤死的「信使」。

不是嗎？想想你曾經頭痛過嗎？當你頭痛時，你首先想到要做什麼？吃止痛藥對嗎？為什麼要吃止痛藥？因為頭痛令你感到痛苦，你需要止痛藥把這種痛苦趕走，對嗎？你卻不知道，頭痛只是給你傳遞一個信號——你休息不夠，是時候該休息了；或者它想告訴你——你酒喝得太多了，不要再喝了，再喝會傷害身體。可惜的是，人們並不會感謝這個可憐的「信使」，只因為這個「信使」讓你不愉快，你就決定把它消滅掉。你想想，你與花剌子模的君王有何不同？

情緒也是一樣，是人體內在傳遞給我們的一個信號。我們的大腦會為了證明自己是對的而欺騙我們，這在心理學上叫作「合理化」。而情緒卻非常忠於我們，它絕不會欺騙我們，它只是忠實地呈現一個信號：憤怒提醒我們要保護自己的領地；悲傷讓我們創造空間，療癒內在創傷；恐懼提醒我們注意安全、小心謹慎；焦慮讓我們聚焦未來，未雨綢繆。

每一種情緒都有自己的力量，如果我們能夠合理地運用這些力量，而不是壓制它們，我們的身體會更加健康，心理狀態也會更加健康，生活才會更加幸福。

如何與自己的情緒相處

那麼如何與自己的情緒相處呢？

要回答這個問題，我先問各位讀者一個問題：如果有人為你送快遞，你會怎麼對待這個快遞小哥呢？如果你是一個有禮貌的人，我想你會感謝他，然後接過包裹，拆開層層包裝，收下這份他人或你自己送給自己的禮物。

面對情緒也一樣，我們要做的跟收到快遞時的流程是一樣的，首先感謝它，拆開它的層層包裝，看看它真正想要送給你的禮物是什麼，然後真誠地收下這份禮物。

1. 接納

如果快遞小哥送來的快遞包裝很難看，甚至很醜，你不想收，想把快遞小哥趕走，拒收包裹，情況會怎麼樣？要知道，快遞小哥的任務是把包裹送到你手上，他才有收入，大老遠跑一趟，快遞工作沒完成，他這一趟就算是白跑了。如果這個快遞小哥是個負責任的人，他就會一遍遍按你的門鈴，直到你簽字收下包裹為止。

情緒來時，它也是有任務的，如果你拒絕收下它向你傳遞的訊息，它也會像快遞小哥一樣，一遍遍反覆地「通知」你。

請你回想一下過往的生氣經歷。當你生氣時，內在有另一個聲音說：「生氣是不好的，你不能生氣。」不允許自己生氣，氣卻越生越大。當你悲傷時，你同樣認為悲傷是不好的，不允許自己悲傷，想把悲傷壓下去，或者到一些熱鬧的娛樂場所麻醉自己，不讓自己悲傷。結果呢？最熱鬧的地方卻有著最多的傷心之人。

情緒是來向你傳遞訊息的，你收下它向你傳遞的訊息，它就不會再按你的門鈴了，所以，面對情緒，最簡單有效的方法是：接納。

「情緒來時，
它也是有任務的。」

記得我女兒小的時候經常跟我去逛商場，路過商場玩具店時，她總吵著想要買玩具，可家裡的玩具已多得無處放了。我並不是每次都會滿足她的要求，當我拒絕她的要求後，女兒有時會很難過，並且會當場哭鬧。出現這種情況時，大多數家長都會這樣責罵孩子：「不准哭！哭什麼哭？再哭我下次不帶你出來玩了！」這樣的結果呢？孩子哭鬧得更厲害，搞得父母不勝其煩！

其實，面對孩子的哭鬧，解決的方法很簡單，接納孩子的情緒。這種情況，我通常會蹲下來對她說：「爸爸不給妳買玩具，所以妳很生氣？」她說：「是的，很生氣！」我又說：「妳現在不僅生氣，還很難過對嗎？」她點點頭。我撫摸著她的頭說：「如果妳難過，就哭一會兒吧，爸爸陪著妳。」聽我這麼說，女兒就會瞪著我：「誰要你陪！我才不要難過呢。」說完若無其事地走出了玩具店。

這就是接納。所謂「接納」，就是允許情緒的出現，有情緒是可以的。

接納對孩子有效，對大人同樣有效。不信請各位讀者試試，當你的朋友、家人或者客戶很生氣時，你對他說：「你現在看起來很生氣啊？我做了什麼讓你感覺很生氣，對嗎？」對方通常會說：「是的，你令我很生氣！」或者，「有嗎？我哪有生氣？我沒有。」你會神奇地發現，對方的氣越來越小了，因為他的情緒被你看到了，情緒的任務完成了，它當然功成身退了。

對自己呢？也是一樣的。當你感覺到有情緒時，如悲傷，你跟自己說「悲傷是可以的」，讓自己在悲傷中待上一會兒，你會發現，悲傷不會再干擾你；如果你感覺到恐懼，你同樣可以跟自己說「害怕是可以的」，你會發現自己開始沒那麼害怕了。其他情緒也一樣，只要你接納它，它的任務完成了，就不會再干擾你了。

2.收下情緒的禮物

情緒是一位信使，它是來給你送信的，你要收下它給你的禮物，並且感謝它，它的任務才會完成。就像快遞小哥一樣，你簽字收下包裹，感謝他，他自然會離開。

憤怒讓你保護自己，悲傷提醒你需要成長，恐懼讓你做事小心，焦慮讓你加倍重視未來……每種情緒都有它的功能，都有它的任務，所以當情緒來時，先接納它，然後問它：「你想告訴我什麼？」

這是我做心理諮詢個案時經常會用到的一句話，每當案主有強烈情緒出現時，如常見的悲傷，你會看到他的眼淚奪眶而出，我首先會對案主說：「悲傷是可以的（接納），你的眼淚在說什麼？」這時，案主的悲傷就會噴湧而出，告訴你一串串傷心的故事，而我的任務就是讓案主看到這些故事帶給他的禮物。

同樣，當自己有情緒時，接納後，問問你的情緒，它想告訴你什麼。你的潛意識也會告訴你很多答案，這些答案裡隱藏著豐富的禮物，只是，有時候禮物的包裝並不是太漂亮，而且拆起來有點困難，但請你不要放棄，只要你相信裡面一定有禮物，用你的方法打開它，直到你收到那份珍貴的禮物為止。

3.一致性表達你的情緒

面對情緒，光有接納、收下情緒帶給我們的禮物這兩步還不夠，因為情緒是一種能量，如果就此結束，這份能量還在，於是有人就會向外攻擊，有人會向內壓抑，而向外攻擊會傷害別人，向內壓抑會傷害自己，這都不是好方法。最好用「一致性表達」的方式，表達出你的情緒，讓情緒能量流動起來。

所謂「一致性表達」，是由美國心理學家薩提爾女士發展出來的一個方法。一次良好的溝通，通常要考慮**三個要素——自己的感受、他人的感受和情境**。如果這三個要素都能關注到，溝通就是順暢的，情緒的能量就會流動起來，既不傷害自己，又不會傷害對方，同時又能使雙方共同努力、一起解決問題。

在溝通中，如果少考慮這些要素中的任何一個，就會造成生活中的矛盾、衝突和誤會。

當一個人在溝通中忽略了他人的感受，只關注自己和情境，他會習慣性地指責對方，這種溝通模式叫「指責」；若一個人在溝通中忽略了自己的感受，只關注他人和環境，他會習慣性地委屈自己，成全別人，這種溝通模式叫「討好」；如果一個人在溝通中既忽略了自己的感受，又忽略了對方的感受，只關注情境，也就是焦點只放在事情是否合理上，他的溝通雖然能夠做到客觀理智，卻考慮不到溝通雙方的感受，這種溝通模式叫「超理智」；更有甚者，在溝通中同時忽略三個要素，遇到壓力時馬上轉移焦點，逃避壓力和責任，這樣的溝通模式叫「打岔」。

只有將「自己」、「他人」、「情境」三個要素都關注到，情緒的能量才會流動，溝通才能順暢。

比如這樣一個常見的場景，丈夫因工作需要在外應酬，妻子苦等至深夜，不同的應對姿態就會有不同的溝通模式。

如果妻子習慣於**「指責」**，她會氣沖沖地對丈夫說：「這麼晚才回來，你心裡根本沒這個家。」這樣，她的情緒是發洩出來了，可是丈夫會有什麼感受呢？一個男人在外辛苦打拚，只是為了多做一單生意，為家裡多賺一點錢，讓太太可以過上好一點的生活，可是精疲力竭地回到家後，卻被妻子當頭一頓指責，心裡能好受嗎？於是，一場戰爭就這樣爆發了……

如果妻子習慣性**「討好」**，雖然一個人獨守空房到深夜，滿肚子孤獨和委屈無人能說，見丈夫回來時，卻把這一切吞到肚子裡，堆起笑臉跟丈夫說：「老公，回來了，我給你留了碗湯，趕緊喝了睡覺吧，別累壞了身體。」這看起來很賢妻良母對嗎？這是不是很多男人夢寐以求的妻子？可是，又有誰知道，這位「賢慧」妻子的肚子裡裝著多少委屈呢？

如果是一位**「超理智」**的妻子，可能會對丈夫說：「天天熬到這麼晚才回家，這樣的生意值得做嗎？你現在賺的錢都不夠以後交醫藥費，這種需要喝酒才能做的生意，以後不要再做了。」很有道理對嗎？可是，妻子獨守空房時的情緒到哪裡去了呢？丈夫為了生意應酬到深夜的艱辛到哪裡去了呢？通通都被壓抑到了內心深處！一對理性夫妻的背後，是兩個孤獨的靈魂。

如果是一位**「打岔」**的妻子呢？也許她有千百種應對的方式，或許她會跟丈夫說，「反正深夜睡不著了，咱們玩遊戲吧？」或許她會和丈夫聊最近假期的計畫，也許會跟丈夫撒嬌……她忘了剛才的孤獨，也忽略了丈夫的辛苦，那些都不重要了，重要的是此刻要好玩。也許你會很羨慕這樣的人，覺得她們活在當下，享受人生。可是，剛才的情緒哪裡去了呢？難道真的煙消雲散了？情緒是一種能量，它是不會消失的，它只是暫時被忽略了而已。打岔的人習慣用快樂去掩蓋痛苦，他們要永遠地快樂下去。要知道，永遠地尋求快樂本身也是一件非常痛苦的事情，因為他們要永遠尋找快樂去掩蓋生命中的種種痛苦。他們並不是沒有痛苦，而是沒有勇氣去面對痛苦。所以，打岔的人離生命最遠。

上面四種應對方式都會讓情緒卡住，不利於夫妻雙方的關係及健康。只有同時能關注「自己」「他人」和「情境」的一致性表達，才能讓情緒流動起來。

「老公，你回來了？我等你一個晚上，你知道我有多難受嗎？這已經不是第一次了，最近你經常這樣，我一個人獨守空房，很孤獨，也很害怕（表達自己的感受）。我知道你做生意也不容易，擔心不應酬就會失去這單生意，所以寧願辛苦自己也要這樣撐著（看到別人的感受）。但總不能這樣下去啊！如果搞壞了身體，賺再多的錢也不值得啊！能不能以後咱們不做這種生意？」（情境部分，提出理性的解決方案）

這叫「一致性表達」，也就是說，當感受到情緒時，把它說出來，在說的同時，能照顧別人的感受，又符合當時的環境範疇，這就是我們經常說的「曉之以理，動之以情」。

對感受的感受，決定你生命的品質

我們常常在談論「情商」，甚至有一種觀點認為，一個人的成功不取決於智商而取決於情商，但什麼是情商並不被大多數人所了解。大部分人誤以為高情商就是「不生氣」，或者說情商高的人可以掌控自己的情緒，於是，人們終其一生都在與情緒作鬥爭。而另一些人則屈服於情緒，受情緒所掌控，或者完全忽略情緒。面對情緒，不管是與之鬥爭、受控於情緒還是忽略情緒，都把情緒預設為敵人，這都不是情商高的表現，相反，這樣做的結果，恰恰讓人陷入痛苦的漩渦中。

比如說，如果你認為憤怒是不好的，當你感到「憤怒」時，就會產生另一種感受，可能是「自責」——心中會有一個評判的聲音對自己說：「你怎麼可以憤怒呢？」可是，對於憤怒又無能為力，於是一種「無助」的感受又不知從哪裡冒了出來，而「無助」可能又帶來了「痛苦」……這樣，「憤怒」「自責」「無助」「痛苦」等感受交織起來，就變成了一種狀態——「氣得說不出話來」。你曾經有過這種無以言狀的感受嗎？活在這種狀態下好嗎？這樣的人生有品質嗎？

由「憤怒」產生的「自責」、「無助」、「痛苦」等，我們稱為對感受的感受，這種對感受的感受，直接決定了我們生命的品質。

如果能學會上面的方法，面對情緒時，我們先接納它，接受它給我們帶來的禮物，然後用一致性的方法表達它，那麼無論是遇到什麼樣的情緒，我們對感受的感受都會是「感激」。

當我們能夠心懷感激地面對情緒時，就能夠輕鬆自如地用一致性的方法與他人相處，用情感與人連接，曉之以理、動之以情地與人溝通。這不就是我們追求的高情商嗎？

當我們能夠真正明白這些時，我們確信情緒是屬於我們自己的，是我們自身的一部分，我們是這些感受的真正擁有者，我們就能與這些感受合而為一，與自我深深地連接在一起，我們就會充滿能量地過好每一天。這就是很多人不斷追求的「活在當下」的美好境界。

一個能善待自己情緒的人，同樣能夠善待他人的情緒。如果你能夠生活在這樣的人身邊，你是幸福的，因為你隨時會被他們所溫暖，你能感覺到被充分接納，當你被接納時，你會充滿力量。這樣的人不就是我們在第一章中所描述的「發光體」嗎？

如果你有這樣的父母，我更要恭喜你了，因為你在這樣的家庭裡長大，一定會成長為一個健全、健康的人，你將會擁有幸福的一生。所以，就算是為了你的孩子未來一生的幸福，請你從今天開始，善待你的情緒，好嗎？

PART 2

改寫人生劇本，實現圈層突破

本書旨在分享我自己人生改變的經歷，分享那些幫助我改變的心理學方法。

第一部分分享了我從「對事不對人」到「先對人後對事」的轉變，以及一些如何對人的心理學方法。

第二部分我想分享心理學給我帶來的兩個重要的突破。

面對媒體採訪時，我經常會被問到這樣一個問題：

「你在心理學領域工作了二十多年，心理學給你帶來的最大幫助是什麼？」

第一次面對這個問題時，我真不知道該如何回答，因為心理學給我的幫助實在太多了，我不知道如何用三言兩語歸納總結。但經過一番思考之後，我用倒推法推出了兩個讓我收穫最大的核心。

我先問自己，「學習心理學後，我的人生發生了哪些重要的改變？」我發現以下兩個方面對我來說最重要：

1. 我變得富足了，不僅是外在的財富，還有內在的心靈；

2. 我的人際關係變好了，從親密關係、親子關係到朋友關係，都發生了很大的改變。

簡單來說，心理學讓我變得有錢、有朋友。

然後，我再問我自己：

「心理學改變了我什麼？我才會變得有錢、有朋友呢？」

我一下子明白了，心理學讓我的內在發生了改變：

1. 自我價值提高了；

2. 思想維度拓寬了。

所以，我知道該如何回答媒體朋友那個問題了。

「心理學提升了我的自我價值，拓寬了我的思想維度，讓我變得由內而外的富足，並且獲得了和諧的關係。用一句流行語來說，心理學讓我實現了圈層突破。」

為什麼提升自我價值、拓寬思想維度之後就會讓一個人實現圈層突破呢？什麼是自我價值？如何提升自我價值呢？什麼是思想的維度？如何拓寬思想的維度呢？

閱讀第二部分內容，我相信你會找到答案。

Chapter 7
內捲與躺平

最近，「內捲」和「躺平」兩個詞火了。

大抵是說由於生活忙碌，壓力不輕，許多人陷入「內捲」的陷阱後，苦苦掙扎，若掙扎無果，就又走向了另一個極端——啥也不幹，只想躺平。

內捲和躺平的內驅力到底是什麼？我們又該如何破除這樣的壁壘呢？

01 內捲與躺平

我第一次去德國是二〇〇二年，當時帶領一個企業家考察團去賓士、BMW等知名企業學習管理。第一次德國之行，我對德國印象最深刻的不是萊茵河畔的美景，也不是啤酒和豬手，而是德國人的生活方式。

一次，我們光顧了德國小鎮上的一家鞋店，大家都十分喜歡手工生產的德國皮鞋，做工精良且價格合適。當大家正興高采烈購物時，店員居然說要關門了，讓我們明天再來。天啊，那時才下午五點鐘，我正在排隊付款，一起排隊的還有十多位客人，我們只好把選好的鞋重新放回貨架。他們說不賣就不賣了，意味著：「你們的錢我不賺了！」

原來，並不只是這家店如此，小鎮上的所有商店都這樣。這些店每天上午十點開門，中午十二點到下午兩點午休，下午兩點到晚上六點繼續營業；每週一至週五營業五天，週末休息。除了週末，還有各式假期。

為什麼他們會放著到手的錢不賺呢？

原來，整個小鎮只有這幾家店，小鎮上的人口沒什麼變化，鞋的品質一直優秀，供貨也穩定，所以店家想什麼時候開門都可以，因為不管鞋店什麼時候開門，鎮上的人總是要買鞋的，今天不買明天也會買。

因此做生意的人過著舒適而富裕的生活。夏天最熱的那幾天，鞋店老闆們紛紛把店關掉，去南方的海邊度假；冬天最冷的那幾天，也紛紛把店關掉，去北方的山裡滑雪。

但是，今天很多類似的小鎮都發生了變化，他們不再像以前那樣優閒了，為什麼呢？因為有一些大城市的商家進駐小鎮，他們也開起了鞋店。小鎮雖然小，但也算具有一定的人口規模，鞋的供需平衡還不至於因為新增一家鞋店而被打破。

但是，大城市的人以勤奮、能吃苦著稱。他們每天早晨九點就開門了，不午休，直到晚上十點才關門；週末無休，夏天和冬天也從不放假，一年三百六十五天都營業。

於是他們的「勤奮」得到了回報，因為營業時間長，鞋店的生意額明顯好於小鎮上的其他鞋店。以前小鎮人民下班後是無法買鞋的，現在，他們隨時可以去大城市店家的鞋店買鞋，也就沒什麼必要光顧那些只有上班時間才營業的鞋店了。

為了生存，原來的小鎮店主們不得不效仿大城市店家，營業時間改為每週工作七天，每天十三小時，度假更不可能了。

由於小鎮人口並沒有增加，鞋的需求量保持恆定。所以每家鞋店最終的營業收入並沒增長。但營業時間卻從原來的每週五天、每天六小時變成了每週七天、每天十三小時。

也就是說，他們的工作時間變長了，但收入卻沒有增加。

這就叫「內捲」，掙的錢沒有增加，但是你付出的努力卻變得更多了，效率反而變低。「努力」發生了通貨膨脹，也就是說，「努力」的價值越來越低了。再直白一點——你的努力被某些東西給框住了。

面對這種情況我們該怎麼辦呢？

大部分人的選擇是——躺平。

既然努力沒有用，乾脆就放棄，這就是為什麼越來越多人選擇躺平的原因，因為在大多數領域，都出現了內捲。

02 二十五號宇宙

那麼，是不是只有當資源有限時，我們才會內捲和躺平呢？好像並不是。

二十世紀六〇年代，美國一家心理衛生研究所的生態學家和行為學家約翰．卡爾霍恩（John B. Calhoun）設計了一個不可思議的老鼠烏托邦實驗——二十五號宇宙。

他將一座穀倉改建成一個烏托邦式的世界——無限供給食物、水和築窩材料，且沒有天敵，溫度適宜。然後將八隻老鼠（四隻公鼠、四隻母鼠）像亞當和夏娃那樣放入這個「伊甸園」。穀倉可以容納的極限為三千八百四十隻老鼠，如果按正常邏輯推理，那麼好的生存環境，老鼠最多會達到多少呢？

最終的結果讓眾人瞠目結舌，匪夷所思——老鼠繁殖到兩千兩百多隻後就不再繁殖了，並沒有達到極限。

這個實驗也經歷了幾個意想不到的階段。

一開始，老鼠的行為和在自然界中幾乎一樣，牠們為爭奪領地大打出手，強壯的老鼠住進了洞穴裡的「豪宅」，而弱小的老鼠則住進了「貧民窟」。強壯的公鼠能吸引到好幾隻母老鼠交配並繁衍後代，而弱小的公鼠能有一隻母鼠就不錯了。洞穴內的社會地位體系開始成形。

隨著老鼠數量增多，有些特別瘦弱的老鼠連貧民窟都住不上，只能住「露天廣場」中央，「無家可歸」。這也很像人類社會，如果沒有工作和收入，也會無家可歸。

接下來的情況更嚴重，這些無家可歸的老鼠，沒有了戰鬥的慾望，牠們也不願去交配、繁殖了，牠們——躺平了。

漸漸地，連有自己領地的雄鼠也開始停止戰鬥和生育行為，每天除了吃飯、睡覺、就是梳理毛髮，因為身上的毛髮梳理得特別好，被叫作「漂亮鼠」。

這些打扮「漂亮」的公鼠十分受歡迎，但是牠們卻沒有與母鼠發生性行為的衝動，也完全不知道如何去戰鬥保衛領地，牠們的眼睛看上去依舊炯炯有神，身體也十分健康，可惜大腦卻已經退化到不能應對任何特殊情況了。

隨著占據統治地位的公鼠捍衛領地能力的下降，母鼠開始變得越來越好鬥，牠們會像曾經的公鼠一樣捍衛領地趕走入侵者，開始主導一切。雄性失去了鬥爭和繁殖的慾望，而雌性更加獨立且有攻擊性。

接下來，所有老鼠開始停止一切社交行為，雄性慢慢停止了暴力和求偶行為，雌性停止了生育行為，領地衝突越來越少，但鼠的數量也開始一天天減少。

直到一九七三年，實驗進行了五年後，最後一隻老鼠死亡了，整個「穀倉烏托邦」滅亡。

為什麼老鼠們生活在一個有吃、喝、住房且恆溫的「烏托邦」裡，也會躺平呢？內捲的原因究竟是什麼呢？

03 習得性無助

要講清楚原因，先給大家普及一個心理學名詞——習得性無助。

這個名詞來自美國心理學家馬丁・塞利格曼一九六七年的一項經典實驗。起初，研究員用一點五公尺高的欄杆把狗圈起來，在欄杆外面放上肉，狗一聞到肉香，會一下子跳出欄杆去吃肉。

但後來，研究員把欄杆加高到三公尺，再厲害的狗都跳不出這個高度。當然，狗聞到肉香還是會不斷嘗試跳躍，但經過一次、兩次、三次、無數次的失敗後，狗開始放棄嘗試了。

為了刺激狗跳過欄杆，研究員開始給籠子通電，一通電，狗就痛苦地呻吟，為了逃避痛苦，牠們又開始嘗試逃出籠子，但欄杆實在是太高了，經過一次、兩次、三次、無數次逃脫失敗後，狗最終還是放棄了嘗試。

研究員再把欄杆重新降回一點五公尺，也就是前面測試時狗可以輕易跨越的高度，但奇怪的事情發生了——這時的狗聞到肉香只會流口水；籠子通電時，受到電擊的狗也只會縮在角落呻吟、顫抖，牠們不再有任何行動了。

這些狗躺平了！

塞利格曼把這種現象稱為「習得性無助」。

這就是為什麼老鼠在資源充足的情況下也會躺平的原因。因為，就算是在資源充足的情況下，還是存在競爭。

在二十五號宇宙實驗中，雖然食物充足，但老鼠為了爭奪更好的住所和伴侶，開始競爭，那些在競爭中一次次失敗的老鼠，也會像塞利格曼實驗中的狗一樣，最終放棄，選擇躺平。

即使衣食無憂、含著金湯匙出生也會躺平，雖然不用跟他人爭奪金錢，但他們避免不了生活的其他競爭和比較——比考試成績、比誰漂亮、比誰更帥、比誰更有魅力……

那些在競爭中一次次失敗的人，他們的內心會有一個聲音——「我不行」。並不是他們真的不行，而是他們認為自己不行！就像習得性無助的狗，明明能跨過一點五公尺的欄杆，但是在痛苦和誘惑面前，選擇一動不動，並不是牠們真的沒有能力，僅僅是牠們認為自己不行。這種自我否定式的想法，在前文也有提及，叫作「限制性信念」，也叫「病毒性信念」。

所以，讀者朋友們，如果你今天躺平了，不是你的能力真的不行，而是你有某種病毒性想法。也許你曾經在和他人競爭的時候失敗了，於是內化了「我不行」的聲音，從此再也不敢嘗試了。

04 熵增定律

競爭無處不在，在競爭中暫時失敗在所難免，如何避免在挫敗中產生習得性無助呢？也就是說，如何才能避免躺平呢？

要回答這個問題，請允許我給大家普及一個物理學的熵增定律。為什麼要從心理學跨界到物理學呢？因為我們要先弄明白事物發展的規律，才能找到解決的方案。熵（Entropy），最早在一八六五年由德國物理學家魯道夫．克勞修斯提出，用以度量一個系統「內在的混亂程度」。熵，可以理解為，系統中的無效能量。很抽象對吧？團長的天賦是善於把抽象的東西簡單化，讓我用簡單的方式跟大家來說明一下「熵增定律」。「熵」是一種無效能量，「熵增」就是隨著時間推移，無效能量會越來越大。

比如，經過整理之後，房間很整潔，但一個星期之後呢？就會變亂。所以你的房間會朝無序的方向發展，這就叫熵；而這種無效能量增加的過程，就叫熵增。

人也是一個系統，這個系統中，熵也是增加的，所以人一定會走向死亡。成、住、壞、空是所有事物發展的規律。所以，從某種程度上來說，內捲和躺平也是一種熵增的形式。

那麼怎樣才能避免熵增，避免躺平和內捲呢？我們就要看到熵增定律要滿足的兩個條件：

1. 封閉的系統；

2. 沒有能量補充。

也就是說在封閉的系統中，體系與環境沒有能量交換，體系總是自發地向混亂度增大的方向變化，整個系統的熵值就會變大。

所以要避免熵增，就要做到：

1. 開放系統，從外部獲得資源；

2. 提高能量的使用效率。

對於人這個系統來說，要避免熵增，也就是避免內捲、躺平，也有兩個方式：

1. 破除限制性信念，從外部獲得新的資源；

2. 提高內在能量的使用效率。

05 突破「圈層」——破除限制性信念

怎樣才能破除限制性信念，開放系統，獲得新的資源呢？

有關「限制性信念」，我們在第一部分已經詳盡闡述過。這次我們通過具體案例再次理解限制性信念。回到德國小鎮鞋店的故事，如果小鎮店主認為自己只能做小鎮居民的生意，這種想法無疑是一個限制性信念；如果他認為自己必須與從城市裡來的新鞋店競爭，這同樣是一個思想病毒。

世界無限，除非你自我設限！

世界那麼大，為什麼只能做小鎮的生意呢？鞋的品質那麼好，為什麼不可以通過網路銷向全世界呢？如果這個鞋店老闆開始將目光從小鎮轉向世界，他的生意就不再局限於有限範圍內的競爭了。於是，他就又可以夏天到海邊度假，冬天到北邊滑雪了。這樣哪還有內捲？沒有內捲又何須躺平呢？

二十五號宇宙的實驗也一樣，老鼠之所以會徹底滅絕，是因為有穀倉的限制，雖然實驗者把它稱為「宇宙」，其實所謂的宇宙，只是一個大一點的箱子而已，如果某隻老鼠有能力跑到穀倉外，還會有內捲和躺平嗎？

對人類來說，要打破外界的限制，必須先打破內部的思想限制，因為人不會去做那些自己認為「不可能」的事情。限制性信念，就是那些局限我們行動的想法。如果你想獲得新資源，必須先破除它們。

你的大腦中是否有這樣的想法呢？不妨測試一下：

你能夠舉得起多重的東西？

你也許會說十公斤、二十公斤、五十公斤……

如果我說你可以舉起一百噸的重物，你相信嗎？

我知道此時你內心的聲音一定是：不可能。

你有沒有發現，你的大腦已經被限制住了？你可能不同意我的說法，不急，先聽我講個小故事。

一位父親要求他的孩子搬一塊石頭過來，孩子很聽話，可石頭實在太沉了，超過了他的體力極限，無法搬過來，他只好跟父親說自己搬不動。

父親問他：「你盡力了嗎？」

「我盡力了。」他肯定地說。

「你真的盡力了嗎？你再試試。」他的父親鼓勵他。

孩子在父親的鼓勵下，再次過去嘗試，可是石頭真的太沉了，還是搬不動，於是又回到父親身邊。

「我真的盡力了。」

「可是孩子，我一直在這裡，你都沒請我幫忙，怎麼可以說盡力了呢？」他的父親微笑著問他。

大多數人都和這個小男孩一樣，以為盡力就只是盡自己一人之力，根本沒有意識到請人幫忙或使用工具也是一種盡力的方式。為什麼我們會覺得自己只能舉起一定範圍的重量，而沒有想過自己可以使用起重機等其他工具。因為我們的大腦被過去的習慣性思維限制了！

生活中，很多人會說自己「沒有辦法」，其實方法是有的，只是沒在你思考範圍之內。就像你找不到鑰匙時，它一定存在於某個地方，只是不在你尋找的範圍之內，只要你願意擴大尋找範圍，一定能找到它。方法也是一樣，**「沒有方法」的真正含義是——「在我的思考範圍之內，沒有方法。」**如果你願意拓寬範圍，方法無窮無盡。這一點在財富領域最易理解——「你無法賺到你認知範圍外的財富。」

最近流行直播，有的直播界紅人甚至身家過百億，如果讓你也去試試，你內心的第一反應是什麼？

「我不會」

「我不夠漂亮，不夠帥」

「我聲音不好聽」

「我沒有流量」

如果這樣想，你一定做不好直播。

你也許會問：「我不這樣想，就能做好直播嗎？可是我真的不會啊？」

我不知道你是否真能做好，但我相信我能！

其實，我跟你一樣——不會做直播，面對鏡頭不知道說什麼，雖然我講課十多年，但我只會在人面前講，不習慣跟沒有反應的手機講，我不會面對著鏡頭說話。

我跟你一樣長得不帥，我今年都五十多歲了，早過了上鏡最佳年齡；

我聲音不僅不好聽，普通話還不標準；

我也沒有流量，我第一場直播只有三百多人看……

但我相信，我能做好直播！為什麼我這麼有信心？因為在十多年前互聯網經濟興起時，我也不懂互聯網（至今也不太懂），但我賺到了互聯網的錢，我投資的一家網站「壹心理」擁有近三千萬用戶。

我是怎麼做到的？

很簡單，不懂的東西，我去找懂的人合作，這叫借力。我之所以會借力，是因為通過心理學的學習，我破除了限制性信念，讓我可以突破思想的限制，走向更廣闊的天地。「存乎中，形於外」，當我能夠打破內在的限制時，外在的世界也跟著擴大。

人在口中，叫「囚」。每個人都是自己思想的囚徒，不同的是，有的人囚籠小，有的人囚籠大。如果你願意破除思想的病毒，至少可以讓自己的生活過得從容、舒服些。

如何才能破除限制性信念，拓寬思想維度，實現圈層突破，我們在第八章再詳細展開。

06 提高自我價值，提升能量使用效率

除了開放系統，從外部獲得新的資源外，避免熵增的第二個方法是——提升系統內部有限能量的使用效率。為什麼提升能量的使用效率也跟內捲和躺平有關？我跟大家講個故事。

有一年清明，我回鄉掃墓，清明時節雨紛紛，鄉下山路難行。我開著車在坎坷的泥路上慢慢前進時，發現前面的車紛紛掉頭，一位鄉親叫停了我的車，跟我說：「下雨的緣故，前面的路過不去了，回去吧。」

清明拜祭先人是我們的習慣，我不想放棄。於是我下車步行往前走了一段，發現其他車之所以過不去，是因為路滑坡陡，車的動力不足。而我知道鄉下的路難走，特別從朋友處借了一台動力強勁的越野車回鄉。我判斷自己的車沒問題，決定繼續前行。果然，它沒讓我失望，輕鬆越過山丘，到達目的地。

這是不是很像生活中常遇到的場景，在困難面前——

有人知難而上，越挫越勇；而有人遇到一點困難就退縮放棄；

有人總是精力充沛、神采奕奕；而有人卻無精打采，萎靡不振。

兩種人的差別在哪裡？

我的車因為動力強勁，所以能輕鬆越過陡坡；而其他車因為動力不足，只能中途放棄。

那些越挫越勇的人，一定是動力十足的人；而那些容易躺平的人，通常都是動力不足的人。同樣生而為人，為什麼有人動力十足，有人動力不足呢？我們先來看人的能量主要消耗在哪些方面。

中國的道家認為，人的能量主要用在以下三個方面。

1.身體勞作：占50%；
2.性：占25%；
3.大腦：占25%。

隨著現代工具的使用，用於身體勞作的能量已經大幅下降。性能量主要用於繁衍後代，但現在生育的需求大幅下降，人不像其他動物，一直在繁衍，所以，只要你不是縱慾者，可以保存大量的能量。

上述兩個途徑在人與人之間的差別並不大，最大的差別在於第三點——大腦，這才是關鍵。

大腦消耗能量有兩個途徑。

1.不穩定的情緒；
2.內在思想的衝突。

第一個消耗能量的途徑是不穩定的情緒。為什麼說不穩定的情緒會消耗能量呢？

刺蝟身上長滿了鋒利的刺，當遇到危險時，牠的刺會豎起來，不是為了傷害其他動物，而是保護自己。

動物學家曾做過實驗，他們不斷攻擊刺蝟，讓牠處於長期的危險和恐懼中，牠的刺一直豎著，三個小時後，這隻刺蝟就奄奄一息，瀕臨死亡了，因為高強度的情緒消耗了牠大量的能量。

人也一樣。你是否發現，跟人爭吵後會很累？不僅身體累，心也累，因為憤怒會消耗你的能量。

恐懼也是一樣，如果你總是為某些事情擔驚受怕，一直處於恐懼的狀態下，你根本提不起精神。

焦慮更不用說了，如果你處在高度的焦慮情緒中，你會吃不香、睡不穩，這樣的狀態持續不了多久，你就會精疲力竭。

所以，情緒的平和穩定，對一個人的能量使用效率非常重要。那些在困難面前越挫越勇、不輕易放棄的人，基本上都是情緒平和穩定的人。

第二個消耗能量的途徑是思想的衝突。

什麼叫思想的衝突？

我是第一批下海的人，當時有位同事看我幹得不錯，也想效仿。可他既怕生意失敗，留在單位又心有不甘，一直在離開和留下之間掙扎，幾年之後，單位破產了，他才不得不離開。

你是否也會像他那樣，想做一件事情，可是又下不了決心，一直猶豫不決？前怕狼後怕虎，拿不定主意？如果有，這就是思想的衝突。就像我們內在有很多小人，他們一直在「開會」，卻無法達成一致。這些內在的小人天天打架，哪有不消耗能量的道理。

以前的團長做事謹小慎微，做決定前猶豫很久，總是擔心這個、擔心那個，錯失了很多機會，並且，這種模式還消耗了我大量的精力，導致我面對困難時很容易放棄，缺乏克服困難和面對挑戰的勇氣。

今天的我就不一樣了，就像前文說的，雖然我不具備直播紅人的大多數條件，但直播這種方式出現後，我毅然跟上，沒一絲害怕，雖然目前還做得不好，但我依然信心滿滿地堅持每週一次直播，並堅定相信自己能做好。

是什麼讓我改變了呢？是心理學。學習心理學後，我的自我價值大大提升了，不但思想衝突少了，情緒也穩定了，大大降低了我的耗能，提升了能量的使用效率。為什麼自我價值的提升可以同時減少思想的衝突和情緒的波動？我們首先要了解什麼是自我價值。

自我價值就是自己對自己的主觀評價——你怎麼看待你自己，你覺得自己是個怎樣的人，這是一種對「我是誰」的認知。為什麼這種認知會影響情緒和思想呢？我們來看一個簡單的比喻。

現代人都離不開手機。假設有一個剛從亞馬遜叢林來、完全不認識手機的部落人，看你整天拿著手機，疑惑地說：「你整天拿著這個玩意幹嘛，又不能砸骨頭。」你會不會計較？你的心情會不會受影響？

你不會。為什麼你不會受他的影響？因為你百分之百相信它是有價值的。

換個場景就不一樣了。假設你是古董收藏愛好者，你最近花重金買了件古董，可能是明朝的，可能更早，你甚至無法百分百確定它是真的。如果是真的，它可能價值連城；如果是假的，你投入的巨資就化為烏有了。

這時你找了位古董專家，當他捧著你的寶貝左看右看時，請問你的心情是怎樣的？此時你內在的思想鬥爭一定很激烈，情緒也無法穩定。因為你無法確定古董的價值，它是否有價值並不由你決定，而是由專家。專家一句話，可能讓你上天堂，也可能讓你下地獄。

商品如此，人也一樣。如果你對自己的價值不確定，你會十分在意別人的評價，你的情緒就會受他人影響，你會有一顆玻璃心，一碰就碎。當你的情緒隨環境的變化而變化，又怎能穩定呢？

但如果你對自己的價值像對手機一樣確定，面對別人的任何評價，你都會一笑置之。你成了情緒的主人，自己的情緒自己做主，情緒就不會過多消耗你的能量了。思想也是一樣，當你足夠相信自己，你就不再有太多內在的自我衝突，因為你不會懷疑自己，你會身心一致地把決策付諸行動，這不僅不會消耗能量，還可以大大提高效率，讓你的內在能量聚焦在有益的事上。意之所在，能量隨來，還有什麼困難能難得住你呢？

07 盜火：用心理學改寫人生劇本

一粒種子是長成參天大樹還是雜草？取決於兩樣東西。

1. 種子的基因；
2. 種子生長的環境。

同理，決定一個人是內捲、躺平，還是成功、幸福，也取決於兩點。

1. 自我價值；
2. 外在的資源。

自我價值就像種子的基因，寫著你將活成一個怎樣的人的所有劇本，是一個人的內在資源。

外在的資源取決於你思想的開放程度。人與植物不一樣，植物不可以移動，而人可以，人可以通過選擇獲得外在的資源。決定一個人是否移動的是他的思想，如果思想固化、充滿限制，他很難獲得足夠的資源；但如果思想開放，不管他身處何方，都可以通過行動獲得新的外部資源。

在內捲不可迴避的當下，如何避免躺平，重新找到人生的突破口，最好的方法：

1.提高自我價值，改變人生劇本；

2.提高思想維度，獲得外部資源。

怎樣才能做到呢？我的經驗是學習心理學。

你也許會說，心理學的學習需要四年本科、兩年研究生、三年博士，哪有那麼多時間？不用擔心，心理學發展到今天，已經有了很多不同的流派。過去二十四年，團長學過近二十個心理學流派，我最喜歡的一個流派叫ＮＬＰ（神經語言程式學），因為它簡單實用。團長人生的大多數改變都源於這門學問。

對我而言，ＮＬＰ就像普羅米修斯從宙斯那裡盜來的火種。作為普通人的我們，是否也可以擁有某種「神性」的力量，讓自己能夠在芸芸眾生中獲得某些生存的優勢呢？團長認為，可以有。

我是一個農村的孩子，一腳牛糞、一腳泥地從農村走到城市，從一貧如洗到財務自由。我沒有父輩的助力、沒有靠得上的關係，也沒有重點大學的背景，我靠的是什麼呢？

儘管這其中得益於友人相助以及各方力量的支持，但我認為有一門學問功不可沒，這門學問就是ＮＬＰ。ＮＬＰ是點燃我生命的那束「火種」，賦予了我力量與智慧。

本書的底層邏輯，就是這門學問的邏輯。

ＮＬＰ三個字母本意是：

Neuro——神經

Linguistic——語言

Programming——程序

合在一起就是「神經語言程序學」，它是研究一個人的語言、神經反應以及內在模式的學問。經過二十多年的學習，我對ＮＬＰ這三個字母有了新的理解：

N：New——新

L：Life——生活

P：Path——道路

ＮＬＰ對我而言是一種新的生活道路，新的生活方式。我相信ＮＬＰ可以改變你的世界，因為ＮＬＰ曾經改變了我的世界！

當然，團長只能為你打開一扇大門，剩下的路還要你主動去走。
面對內捲，是用心理學成就自己，還是就此躺平，就交給聰明的你去選擇了。

Chapter 8
人生的維度

01 什麼是維度

說到維度，我想不少人會想到劉慈欣的小說《三體》。《三體》講述的是這樣的一個故事：地球科學家向三體世界發送了地球的座標，引來了三體人對地球的毀滅性打擊。三體人是生活在太陽系以外的高維度文明，他們居住的星體正在走向滅亡，所以，當他們獲知地球適合居住後，想毀滅人類，並把地球據為己有。

故事就此展開，因為三體人的維度比人類高，所以，在這場戰爭中，人類陷入劣勢。小說裡有一句台詞讓作為人類的我十分汗顏：「高維度的生物對低維生物，就像人對螞蟻一般，我消滅你，與你無關。」

當然，這是一本科幻小說，情節都是劉慈欣先生想像出來的。在人類這個群體裡面，是否也有一些人的維度更高呢？答案是肯定的。我投資的企業「壹心理」的創始人黃偉強先生就是這樣的人。

黃偉強先生還是一個學生的時候，在豆瓣上建立的一個心理學小組擁有二十多萬組員；在微博年代，他憑一人之力就擁有了兩百多萬粉絲；到了微信年代，他帶領的壹心理團隊，在全網擁有三千多萬用戶。他把握了時代的每一個機遇。這些跟維度有什麼關係呢？我來分享一個小小的故事。

有一次，我請黃偉強先生給我們營運公眾號的編輯做個培訓，他隨便從我們的公眾號中找到一張照片問一位編輯：「你為什麼選擇這張照片？」

那是一張在某個課堂上拍的照片，照片正中一位學員笑得很開心。編輯看了一下照片說：「這張照片很漂亮哦，你看這位學員笑得多開心。」

黃偉強反問他：「你這張照片想給讀者傳遞什麼樣的訊息？你有沒有看到她旁邊那位學員在打哈欠？你有沒有想過這位張大嘴巴的同學看到這張照片是什麼感受？其他沒上課的讀者看了會怎麼想？這是一個多麼無聊的課程，你看學員都在打哈欠。」

那位編輯被這一連串的問題問懵了，一時間不知道如何回答。

黃偉強接著告訴編輯：「選一張照片或者選擇一篇文章，不能光憑自己個人的喜好，還要從讀者的角度看，讀者喜歡什麼樣的文章，這篇文章能給讀者提供什麼價值；還要看公司的角度，公司要實現什麼價值，這篇文章是否可以為公司提供價值；然後是作者的角度，作者是否喜歡你轉發他的文章，如何發文章才能讓作者感到有價值……」

我想我不用說下去了，大家已經感受到黃偉強先生考慮問題維度的不一樣了。到底什麼是維度，不要急，請聽團長跟大家慢慢道來。

02 位置感知法與時間線

不同的學派會用不同的座標來論述維度，萬法殊途同歸，表達方式不同而已，所指向的方向大致差不多，團長今天給大家講述ＮＬＰ的方法，因為ＮＬＰ最容易明白而且最簡單有效。ＮＬＰ研究發現，卓越人士有三個維度跟普通人不一樣。我們先來看看前兩個維度組成的「人生空間」。

第一個維度：位置決定視角，視角影響觀點

位置感知法有三個位置：第一身、第二身、第三身，也可以用另一個大家都明白的表述：自己、對方、大眾。

大多數人思考時，只會考慮到自己，為了維護自己的立場，證明自己是對的，不惜攻擊、指責他人，這樣的後果就是把身邊的人一個一個推走，不僅破壞人際關係，更重要的是，一個目中只有自己的人，很難成事。

第二個維度：「時間線」，以終為始，方能目光遠大

也許你曾遇到過一個不小的困難，當時的你崩潰了，以為天要塌下來了，或許有些人曾經動過放棄生命的念頭。可是，今天再回顧那一段經歷，你是不是覺得小菜一碟？同樣，你今天遇到的困難，在「今天」這個時間框架來看，確實是個困難。可是如果從未來的角度來看呢？也許同樣是小菜一碟。這就是時間線的威力。

一般人只在「現在」這個時間框架內思考，或者沉湎於過去，被過去的習慣左右。這樣的思考方式是局限的，因為過去以及現有的資源都是有限的。

一個懂得放眼未來的人是不會受限的，因為未來有用之不盡的資源。NLP研究發現，那些卓越人士不僅會放眼未來，而且懂得站在「未來」的時間框架裡思考，以終為始。

站在現在看未來，叫規劃；站在未來看現在，叫境界；問題本身不是問題，關鍵是「現在的你」把它當作問題了。

「位置感知法」與「時間線」這二維座標組合見圖8-1。

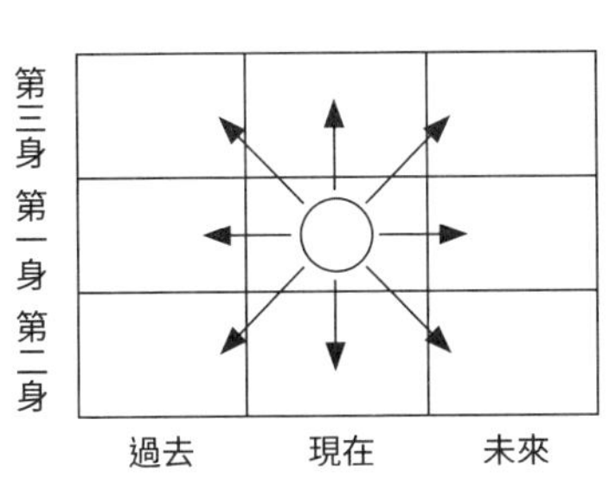

圖8-1　位置感知法與時間線

03 格局與情懷

我想大家都同意，一個人的格局越大，他的事業就越大，他的成就就越大。可是什麼是格局？有具體的量度標準嗎？在回答這個問題之前，請先看下面兩個故事。

我曾經在一次帶隊遊學中認識了中山的胡老闆。

我注意到胡老闆是在青島海邊一個賣海產品的店裡。當時，我是團長，負責召集大家上車，趕去下一個景點。當時，別人都上車了，可胡老闆還在海產品商店裡大包小包地購物。

我過去對他說：「胡總，我們快點走，這東西很貴，如果你真想買，晚上我帶你到海鮮市場買，那裡便宜多了，而且我有認識人，品質也有保證。」

胡老闆正在等待打包，他在櫃檯邊轉過身跟我說了一番話，我這輩子都不會忘記。

他問我：「團長，你知道導遊靠什麼吃飯？」

我說：「知道啊，工資、小費、回扣。」

胡老闆說：「你知道你還叫我不要買？我們這個團沒幾個人購物，如果我也不買，導遊會不開心；導遊不開心了，我們未來五天肯定玩不好。所以團長，我在這裡買點東西，導遊開心，我們全團人都開心。而我買了這些東西回家送給親朋好友，親朋好友也開心。團長你說，我在這裡買貴那麼一點，值不值得？」

「居然有人是這樣想問題！」我心裡不由得暗自驚嘆。那天晚上睡覺前，我就一直在琢磨：怎麼有這樣的人？他為什麼能夠從這種角度思考問題？

在過去的十幾年，我看著他的企業慢慢從三百多人，一直成長到今天的三千多人，由原來的兩千多萬的營業額，到現在幾十個億的產值。我見證了他企業的成長、壯大。從他身上，我學習到了非常重要的一點：大格局的人，一定是大成就者。

熟悉團長的人知道，現在團長的身分有點複雜，既是導師，又是企業經營者，還是投資人。我之所以能成為投資人就是因為從胡老闆的身上學會了如何看人。

二〇一一年，我終於碰到了一位很像胡老闆的人，這個人叫黃偉強。那是一次偶然的聚會，黃偉強當時是我的供應商。席間，黃偉強說了一句話：「團長，你們這些心理人過得苦哈哈的，還要到處幫助別人。」他頓了一下，接著說：「我有一個夢想，我希望藉助互聯網的技術創建一個平台，讓心理人能方便地找到自己的客戶，心理人自己先過上好生活，才有力量去幫助更多的人。」

黃偉強的這番話讓我立刻想到了當年的胡老闆：這不就是胡老闆的翻版嗎？他想的並不是他自己，而是整個行業，用他自己的話來說——他是個有情懷的人。

二〇一一年，我投資黃偉強，一起創辦了「壹心理」。現在他已經把「壹心理」做成了心理界最大的平台。現在「壹心理」有超過三千萬的用戶，每天能影響一千多萬的人群。「壹心理」是我的驕傲，黃偉強也是我的驕傲，而這都源自胡老闆當年給我的啟迪。

我們把以上兩節內容組合起來，就變成如圖8-2的九宮格。

從這張圖我們可以看出，有人只站在中間那個框架思考問題，只活在那有限的時空範疇裡面，他的世界只有方寸大，又怎能成就一番事業呢？

而有人的框架是遍布九格的，他不僅考慮自己，還把他人、大眾都納入思考範圍；他不僅僅思考現在，過去和未來都在他的思考範圍之中。**一個人心中能容納多少人，他就能做多大的事。**

當然，並不是每個人天生都是大格局之人，團長就不是，我是通過不斷的學習，格局才一點點得以拓展的。

如何才能拓展一個人的格局？就是我們前面所分享的二維空間，如果我們在思考時，能夠照顧到自己、對方和大眾，同時學會站在未來的位置看今天，那我們的格局自然而言就放大了！

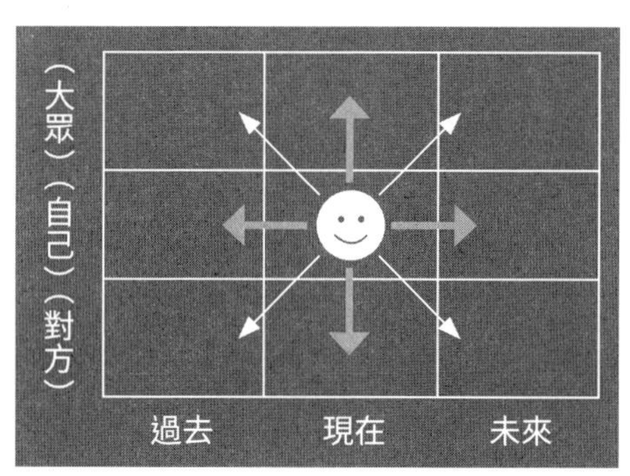

圖8-2　格局九宮格

04 理解層次

第三個維度：「理解層次」，提升你人生的高度

「人類的困境源於人們往往在製造問題的層面解決問題。」也就是說，如果你的工作或生活中遇到困難，可以嘗試從更高的層面去解決。如何才能從更高的層面去解決問題呢？什麼是更高的層次呢？要回答這些問題，讓我們先來了解一下「理解層次」。

理解層次是由美國NLP大學執行長羅伯特·迪爾茨，在英國人類學家格雷戈里·貝特森的研究基礎上發展出來的工具。

簡單來說，就是他發現人類的思考有六個層次，分別是：環境、行為、能力、信念、身分和靈性（見圖8-3）。

層次1：環境

環境就是「在哪裡」。

你們現在在哪裡看這本書？在家裡？還是在路上？這就是環境。

層次2：行爲

行為就是「做什麼」。

你正在看書學習，看書就是一種行為。

層次3：能力

能力就是「怎麼做」，用什麼方法做，你擁有什麼才華。

去哪裡？做什麼？怎麼做？這是一般人都會考慮的問題。再往上就不是一般人會考慮的問題層次了。

層次4：信念

信念就是你賴以行動的想法，是行為的指南針，是一個人的行為準則。

思考信念層面的問題通常會問：「為什麼？為什麼要這樣做？」當你問一個人為什麼要做一件事時，得到的答案通常就是信念。

比如，你問一個人為什麼學習？他的答案可以是「學習能改變命運」、「學習能提升自己水準」、

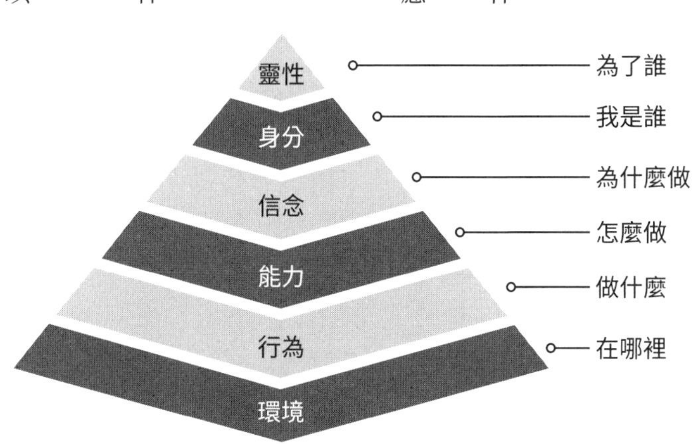

圖8-3　人類思考六層次

「學習會讓人生變得更好」，這些都是信念。要影響一個人，僅僅停留在行為層面是遠遠不夠的，最好的方法是進入信念層面。那些偉大的思想家、作家、政治家都在信念層面影響人。

層次5：身分

所謂身分就是「你是誰」？當你聽到這個問題，你有什麼想法？你會怎麼回答？這就是你的身分。

一個人的身分是隨時都在變化的，比如，你在孩子面前是父母，在父母面前是孩子，在公司則是職員或者老闆。一個人有很多身分，當你處於某一身分時，你只會思考這個身分的問題。舉個例子，你想在家裡當老闆，老婆很可能把你一腳踢出門。在家裡就做家裡的事情，你的身分決定了你的信念，你的信念決定了你的行為。

要影響一個人，我們在身分層面給他設定一個框架，比在行為層面去約束他會容易得多。比如，在孩子教育上，幫他從小樹立一個目標，孩子有了自己認定的目標時，他自然會約束自己的行為，在行為層面，我們就不用操心了。

公司經營也是一樣，我認識一位九〇後創業者，他的企業非常特別，沒有辦公場地，不用上班，每個員工都在家裡工作。一個只有十多人的企業，一年的營業額居然超過一個億。我問他是怎麼做到的，他告訴我，他們公司的每一位員工都是老闆，所以，根本就不用管理。

層次6：靈性

靈性就是「為了誰」？是一個人與他人及世界的聯繫方式。

所謂「靈性」層面，要回答的是一個「為了誰？」的問題，是一個人與他人、與世界的連接方式。我們看到很多偉大的人，比如德蕾莎修女，她為什麼能夠終其一生去回饋社會，我以前不了解，現在才漸漸明白：一個人心裡裝的人越多，胸懷越大，人生也會越廣闊，能量也越大。

說完這六個層次，我們再來看一個經典故事。

故事的主人公是兩個年輕人，一個叫約翰，一個叫哈里。他倆同時進入一家蔬菜貿易公司上班，半年後，約翰升任主管，而哈里卻依然是普通員工。

哈里很不高興，向總經理抱怨：「我和約翰同時進公司，現在他升職了。而我每天勤勤懇懇地工作，為什麼不能升職呢？」

總經理聽後，說：「這樣吧，公司現在打算預訂一批馬鈴薯，你去看一下哪裡有賣的，回來再回答你的問題。」

半小時後，哈里急匆匆地回來匯報：「幾千公尺外的市場有賣馬鈴薯的。」

總經理聽後問：「一共幾家賣？」哈里撓了撓頭說：「我剛才只是看到有賣的，沒注意有幾家，您稍等一會兒，我再去看一下！」

說完，他又急匆匆跑出去，二十分鐘後，喘著粗氣跑回來匯報：「一共有三家賣馬鈴薯的。」

總經理又問他：「馬鈴薯的價格是多少？三家的價格都一樣嗎？」哈里愣了一下，又撓了撓頭說：「您再等一會兒，我再去問一下。」

說完就要往外跑，這時，總經理叫住他：「你不用去了，幫我把約翰叫來吧。」

三分鐘後，約翰來了，經理對他說了同樣的話，「公司打算預訂一批馬鈴薯，你去看一下哪裡有賣的。」

四十分鐘後，約翰回來了，向總經理匯報：「幾千公尺外的集農蔬菜批發中心有三家賣馬鈴薯的，其中兩家賣0.9美元一斤，只有一個老頭賣的是0.8美元一斤。」他停了停接著說：「我看了一下他們的馬鈴薯，發現老頭家的品質最好，也最便宜，如果需求量大的話，價格還可以更優惠些，並且他們家有貨車，可以免費送貨上門。」

約翰停頓了一下又說：「為了讓總經理您看看他家的馬鈴薯品質，我帶回來馬鈴薯的樣品，還把那老頭帶來了，就在公司大廳等著呢，要不要讓他進來，具體洽談一下？」

各位讀者，如果你是總經理，你會給誰升職呢？為什麼呢？

用理解層次的框架一比較，你就會一目了然了。哈里一直活在「行為」層次，領導讓他做什麼，他就做什麼，領導沒說的事，他就不知道主動去做。而約翰呢？他的框架在上三層，領導讓他去看哪裡有賣馬鈴薯的，他會考慮更多。

「領導為什麼要我做這件事？」（信念層次）；

「如果我是領導，我還需要了解什麼訊息？」（身分層次）；

「我需要為領導做什麼？」（靈性層次）。

我們再來看看生活中常見的現象。

比如，有人說「今年經濟不好，生意難做」，這個人在什麼框架？

對，他在環境框架。如果你是他的領導，或者教練，你怎麼幫助他？「如果在同一層次解決問題，就會陷入困境」，所以，我們可以從更高的層次幫助他解決問題，只要你設定一個更高的框架，讓他在更高層面的框架思考問題就可以了。

我們可以從不同層次設置框架：

「你需要提升什麼能力，在經濟不好的年份也可以把生意做好？」（能力層次）

「當你這樣想的時候，對做好生意有幫助嗎？如果沒有，能否換一種想法呢？」（信念層次）

「什麼樣的人才能在經濟不好的時候把生意做好？」（身分層次）

「你要做什麼樣的人？你想成為一個知難而退的人，還是一個勇於挑戰的人？」（身分層次）

「為了你的家人，為了你的團隊，在經濟不好的情況下，你需要怎麼做？」（靈性層次）

很多人生受的苦，其實都源於在環境、行為、能力這三個層次裡的掙扎。如果我們能夠讓自己的層次拔高一些，再思考：「我為什麼這樣做？我是誰？我究竟為了誰？」這時你會發現許多問題也沒有那麼難。

你在雨天坐過飛機嗎？飛機起飛前，從窗口望出去，烏雲密布；可是當飛機穿越雲層後，雲端之上，晴空萬里。

一個人之所以受限，很大可能是受到了內在思維框架的約束。提升自己的思維層次，站在更高的框架裡思考、生活，你自然能擁有新的人生。

05 思想健身室

我們都知道，要鍛鍊身體，可以到健身房鍛鍊，那鍛鍊思想去哪裡呢？

把「理解層次」、「位置感知」、「時間線」三個維度組合在一起，就變成了一個立體的三維空間（見圖8-4）。

當你能夠對這三個維度保持覺察，在思考和行動的時候，能夠看見自己所處的維度，你就有了重新選擇的機會，你也一樣可以成為一個高維度的人。

正如《三體》裡劉慈欣所說的那樣：「高維度的生物對低維生物，就像人對螞蟻一般，我消滅你，與你無關」，當然，我們並不需要去消滅誰，但我們正生活在一個充滿競爭的社會中，如果提升維度不僅可以在競爭中脫穎而出，更重要的是，你會擁有一個你

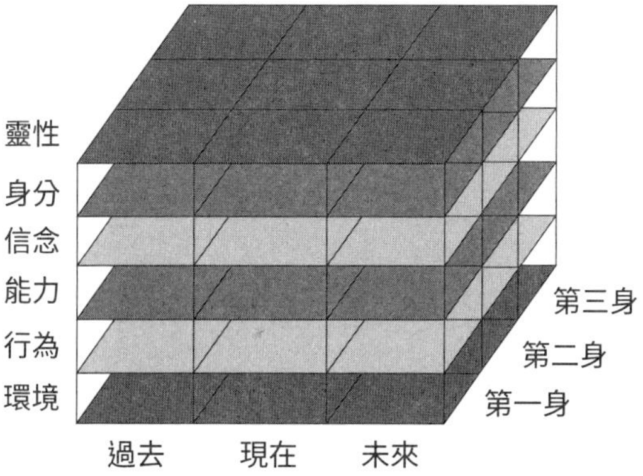

圖8-4　人生的三個維度

自己說了算的人生。

如果你想成為一個高維度的人，擁有一個自己說了算的人生，請完成本章功課。

1.對照「位置感知法」、「時間線」、「理解層次」這三個維度，如實看看過去的自己所處的位置。承認是成長的開始，只有對過去保持覺察，才能對未來開放出改變的空間。

2.試試在接下來的一週，刻意練習高維度人群的思考方式，並按照高維度人群的處事方式做事。也就是說，思考問題時，不僅從自己的角度出發，還要從對方的立場考慮。在時間框架上，試試從未來的框中思考，以終為始，從最終極的人生位置上做今天的決策。跳出過往的思維習慣，多想想為什麼？我是誰？為了誰？透過這樣刻意、有意的練習，你很快會成為一個高維度的人。

維度越高，生存空間就越大，選擇機會就越多，你的人生就越自由。

如果你想身體健康，就要多到健身房鍛鍊，如果想提升思想的維度，不妨試試這個三維空間的練習。

Chapter 9
圈層突破

01 「圈」的突破

英國導演麥可．艾普特拍了一部名為《63 UP》的紀錄片，隨機選擇了十四個不同階層的孩子，從七歲開始，一直追蹤到現在。六十三年間，十四個人，從幼年到老年，影片記錄了他們努力奮鬥、成功或掙扎的故事。十四個人中，一位叫尼古拉斯的男孩，一個農夫的兒子，考上牛津大學，成為美國名校的教授，完成了人生的逆襲，其他的十三個人，窮人的孩子依舊是窮人，富人的孩子依舊是富人，階層在世代間傳承。

這部紀錄片呈現的事實很殘酷，要突破固化的圈層，真不是一件容易的事。

但是，無論如何，突破還是可能的，不是嗎？在《63 UP》記錄的十四個人中，不是有一位實現突破了嗎？如果這部片子代表的是一個社會的縮影的話，至少有近10%的突破機率，我們為什麼不去成為這10%呢？

有人說我是一個樂觀主義者，我從一個吃不飽穿不暖的窮苦孩子一步步走到了今天，我相信明天還會更好，所以斗膽談談關於「圈層突破」的一點粗淺見解，但願能給那些暫時生活在困局中的人帶去一點希望。

教育影響生命

莊子在《秋水》中曾寫過：

「井蛙不可以語於海者，拘於虛也；
夏蟲不可以語於冰者，篤於時也；
曲士不可語於道者，束於教也。」

大概的意思就是——
不能和井裡的青蛙談論海，因為空間的限制；
不能和夏天的蟲談論冰，因為時間的限制；
不能和孤陋寡聞的人談論道，因為教育的限制。

從這段話中我們可以看出，約束我們的有三個方面。
首先是空間，就像井底之蛙一樣，牠的眼界受制於牠的生活空間；
其次是時間，很多人只看得到眼前的利益，「目光短淺」就是因為只局限於短期；
最後一點，就是教育。
教育是如何影響我們生命的，人生應該如何突破教育對我們的限制呢？

團長想從大家都關注的熱點話題和大家聊聊。

甲：「已經二〇二一年了，為什麼還有人信中醫？」

乙：「中醫怎麼了？中醫確實治好了我親戚的老毛病，西醫腳痛醫腳，診斷就是各種拍片子，老祖宗留下的寶藏，你不懂就別瞎說。」

甲：「藥理成分不明，作用機制不明，診斷技術也沒有經過科學驗證。中醫就是偽科學。」

乙：「你不要用年輕的『科學』框住古老智慧。跟你說不清。」

團長在這裡並不想討論誰對誰錯，只是藉這個經久不衰的爭論讓大家看到，我們生活在同一個時代，同一個國家，接受的幾乎是同樣的教育，可為什麼對於同一個事件，卻會有完全不一樣的看法呢？

其實，不僅僅在學校裡讀書才是教育。我們每天接觸到的人，交往的朋友，讀過的書和文章都是教育的一部分。並且，這部分的教育比學校的教育對你的人生影響更大，因為它的影響時間更長，而且幾乎無處不在，這些教育日積月累塑造了今天的你。

對於大多數人來說，根本就沒有所謂「我」的觀點，你認為的那個「我」，只不過是過去各種教育、訊息堆積而成的集合體而已。

換句話說，**你接觸的人、讀的書和文章，都在直接影響著你的思想和立場。**

我們都知道，一個人的觀點立場，決定他的行動，而行動會創造出結果。也就是說，我們今天的生活狀況，是由過去的行動所創造；而我們的行動，由思想決定。簡單地說，不同的思想創造不同的生活。如果你不滿意今天的生活，最簡單的方法就是改變思想；改變思想最簡單的方法，就是改變圈子。

人如何影響人

為什麼說改變生活圈子會改變我們的思想呢？心理學研究發現，大腦有三個特性。

節能性

美國亞特蘭大大學曾做過一項研究，他們找了一批大學生來做一組金融類決策題目。做題過程中會用一個設備來監測學生的大腦活動。這些測試題中，A類是專家給予建議的，就像我們買股票會有股評家的建議，B類是沒有專家建議的，需要學生自己思考作答。

結果研究人員發現，當做到A類題目時，大多數人會直接選擇專家建議的答案。監測儀器發現，當學生面對A類題目時，大腦中負責思考的區域是不活躍的，而在做B類題目時，這些學生的大腦就會非常活躍。

在這個實驗中，心理學家發現，人的大腦有一種「節能」的功能，在不涉及生存威脅的時候，能偷懶就偷懶，這就是我們為什麼那麼容易聽從別人建議的原因。

趨同性：個體VS.群體

哈佛大學曾經做過一項實驗，讓一組男同學給一組女同學的照片評分，也就是「選美評比」。男同學們給每張照片評完分後，專家會給出該圖片的平均分——這個平均分是假的，但男同學們並不知情。

實驗者用儀器監測男同學的大腦時發現，自己的評分對比專家給出的平均分，如果兩個分值接近，大腦中的獎勵神經就會很活躍；但如果兩個分值出入比較大，這個神經就沒那麼活躍，被監測的男同學會流露出挫敗感。

人是群居動物，當自己的觀點和群體一致時就會有歸屬感；在與群體不一致時，人會自動調節，盡量讓自己的觀點和所在群體保持一致。

所以，回顧前文的例子，你的觀點很有可能是你為了趨同你所在的群體而產生的，並沒有一個所謂的「你」在做出決策。

一致性：認知VS.行爲

有個社區需要業主參與志願勞動，但是，很少有業主願意主動做義工。

於是，社區工作人員想了個辦法，先做了一套「準備工作」——挨家挨戶發調查問卷，問卷包括一些很簡單的問題，其中有一條是：「你是一個熱心公益的人嗎？」基本每一個住戶都選擇「是的」。

有了這份「承諾」，接下來的事情就好辦了。一週後，義工再度登門，對業主說：「您好，上次填表的時候我們發現您是一個熱心公益的人，現在我們社區需要做一些公益活動，想招募一些義工，現在鄭重邀請您參與這個活動。」

有了之前的鋪墊，現在發出的邀請，成功的可能性就大幅提升了。

這就是大腦的另一個特性：一致性！

當你表達了一個觀點之後，隨後的言行就傾向於跟這個觀點保持一致，如果不一致，就會產生不協調感和愧疚感。所以，一旦認同了某一觀點，後面的行為就都會跟這一觀點保持一致。

人會受人的影響

更容易受影響的是老師與學生的關係。在心理界工作了二十四年，我發現了一個十分有趣的現象——什麼樣的老師帶出什麼樣的學生。

在心理界有一位老師，個性十足，喜歡自由，不喜歡被束縛，跟平台的合作性極差，基本上沒有一家公司與他合作超過三年；他的婚姻也是一樣，據我所知的太太就有四位之多，我猜我不知道的還有很多。我留意到他的學生離婚率非常高。還有一位老師，是個獨身主義者，一輩子不結婚，喜歡一個人生活。他的學生中有很大一部分是獨身主義者。

張國維博士是一位婚姻美滿、子女成材的心理學導師，他的三個兒子都是博士。受他的影響，他的學生大都家庭幸福。

至於團長，我是個愛財之人，曾經經歷過貧窮，通過自己的努力從一個窮小子走向財富自由。因此，認同我的人一般都會嚮往財務自由。

跟什麼樣的人在一起，你就會成為什麼樣的人；跟你在一起的人能做什麼事，你也能做什麼事。

人與人是相互影響的，既然我們無法避免受他人的影響，為什麼不主動去選擇被誰影響呢？請慎重選擇你的交往對象，因為他們會影響你的一生。

如何選擇「朋友圈」

我曾看過一個TED演講《怎樣遇見那些能夠改變我們一生的人》，組織心理學家唐雅．梅農提及一個有趣的理論——弱連接。那些改變你一生的人就是那些與你有「弱連接」的人。因為物以類聚，人與群分。那些保持「強連接」的人一般都是與你信念差不多的人。薩提爾認為，人因相同而連接，因不同而成長。那些你不常聯繫的人，甚至那些你討厭的人，他們的信念與你有很大的不一樣，跟他們接觸，可以打破你原有的信念，從而打破你的圈子。

既然一定會受到圈中人的影響，我們為什麼不有意識地選擇交往的圈子呢？與其把時間花在「損友」身上，不如選擇「高品質」的朋友圈。如果你想過上不一樣的生活，下面幾個建議不妨嘗試一下。

看清現在的「朋友圈」

看看自己平時主要交往的對象是什麼樣的人，問問自己：「他們的生活是我想要的嗎？」

想過什麼樣的生活，就去「結識」什麼樣的人

想過什麼樣的生活，就需要你有意識地去尋找這樣生活的人。比如你想環遊世界，和總是待在家裡的人交往，是不可能環遊世界的。你要尋找經常在旅途中的人，並創造機會像他們一樣邁開腿，「成為」你想成為的人。

小心你的閱讀，和作者保持對話

教育不光來自「人」，也來自我們看的「書」。碎片化時代，閱讀的內容也包括公眾號的文章或短影片。據統計，我們每天盯著手機的時間超過六小時，手機裡的訊息對人大腦的影響甚至超過了和你交往的人。

看文章的時候，不要只是看那些熱門的「爆文」，並一味偏信，要用一種「和作者對話」的方式，在對話的過程中，產生思想共鳴，而不是被操控。

如果你想突破你的圈子，不妨花點時間完成下面的功課。

1.覺察：回顧過去一年，按交往時間由多到少順序，列一個交往對象清單。從清單中你可以清楚地看到你正受哪些人影響。

2.突破：你想成為什麼樣的人？在接下來的一週裡，積極主動地接觸這樣的人。吃吃飯，喝喝茶。當然，如果你不認識這樣的人，沒辦法跟他接觸，你可以看他的書或者其他形式的作品。

以團長為例，我不認識南懷瑾先生，但南老是對我一生影響很大的人，因為我反覆讀了他很多作品，他的思想深深地影響了我的人生。現在是互聯網時代，你很容易找到你喜歡的人的資料。如果你真的用心，對於大多數人來說，「認識」他也並不是一件難事。

當然，那些會讓你實現突破的人，很多時候會讓你感到不舒服。就像某些水果一樣，比如榴槤，一開始我對它的怪味非常抗拒，但如今卻成了我最愛的水果之一。如果當年我不給自己嘗試的機會，也許此生都品嘗不到榴槤的美味，那豈不是人生一大憾事？

食物如此，人也一樣，有一些人一開始接觸時，也許會像榴槤那樣，他的某些特點會讓你受不了，但如果你願意開放自己，給自己和他人一個機會，或許他就是你此生的「貴人」。認識一個人，有時足以改變一生。

「作了繭的蠶，是不會看到繭殼以外的世界的。」所以，想過什麼樣的生活，請主動去和正在這樣做的人交往吧。

02「層」的突破

擺脫「擁擠」人生

首先聲明，我非常尊重「眾生平等」，但我們不得不承認，人是活在不同層次中的。今天所說的「層」，是社會意義上的「層」，並非哲學意義上的「層」。

大多數人心裡也許會想，等我有錢了，就能夠過「上層」的生活。可是，這是真的嗎？我女兒在離家不足兩千公尺的學校讀書，可短短的路程卻讓我苦惱不已。因為接女兒放學時，兩千公尺的路往往要走上一個多小時。因為不少接孩子放學的家長將車輛隨意停靠，有縫就擠，這一擠，就把路給塞死了，交通警察也無可奈何。這樣的畫面在中國大部分城市都很常見，那些開著豪車卻在馬路上左衝右突、見縫就擠的人，我不認為是「上層人」，因為他們同樣為了某種焦慮而疲於奔命。

或者你會說：「沒辦法啊，車多路窄，資源貧乏，不搶不行啊。」真的嗎？在可以預留位置的機場、劇場等地方，還是到處可見「去搶、去擠」的場景，人們到底在搶什麼？擠什麼？

擁有金錢的數量，並不是決定你的人生是否「擁擠」的關鍵。相反，總有另一些人，他們並不是很富有，卻活得輕鬆愜意。

我來跟大家分享一個普通人的故事吧。

在過去二十四年的心理教育工作中，我認識了不少各個領域的精英人士，當然，其中也不乏富人。但絕大多數富人的生活都不是團長羨慕的，因為他們中的大多數並沒有時間享受財富。對於大多數人而言，努力工作、努力賺錢就是人生的全部。可是，我有一位叫黃偉松的朋友就不一樣了，他總是優哉游哉，我經常與他在各種課程中相遇，他不是在遊山玩水，就是在修身養性，好像不用工作似的。他的人生宗旨讓我十分喜歡：「在享受生活的同時，順便把錢賺了。」至於他是怎麼做到的，我在新書《會賺錢的人想的不一樣》中有詳盡講述，這裡談的並不是賺錢，我們講的是如何提升生命的層次。

如何才能提升自己的層次，活得輕鬆自如呢？

《伊索寓言》裡〈螞蟻與蟈蟈〉的故事大家還記得嗎？

在一個炎熱的夏天，一群螞蟻正忙著搬運食物，他們幹勁兒十足，累得滿頭大汗也不肯休息。路邊涼爽的樹蔭下，一隻蟈蟈正優閒地彈著吉他，唱著歌。蟈蟈見螞蟻這麼辛苦，很是奇怪，問道：「你們大熱天的不休息，忙著搬運食物做什麼呢？」螞蟻回答說：「我們正在儲備過冬的食物呢！」蟈蟈聽了大笑起來，「哈哈哈哈，冬天？冬天還早著呢，你們真是太傻啦！」螞蟻不高興了，「到了冬天再找食物就來不及了，你現在貪玩不勞動，冬天就等著挨餓吧！」說完，匆匆走了。

蟈蟈依舊整日彈著吉他，唱著歌，絲毫不把螞蟻的勸告放在心上。轉眼，秋天來了，蟈蟈還沒有開始準備過冬的糧食，他總是說：「冬天還早著呢！」終於，冬天來了，一場大雪過後，蟈蟈再也找不到可以吃的東西了。幾天下來，他又冷又餓，哆哆嗦嗦地縮成一團，心想：「還是去螞蟻家借點吃的吧。」他在冰天雪地裡掙扎著來到了螞蟻的家門口。「砰砰」敲開門，哀求著：「螞蟻大哥，給我一點吃的吧，我……我快餓死了！」螞蟻說：「夏天的時候，你就知道唱歌，現在挨餓了吧！」蟈蟈低下頭，小聲說：「螞蟻大哥，我錯了……」螞蟻很善良，他還是借了一點糧食給蟈蟈。蟈蟈扛起糧食，慚愧地離開了。從此以後，蟈蟈也像螞蟻一樣，早早地開始準備過冬的食物。

這個故事讓我們相信只有像螞蟻那樣辛苦工作才是對的，於是，我們大多數人都活得像螞蟻一樣，不僅自己辛苦，還在嘲笑輕鬆唱歌的蟈蟈。

蟈蟈之所以能夠在炎熱的夏天彈著吉他，唱著歌，是因為牠擁有翅膀，可以展翅高飛，一隻能夠騰空而起的昆蟲都能獲得更多的資源，何況是人呢？所以，想過上輕鬆愜意的生活，最好的方法是讓自己上升一個層次。

當然，團長並不反對勤勞，勤勞是一種美德。我只是反對一味埋頭苦幹，不抬頭看路式的勤勞，因為這樣的勤勞效率太低。

我也並不是鼓勵大家追名逐利，因為團長心目中的上層人，並不是那些傳統意義上的有錢人或是那些位高權重者，而是那些活出生命意義，為社會創造價值，值得大眾尊重的人。

怎麼理解人的社會層級

我有一位朋友許源桐先生把人分為「奴、徒、工、匠、師、家、聖」七個層級。在這裡，我想藉用他的分類法讓大家對人的層級有一個參考。

層級1：奴

「奴」屬於「不得不做」的一群人。在非自願的狀態下為了生存而工作、生活，心中充滿了抱怨，總認為人生有一股無形的力量把自己束縛住，就像活在一個無形的囚籠裡，鬱鬱不得志。房奴、車奴，皆是如此。

層級2：徒

「徒」是學徒，是成長的築基階段，雖然暫時能力不足，但知道自己要什麼，願意學習和成長。「奴」與「徒」的區別在於——奴是「不得不」工作，而徒卻是「自願、主動」地學習和工作。

層級3：工

「工」是社會的主要群體，他們有能力按規矩把事情做好，能夠養家餬口，可以憑自己的能力立足。

層級4：匠

「匠」有手藝，做事精益求精，盡善盡美，勇於創新，是業界精英。「匠」不光自己把事情做好，更重要的是願意收徒授藝，傳承絕學。

層級5：師

在「匠」及以前的幾個層級，焦點都在事上，從「師」開始，不僅關注事，重點關注人。《禮記．文王世子》曰：「師也者，教之以事而喻諸德者也。」也就是說，師者，不光要自己有能力，而且還願意把自己的技術或學問傳授給別人，不僅教人做事，還在喚醒人們的內在優良品德以及智慧。「師」與「徒」相對應，正因為有「師」的存在，才能有「徒」的成長。

層級6：家

慈悲為懷，心懷大眾，通過努力不僅實現了自己的理想，自成一派，還成了眾人追隨的偶像，成為行業典範，具有強大的繁衍能力，能把自己的成功模式複製給更多的人，為社會創造巨大的物質財富和精神財富。

層級7：聖

這是人生的最高層級，《說文》解釋為：「聖，通也。」那些生前為人類做出巨大貢獻的人物，死後常被尊為「聖人」，比如孔子。

一個人能否站上更高的層級，並不取決於他擁有多少財富，也不看他的權力有多大，如果他的心是不自由的，權勢與財富再高再多，還是受外物掌控，被無形之力所縛。比如，在大熱的電視劇《人民的名義》中，一個官員明明已經做到了市委書記，貪了幾個億都不夠，別墅裡的冰箱、床底下都被現金鈔票塞滿，但是給家裡的老母親每個月生活費只有兩千元。他說自己這麼貪是因為「窮」怕了，其實他窮的不是物質，而是內心。內心的匱乏，讓他們變為利益的奴隸，在利益的驅使下，他們把自己的利益建立在國家與人民的利益之上。這樣的人，只不過是一個「官奴」罷了。

「德不配位，必有災殃。」即使偶然占據了高位，也不能說明你處於社會的高層；同樣，就算生活在平常百姓家，也並不說明你就處於社會的底層。

「層」的突破

那如何才能突破自己原有的圈層，走向人生更高的層級呢？除了上一節談的「圈」的突破外，我們再來看看「層」的突破。

我們先從整個動物系統來看層級的形成。《人類簡史》中提及一個觀點：「相較於其他生物，人類的身體並沒有什麼優勢。速度比不上草原的獅子，力氣比不上大象；不能在天空飛行，也不能在水裡暢游；沒有毛皮抵禦寒冬，也沒有爪子對抗野獸。但人類之所以能夠躍居食物鏈頂端，是因為人類發展出超強的大腦，能夠使用工具，並發展出了語言，透過語言可以與其他人合作。一個人不是獅子的對手，但一群人聯合起來，就能把獅子關進籠裡。」

合作，讓人類站上了食物鏈的頂端。只要有系統，就一定有層級。而高層級的存在，可以協調低層級，讓低層級成員之間能夠更好地合作。在同一物種中的情況也一樣，就像狼群有頭狼，獅群有獅王，就是為了更好地協調種群之間的合作，獲得更有效的生存資源。人類也不例外，不用說一個國家，就算是一家企業，領導這個層級的存在，也是為了協調其他層級之間的關係，讓組織發揮更高的效率。

什麼樣的人才能站上更高層級呢？從上面的描述中可知，就是那些有能力協調組織成員，能夠讓成員之間有效合作的人。什麼樣的人才有這樣的能力呢？或者說，怎麼樣才能擁有這樣的能力呢？

「行者心之發」、「上行，下效，存乎中，形於外」，也就是，外在的層級只是內心狀態的呈現而已。

我們再回到前面談過的「奴、徒、工、匠、師、家、聖」這七個層級，這七個層級的內在有什麼規律呢？我們把這七個層級放在由「胸懷」與「需求層次」這兩維空間的座標中，你便可一目了然。（見圖9-1）

我們從縱座標上看，不同層級的人，他們的心理需求層級不一樣。低層級的大部分追求都是生理以及安全的需要；而高層級更多追求自我價值實現，讓自己的人生活得有價值，同時為社會創造價值。

從橫座標上看，不同層級的人，他們的胸懷不一樣。所謂胸懷，就是俗稱的「格局」。一個低層級的人，他們心中只有自己。隨著層次的提升，他們心中容納的人、事、物越來越多。

一個心中只有自己，只想著滿足自己生理及安全需求的人，如何協調組織成員之間的協作呢？有什麼能力去到更高的層級呢？為更多人、大眾創造價值的人，更有機會走上社會的更高層級，這也許就是中國古人說的「德不配位」中的「配位」吧。

既然外在的層級是內在成長的呈現，突破現

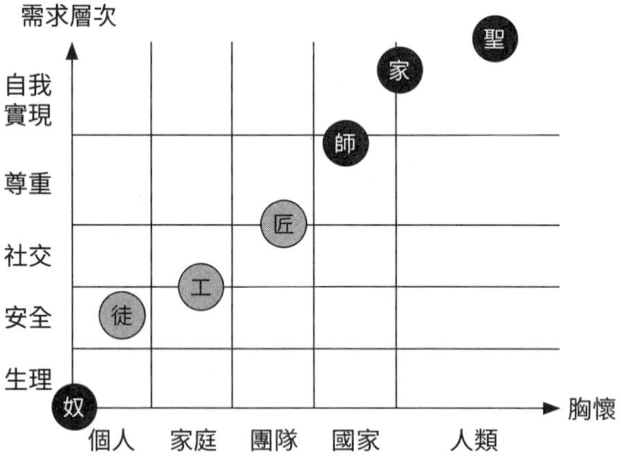

圖9-1　人生層級

有層級的最好方法，就是先提升內在的層級。生命的成長有三個階段。

第一個階段，叫作「外求」。個體一直活在物質的世界裡，被物質假象迷惑，用全部精力去追求財富名利和慾望，直至身體消亡；

第二個階段，叫作「內修」。個體開始明白物質等外物皆為人所用，逐漸脫離部分物質控制，開始回歸到生命本質，懂得花時間去修復、還原自我的身體和心靈；

第三個階段，叫作「自由」。個體在這個階段終於了悟到一切遇見的人、事、物，都是為了完成這一輩子的圓滿，沒有好與壞，沒有對與錯，看清楚了自己經歷的一切痛苦都來自頭腦的判斷分別，再也不為一切所擾，沒有了執著、痛苦，體會到了真正的幸福和快樂，做到「物來則應，物去不留」，達到心靈、生命的自由。

一個人往更高層級上升的過程，其實就是心靈成長的過程。一個內心匱乏的人，如果上升到更高層級，只會帶來德不配位的「災殃」。只有內心的富足，才能積累上升的資糧。

從「外求」、「內求」到「自由」的這條成長之路，大致可以採用如下方法。

1.療癒內心的創傷。內心的匱乏，大多源於成長經歷中的創傷。隨著醫學技術的發展，現在大多數身體上的傷害都可以療癒，心理上的創傷也一樣。

2.有意、刻意、故意地放大自己的胸懷。考慮問題時試著把更多人考慮在內，提升思考問題的維度，把「總想著自己」的舊習慣打破，從更大的範圍看事情，自然可以做到「我好、你好、大家好」的多贏效果。

3.努力提升自己的能力。當你有能力為身邊的人提供價值時，自然可以上升到更高的層級，因為你的需求已經從滿足自己上升到自我實現了。

4.學點心理學知識。「知人者智，自知者明」，既然高層級的誕生是為了協調原有層級的成員關係，一個高層級的人必然擁有協調人的能力。協調人的最合適學問就是心理學，只有了解自己才能了解別人，只有了解別人才能有效地協調他們的關係。

如何提升協調的能力

講到這裡，我相信大家已經明白了，一個高層級的人首先是心理健康的；其次就是心懷大眾，能協調大眾關係，並在為大眾服務中實現自己價值的人。關於心理健康，團長在前文已反覆呼籲大家去療癒自己過去的創傷，不再贅述，現在重點談談協調他人的能力。

能夠協調原有層級成員的關係，是上升到更高層級的必修課。如何才能協調人與人之間的關係呢？

1.看見：當你能看見雙方的立場、局限時，你已經站在了一個更高的位置。一般的爭論都是盲人摸象式的爭論，一個人摸到大象屁股，說大象是一種又黏又臭的東西，如果你是一個愛大象的人，你會不會很生氣？可是，你能說他是錯的嗎？那確實就是大象的一部分，難道不是嗎？同樣，被網路鍵盤俠攻擊時，你會有什麼反應呢？他們只不過未識全貌而已，有

什麼好生氣的呢？當你能看到這一點時，你就會無視此類問題。

2.當你能看見時，協調就變得簡單了。先要肯定雙方都是對的，就算行為不對，其正面動機也是對的。然後用你的方法帶領雙方看見對方的立場和正面動機。

3.最後，在滿足雙方需求的前提下，尋求一個雙方都能滿意的方案。

這就是協調。你能夠協調的人越多，你的層級就會越高。當然，你能協調的人的層級越高，你的層級就更高。先從你身邊的人開始，因為每個家庭都有衝突，比如婆媳關係等；每家企業也有衝突，你能協調兩個不同部門之間的衝突，你就可以成為經理；如果你能協調兩家公司的衝突，你就會成為集團公司的領導。

所以，奴、徒、工、匠、師、家、聖，你現在在哪裡並不重要，重要的從來不是現在的起點，而是你願意從「徒」開始，走上一條學習成長的道路，接納自己的匱乏，通過學習不斷覺察自己、豐富內在。你的內在豐富了，自然能夠協調他人；擁有足夠多的力量支持他人，就能擁有自己的團隊；而有了團隊，你才能在外在獲得更多的成就，走上更高的層級。

如果你想人生有所突破，上升到一個更高的層級，請完成下面的功課：

1.選擇練習對象：從你的身邊選出那些有矛盾的人，可以是親人，可以是企業中的同事。用「盲人摸象」的原理去「看見」他們的矛盾，當你能「看見」矛盾雙方都是摸象的

「盲人」，他們只是「看見」了問題的一部分時，你在「看見」的那一刻，已經站在了更高層級。

2.協調：帶領雙方去「看見」他們原本沒看見的部分，「看見」對方的正面動機，然後，盡量去尋找一個能滿足雙方需求的解決方案。

當你能夠這樣做，至少表明你已經是心中有愛，目中有人的人，因為你能夠為他人提供價值，並且在為他人提供價值的同時，實現自己的價值。這樣的你既有胸懷，又有價值，你不就是高層級的人了嗎？

很多人熱中競爭，小到插隊大到玩弄權謀，把自己弄得疲憊不堪。與其這樣疲於奔命地生活，不如開始嘗試走上內心富足的旅程，只有這樣，才能做到真正意義的圈層突破。

向上的路從來不擁擠。

Chapter 10
人生劇本

01「愛情」的劇本

在我寫的婚姻書中，有一個真實的案例。

與眾多夫妻不同，胡女士是一個人來做個案的，一次在外地的企業培訓課堂上，當我講到「一個人生命中那些重複出現的事情，就是一個人的模式」時，她私底下找我，說她發現自己有一個模式，讓她十分痛苦。

她今年快四十歲了，一直沒有結婚。

她說：「團長，我談了很多次戀愛了，每一次分開都是差不多的原因……」

我問是什麼原因，她說：「對方都是有婦之夫。」

她相處了三年多的男友一直不肯離婚，她不甘心長期做「小三」，但對方總是用各種理由拖著不離婚。

「如果這次結不成婚，我不會再結婚了。」她絕望地對我說：「這已經是第三次了，每次分開都像死過一回，我再也禁不起折騰了。」

一般來說，在講課期間我是不接個案的，因為講課不僅是個腦力活，還是個體力活。但這個個案很特別，雖然有點累，我還是接了。

胡女士很漂亮，身邊一定不乏單身的追求者。可是，也不知道為什麼，她總能在工作時、出差時「撿到」各式各樣的已婚男，當然，讓她心動的男人都相當優秀。她現在這一任男朋友我認識，因為後來她把他也送進了我的課堂。如果不是胡女士告訴我，我都看不出這是一個「花心蘿蔔」。這位男士不光事業有成、穩重大方，而且思維敏捷，對於他從未接觸過的心理學知識，一點就通，我十分喜愛這種有才華的學生。

胡女士說，這些男人都說她才是生命中的摯愛，說家裡的母老虎讓自己痛苦。雖然他們大多數時候都會跟她在一起，但是，一到那些重要的節日，他們一定要回家，要陪在太太、孩子的身邊。別人每逢佳節倍思親，她每逢佳節必爛醉，否則她都不知如何打發那些痛苦的時間。

她為了錢嗎？不是！她根本不需要花男人的錢，因為她的事業相當成功。那是為了什麼呢？

「當然是因為愛情！」她毫不猶豫地回答我，至少她自己是這樣認為的。

如果偶然一次遇上這樣的男人，可以說是運氣不好。可是，為什麼連著三次都是愛上有婦之夫呢？這種「愛情」的背後，是否藏著某種秘密？

我知道，生命中要是反覆出現同樣的模式，一定是以前種下了某顆種子，生命中之所以會反覆出現同樣的問題，只不過是種子在結果而已。

帶著好奇，我用時間線回溯的方法，帶她回到自己的童年。

原來，胡女士出生在一個重男輕女的家庭，她一出生就被送到鄉下的爺爺奶奶家。父母後來又生了兩個弟弟，更沒精力照顧她了。爺爺奶奶年紀漸漸大了，也沒辦法照顧她，又把她送到了舅舅家。舅舅對她還好，但她終生都忘不了舅媽嫌棄的眼神。

一個一出生就讓父母失望的孩子，一個總被家人遺棄的孩子，她最大的恐懼是不被需要。當有人需要她時，就是她最幸福的時候，也是她的生命最有價值的時候。

有些事業有成，各方面都優秀的有婦之夫，他們在事業上可以指揮千軍萬馬，在公司受到萬人擁戴，可是，他們的太太卻未必會把他當一回事兒。最優秀的人也會有缺點，如果這些揮斥方遒的成功人士家裡有一位總是挑毛病的妻子，他們在家裡的日子可想而知。

而胡女士這種從小就被遺棄的孩子，被生活訓練出一種十分敏感的特質——善於感受到別人的情緒需要。當她知道她心目中偶像級別的男士被「欺負」時，自然會送出母愛般的溫暖，而這份溫暖正好是這類男士的需求。於是，乾柴烈火一點就燃，這就是大多數相似「愛情」的劇本。

很多人都會認為這些插足他人家庭的女人是壞女人，但以團長的經驗來看，雖然不排除有這種情況，但大多數並不是壞女人，她們只是「病人」而已；而那些男士也並不都是色鬼，很大一部分人只是情感缺失的可憐人。

可是，既然雙方都恰好滿足了對方的需要，為什麼胡女士的三次「愛情」都沒有好的結果呢？很簡單，那些男士都是某個領域的成功人士，智商過人，利弊得失都能算清楚，他們怎麼會犧牲家庭，捨去辛辛苦苦賺來的財產呢？所以，像胡女士這樣的愛情，只不過是他們的「外賣」而已。

聽完這個案例，我想大家都會對胡女士的命運感到唏噓，一個年輕貌美、事業有成的人為什麼會一而再、再而三地陷入「愛情」的迷局呢？很多人會把這歸結為命運，但什麼是命運呢？「命運」這個詞太大，團長不敢亂講。但在這個案例中，決定胡女士行為選擇的是她的自我價值。

02 自我價值：一個人的人生劇本

為什麼自我價值可以影響一個人的婚姻？自我價值不僅會影響婚姻，它還會決定人的一生，因為自我價值就是一個人的人生劇本。

我們講過，自我價值是對哲學問題「我是誰」的回答。那麼，我是誰呢？

我們先從名字開始。

你問我：「你是誰？」

我會回答：「我是黃啟團。」

可是，「黃啟團」是我嗎？顯然不是，「黃啟團」只是我的名字而已。

養過寵物的朋友都知道，一般人養寵物，都會為寵物起個好聽的名字，比如我女兒養過一隻貓，起名叫「豆豆」。一開始的時候，小貓並不知道自己就是「豆豆」，可是當你一遍遍地叫牠「豆豆」，牠就知道自己便是「豆豆」。這個把「豆豆」認同為自己的過程，就是「自我認同」。寵物如此，人也一樣。

我們不僅會把名字認同為「我」，我們還會把很多東西認同為「我」。比如社會角色。

一個做慣了領導的人，會認為我就是領導；
一個做老闆的人會認為，我就是老闆；
一個生活在社會底層的人，會認為自己就是個卑微的人……

社會角色並不是「我」，我們來看看這樣一個場景。

兩個演員在拍電影時，一個演好人，一個演壞人。在戲中，他們打得你死我活，相互憎恨。可是，拍完戲，脫掉戲服後，他們會在一起吃飯，相互欣賞，甚至還會相互讚美：「你把戲中那個壞蛋演得實在太好了！」

可見，角色並不是「我」，只是我的一件外衣而已。

除了名字、角色這些比較直觀的稱謂之外，自我認同還有很多抽象的表達，是不易覺察的自我認同。

比如，如果一個人的父母從小就一直對孩子說——

「你是個善良的孩子。」
「你有領導的天賦。」
「你是畫畫的天才。」
「你的歌唱得很好聽。」

只要重複的次數足夠多，就像小貓認同自己就是「豆豆」一樣，孩子也會認同自己就是善良的人，是領導，是畫家，是音樂家。

但是，很多父母沒有學過心理學，不知道什麼叫「自我認同」，經常會帶著情緒給孩子賦予另一種身分——

「你就是個廢物。」

「我生個叉燒都勝過生你。」

「你讓我丟臉。」

「你就是個負累。」

這些話聽多了之後，孩子也會慢慢接受自己真的就是個廢物的「事實」，認為自己不夠好，不配得到美好的生活。就算他的意識不承認，他的潛意識也會這樣認同。**一個人一旦接受了對自己的這些評價，就會像一個人的名字一樣內化成生命的一個部分，成為生命的劇本，用一生時間把這些自我認同活生生地在生命中呈現出來。**

自我認同不僅是從言語中接收，更多是從體驗和經歷中接收的。

胡女士就是一個很好的例子，也許她的父母並沒有親口說過她「不夠好」，但她一出生就被交給爺爺奶奶，再輾轉到舅舅家，這樣一段經歷在她幼小的心靈裡留下了一個自我評價——「我不夠好，所以父母才不要我。」

一個人對自己的評價為什麼會決定人的一生呢？

有一部很火的電影《我不是藥神》，我想大多數朋友都看過。這部電影講述了神油店老闆程勇從一個交不起房租的男性保健品商販陰差陽錯成為「藥神」的故事。我看過關於這部電影拍攝的一些花絮，導演告訴主演程勇在影片前半部分的定位就是個爛人，但在後半部分是個英雄。男演員將這個角色的轉變表達得活靈活現。

電影如此，我們的人生也是一樣。如果你把自己定義為爛人，就算你沒有演員那麼好的演技，你還是會把自己變成爛人；反過來，如果你從小就認同自己是個英雄，就算你沒有能力成為大英雄，至少也會成為小英雄，因為，英雄，就是你的人生劇本。

自我價值是一個人自己對自己價值的主觀評價，這個評價包含了你認同自己是一個怎樣的人，這個自我認同就像人生的劇本一樣，決定了我們的一生。**自我價值就像種子的基因，裡面寫下了《你將活成一個怎樣的人》的所有劇本。**

自我價值這麼重要，如果我們寫下了不好的人生劇本該怎麼辦呢？難道我們的一生只能這樣嗎？

當然不是，改變人生劇本就像改個名字一樣。只要你願意，你可以重新認識你自己，改寫你對自己的評價。只要你能夠改變你的自我價值，你就能改寫你的人生。

如果你對你的過去不滿意，希望換個人生劇本，請先完成下面的功課。

1. 覺察：到目前為止，你認為你是一個怎樣的人？你給你自己的人生曾經下過怎樣的定義？

2. 改寫：請你想像，在自己百年以後，你的孫輩要寫一篇人物傳記，題目叫《我的爺爺（或奶奶）》，用孫輩的立場，講述你自己的人生。當然，主要是描寫你未來的成就，因為過去也沒什麼好寫的。想像你的未來發生了哪些想要的改變，過上了你想過的人生，然後用孫輩的口吻把它寫下來，成為自己的傳記。

不是只有為社會作出巨大貢獻的人才有資格著作立傳的，你也有。因為你的未來有足夠的時間為社會作出貢獻，你的未來還沒有發生，有無限的可能性。

只要你願意，未來的劇本完全可以由現在的你來書寫。你不寫，你人生就只好讓別人來寫了。

自我價值是主觀的，它就像一塊肥沃的土地，你種什麼，就會長什麼。你什麼都不種，那一定會雜草叢生。你的土地上長出的是鮮花還是雜草，全憑你自己這一刻的決定。

03 玻璃心是如何形成的

這一課我們來看看自我價值不足的人有哪些具體表現。

1. 脆弱、玻璃心

我曾經帶過一名編輯，是一位挺有才華的女孩子。可是每當我說她的文章選得不好，或者對她寫的文章提出修改意見時，我就能從她紅紅的眼圈中看到快要崩潰的情緒，然後在她的朋友圈裡就能看到一段幽怨的文字，彷彿一件精緻的玻璃藝術品，稍不小心就會碰碎。我每次面對她都得小心翼翼，生怕一不小心又碰到她的某個「開關」，讓她受傷。

《南方都市報》曾刊登過一篇新聞，因朋友搶著埋單，一名歐姓男子竟然把朋友打到昏迷。歐姓男子不僅被朋友告上法庭索賠十三萬，還有可能面臨牢獄之災。朋友之間搶著埋單本是禮貌之舉，可歐某為什麼會把搶著埋單的朋友打致昏迷呢？且看歐某的理由：「他說他大把錢，不怕他沒錢。語氣囂張，看不起人。」這個理由你覺得荒唐還是有共鳴？你是不是也有類似的經驗？曾經因為別人看不起你而憤怒？

不管是向外攻擊還是內心委屈、傷心，都是因為別人的某個行為給自己造成了傷害，把他人的行為解讀成「你看不起我」、「這是專門針對我的」、「你傷害了我」、「你不理解我」、「你不喜歡我」……當自己感覺到被別人傷害時，若認為自己有能力戰勝對方，就對外攻擊；若覺得自己不是對方對手，就委屈、難過，彷彿把自己人生的遙控器交給了他人，讓別人的行動決定自己的情緒和反應。

你是不是也有類似的經歷？或者你身邊是否有這樣的人？他們的心好像是玻璃做的——作為家長，他們為孩子掏心掏肺，可是孩子的某個行為就能讓他們暴跳如雷或傷心欲絕；在親密關係中，他們要求另一半處處滿足自己的要求，稍有偏差就覺得對方不愛自己了；在職場上，他們受不得批評，無法面對不同的意見；在社會上，他們非常在意別人的評價，別人的一言一行都在影響著他們的脆弱神經……

這就是自我價值不足的典型表現——內心脆弱，在意別人的評價，懷疑自己，覺得自己不夠好，以自我為中心。

除了這些經典的表現，還有如下不同的表現。

2. 缺乏安全感

說到安全感，讓我想起多年前在美國遇到的一位優步司機，他的故事值得我們好好品味。

因為語言的關係，在美國打車時特別害怕司機來電話，怕說不清自己在哪裡。沒想到首次用優步叫車，我就遇上了一位華人司機。一來因自己的英文不太好，二來感覺他跟大多數司機不太一樣，有一種說不清、道不明的灑脫感，所以，我在美國期間用的都是他的車，也因此跟他有了半個月的緣分。

因為要拜訪很多心理學的同行，我們在美國的行程安排得非常滿，只有一天時間沒有安排商務活動。加州一號公路的風景非常美麗，我們打算在一號公路上玩一天，於是我們問他可不可以包車一天。

他毫不猶豫地接受了邀請：「那可是《國家地理雜誌》五星推薦的地方啊！」接著他想了想，說：「要玩就玩得盡興一點，我帶你們去看一些遊客看不到的地方。我五點一刻來接你們吧，下午看完日落再回來。」

同伴們交換了一下眼神，我知道大家的意思，這樣滿當當的行程，這位司機可還沒報價，萬一他來個獅子大開口呢？雖然我感覺他不是這樣的人，但沒談妥價格，終究心裡不安。見我們沒有接話，司機了然一笑，說：「放心，價格還是一天包車的正常價格，早點晚點我都不會多收你們費用的。」

大家鬆了口氣。

這位優步司機不拘小節的灑脫，很是吸引我：「還有人是這樣的性格啊。」後來，我才知道，他可不是天生如此的。

到了約定的時間，那位司機果然候在酒店門口。我們上了車，一行人直奔一號公路。一路上陽光燦爛，潮濕的海風帶著海的鹹腥味吹在身上，耳邊是太平洋拍打海岸的喧鬧，讓人無比放鬆。一到可以停車的地方，大家都迫不及待地下車觀景。而那位司機從後車廂裡拿出一架無人機，說：「難得大家這麼高興，我給大家拍段影片吧。」

同伴之一的大劉對無人機頗有研究，立刻跟了上去：「喲嗬，你的這架飛機還真不賴呀。」

「那是，我可是專業級的。」之前的雲淡風輕不見了，司機的眼睛突然亮了。

「你是專業玩家嗎？」大劉的聲音都不一樣了。

司機微瞇了瞇眼睛：「我還是資深的呢。來美國這幾年，我每週都安排時間去玩，這飛機已陪我玩遍整個美國了。」

「不是說美國流行奮鬥嗎？」我問。

「我以前也是一個奮鬥者啊。我在國內當包工頭的時候，真是沒日沒夜地奮鬥，到處找工程做，累得呀……但到了美國，我不這樣了。我現在住姐姐的房子，每週工作四天，賺到讓家人保持一定生活水準的錢就行。其餘的三天，我玩玩無人機，陪陪家人。」

「哇，這麼瀟灑?!幹嘛不多幹幾天，這樣也能讓家人生活過得好點啊。」我彷彿變成了漁夫故事中的那個遊客，正在勸漁夫多打幾船魚，這樣總有一天可以躺在沙灘上曬太陽。

「我現在就生活得很好啊！我工作四天掙的錢已經夠我一家用了，掙多少花多少。」接著，他看了我一眼，有點得意地說：「黃先生，你們吃龍蝦、吃鮑魚，我也吃得起啊。不同的是，你們在餐廳吃，而我在菜市場買了自己煮了吃，我的手藝不比餐廳差哦！」

一週只工作四天，不願意跟人講價，不計較小利，對周遭的人和事充滿熱情……這樣的一種生活狀態，不正是很多人夢寐以求卻難抵達的狀態嗎？

可是，為什麼一個曾經疲於奔命，忙碌得像一條狗的男人，如今活出出塵脫俗的意味來呢？

最主要的原因是因為他有了安全感。什麼是安全感？所謂的安全感就是渴望穩定、安全的心理需要，是指人們從恐懼與焦慮中解脫出來的信心、安全和自由的感覺。安全感主要表現為確定感和可控感。

安全感可以從外部和內部提升。這位優步司機之所以能夠這樣生活，是因為新環境讓他獲得了外在的安全感。可是，如果我們沒有辦法從外在獲得足夠的安全感時，怎麼辦呢？難道我們只能疲於奔命地生活嗎？

當然不是，因為安全感也可以從內在獲得。當一個人對自己有信心的時候，也就是自我價值高的時候，他自然會對未來充滿信心，因為他相信自己，信任自己。所以，一個自我價值高的人，也能夠像這位司機一樣淡定、灑脫地生活。

一個從外在獲得安全感的人不需要自我價值，但一個從內在獲得安全感的人需要足夠高的自我價值。你看看那些修行之人就知道，他們可以身無分文，但依然淡定從容，對眼前的一切信心滿滿，遇到突發事件也處之泰然。

3. 焦慮

既然我們講到了外在與內在，那我們藉助外在的事情來理解內在的自我價值也許比較容易理解一些。一個人沒錢會有什麼表現呢？一個缺錢的人對未來會充滿焦慮，同樣，一個對自己沒信心的人也一樣，對未來充滿焦慮。一個焦慮的人是沒有生活的，因為他總在擔心未來；一個高自我價值的人才能活在當下。

4.控制、操控

一個缺錢的人會在乎每一分錢，為了應付生活的種種開支，他會對每一分錢都嚴加控制。一個自我價值低的人也一樣，因為擔心害怕，他對周邊的一切都試圖掌控，他們不僅會控制身邊物，也會控制身邊的人；他們以為這樣是「為你好」，其實，他只是為了讓自己感到更安全而已。一旦失控，他們會心慌、恐懼，甚至會出現各種軀體症狀，比如暈車、暈船、噁心、嘔吐等。

5.抑鬱、討好或驕傲自大

沒錢可能會讓人抑鬱，但有一些人會朝相反方向發展，因為面子的問題，不願意承認自己窮，會假裝有錢。同理，一個自我價值低的人，要麼自責、討好別人，卑微如塵土；要麼自戀，或者自大。那些看起來狂妄、驕傲的人，其實是為了掩蓋自己內心的脆弱的一種偽裝而已。

6.匱乏、索取、抱怨、受害者

一個缺錢的人焦點會放在追求金錢上。一個自我價值低的人，內心有個匱乏的空洞，就像肚子飢餓的人一樣，會不斷向外索取；當向外求不得時，內心就會充滿抱怨，覺得這個世界不公平，自己是受害者。

相反，一個自我價值高的人，內心富足，就算暫時處境艱難，也不會抱怨，只會通過自己的努力去建設，去奉獻，去分享；哪怕他一貧如洗，沒有財富可以分享，他也會分享他的知識、他的愛心和他的微笑。

7. 固執、非黑即白

一個自我價值低的人，固執己見，封閉自己，聽不進別人的意見；為了證明自己是對的，他通常會撒謊，用合理化、作秀等方式證明自己；這樣的人非黑即白，以對錯論輸贏。

相反，一個自我價值高的人，開放、包容，能接納不同的觀點，會用不同的視角看問題，願意跟與自己觀點不同的人相處、合作，不以對錯論輸贏。

8. 攻擊

一個自我價值低的人，喜歡攻擊，不是攻擊別人就是攻擊自己；向內攻擊的人，自責、悲觀，內耗嚴重，精神萎靡不振，嚴重時會得憂鬱症，甚至放棄生命；向外攻擊的人，暴力、躁狂、失控，嚴重時會走上犯罪道路。

9. 冷漠

一個自我價值低的人，因為內心脆弱，所以需要穿上厚厚的盔甲，保護自己的安全；因為他們把自己封閉起來，所以顯得冷漠，缺乏感情，沒有溫度；他們對事不對人，像一台冰冷的機器。

10.羨慕與妒忌

有人說，要成為城市最高樓有兩種方法：一種是摧毀所有比自己高的大樓，另一種就是打好基礎，不斷努力往上建，前者是「嫉妒」，後者是「羨慕」；羨慕看起來很正面，但這兩種情緒都有一個共同點，就是不太相信自己，覺得自己不如別人，是自我價值不足的一種體現。

一個自我價值高的人，對於別人的好，會衷心祝福；對於自己的不足，會勇於承認，而且相信不足是暫時的，只要自己願意，未來會越來越好。

11.魯莽、衝動；冒險、走捷徑

阿德勒認為，監獄裡的犯人都是弱者，只有弱者才會走捷徑。他們看起來很勇敢，敢於破壞規則，甚至殺人、放火。這些都是懦弱的表現，一個真正勇敢的人，是有力量面對生活中種種挑戰的，只有弱者才會走捷徑。自殺也是一種脆弱的表現，沒有勇氣面對生活的人才自殺，強者會笑對生活。就像玩電子遊戲一樣，只有弱者才會中途放棄，強者會在遊戲中過關斬將，並享受其中的快樂。

12. 缺乏行動力、習慣拖延

一個自我價值低的人，缺乏行動力，對於重要的事情習慣拖延。為什麼他們不敢或者不願意嘗試？因為他們曾經在嘗試中遭遇失敗、挫折，且沒有能力從挫折中學習和成長，只會在挫折中退縮、躺平，退回自己窄小的舒適空間中，在無助中度日；但他們又不願意承認自己無助，於是像吃不到葡萄就說葡萄酸的狐狸，為自己找各種阿Q式的理由，以求得短暫的心理安慰。

13. 心理疾病

一個自我價值低的人，陷入創傷中不能自拔，心中抱持怨恨，無法寬恕，以別人的錯誤來懲罰自己。即使多年前那隻「瘋狗」咬傷了自己且早已不在，他們還會一遍遍地扯開傷口，讓它流血、化膿，折磨自己。

自我價值是心理健康的基石，自我價值的高低直接決定了一個人的生活品質。對照以上十三種表現，看看自己占了幾個，把它寫下來。承認是成長的開始，只有知道自己在哪裡，我們才能找方法去到我們要去的地方。

Chapter 11
翻轉人生

01 自我價值的形成

前面我們講了什麼是自我價值，自我價值低的人有哪些具體表現。大家已經知道很多的困境都是自我價值不足導致的，現在的你一定很焦急地想知道，那該如何提升自己的自我價值呢？

不能急，要回答這個問題，我們還需要知道自我價值是怎麼形成的。

「我恨你，長大後卻變成了你。」這種現象在文學作品中隨處可見，比如小時候看到家人被殺害，主角對殺手恨之入骨，為了報仇，自己也成了殺人狂魔。這樣的例子在現實生活中比比皆是，那些備受婆婆欺負的小媳婦熬成婆婆後，也會欺負自己的兒媳；那些對暴力的父親恨之入骨的兒子，長大後比父親更為殘忍；那些痛恨母親軟弱的女兒，長大後比母親更為軟弱……

為什麼會這樣呢？我們明明恨一個人，可是到頭來自己卻變成了同樣的人，這看起來是非常不符合邏輯的事情。

但這樣的事情卻一直在發生，究竟是怎麼發生的，我們來看一個真實的案例。

有一次，在我的課程中，有位女同學問我：「團長，我身邊很多朋友都說我很強勢，不願意和我交往，我的同事、合作夥伴也一樣，說我不好相處，不願和我打交道。我明明十分討厭那些強勢的人，怎麼可能那麼強勢呢？你覺得我很強勢嗎？」她那高亢的聲調讓我感到了一絲絲壓力，諮詢師都知道：「永遠不要相信來訪者說什麼，要看他怎麼做。」我想做一個實驗，去探索箇中奧妙，於是把她請到了台上。

她叫衛蘭，職業化的穿著中透出一份力量，目光堅定得有點咄咄逼人，她一上台，我就能感受到一股強大的能量場。我很欣賞她的坦誠和堅定，於是請她從現場的男同學中挑選一個她認為強勢的人一同上台。

她很快選擇了一位看起來高大威猛的男同學。我刻意要求那位男同學扮演一位說話強勢的人，試著從氣勢上壓倒她。可惜這位男同學根本就不是她的對手，他那種裝出來的氣勢在衛蘭面前弱爆了，整個談話全在衛蘭的掌控之中。

於是我在現場重新幫她挑了一個看起來不苟言笑的男同學，站到她面前繼續剛才的練習，這次我要求她不要說話，因為她一說話就會讓自己變得更強，凌駕於對方之上。我要求她只是看著對方的雙眼，體會當下的感受。結果，沒等男同學開口說話，她的淚水就濕潤了眼眶。

「衛蘭，怎麼啦？妳現在是什麼感受？」

「緊張⋯⋯」

我慢慢靠近她，說：「緊張是可以的。好，我們來感受這份緊張，來看看緊張的後面是什麼？妳看著這位同學的眼睛，留意自己的感受。」

她剛剛溢滿眼眶的淚水隨即奪眶而出。

我輕輕問她：「流淚是可以的，妳的眼淚在說什麼呢？妳從這位同學身上看到了誰？」

她摀住胸口，哭著說：「我的爸爸。」

「嘗試把他當成妳爸爸，看著他的眼睛，此刻妳是什麼感受？除了緊張之外。」我試著引導她，陪她一起抵達自己不敢面對的黑暗之地。

「很無力，好恐懼，好害怕……」她說完用手摀住了眼睛。

我鼓勵她把自己的情緒勇敢說出來。問她：「為什麼妳的爸爸會帶給妳這樣的感受？」

「我爸爸有病，脾氣很壞，動不動就打我媽，還有我……我好害怕……」她啜泣著。

「當妳感受到這份害怕時，妳心裡是怎麼想的？」我繼續問她。

「我不能像媽媽那樣，百依百順，只會哀求和發抖，我好想保護媽媽，可是我做不到，我長大後一定不能被人欺負，只有變得更強大，才能保護好自己。」她的話突然變得有力起來，彷彿抓到了一根救命的稻草。

「妳早餐吃了什麼？」我突然用一種輕鬆的語調問她。

「嗯……腸粉、雞蛋……還有青菜，」她奇怪地看著我，不明白我為什麼突然會問這種無聊的問題，很明顯，她已經從小時候的狀態中抽離出來了。

我把她拉到了另一個位置，請她看著剛才自己站立的地方，問她：「剛才那裡有一位叫衛蘭的小姑娘，為了保護自己，她當年做了一個決定，要讓自己變得更強大，她認為只有這樣，才能夠不被人欺負，妳看到了嗎？」

「看到了。」她怔怔地看著剛才站立的地方，彷彿那裡還有另外一個自己：「她很努力，不管是讀書還是工作，都取得了不錯的成績。什麼事情都靠她自己，她不得不這樣做，但別人只看到了她表面的風光，沒有人知道她背後的付出。」

「我看到了！我知道衛蘭的不容易。可是她當年讓自己變得強大的本意是不想被人欺負，並不是去欺負別人。妳看今天的她是不是越來越像她父親了？只是她還沒有動手打人而已。」我試著讓她從抽離的位置重新看清楚自己。

「我只是想保護自己，我並沒有像父親那樣傷害別人。」衛蘭並不認同我的話。

「不管妳出於什麼原因，妳的行為雖然沒傷害到別人，但已經讓人不舒服了，妳的朋友和同事不是說過妳很強勢，不願意和妳靠近嗎？人與人之間溝通的意義在於妳得到的回應。」我想讓她看到更多，於是接著問：「妳又怎麼知道當年父親的行為不是出於自我保護呢？」

後面的過程，團長就不一一敘述了，衛蘭開始明白，她之所以討厭強勢的人，是因為她從他們身上看到了爸爸。而為了保護自己，她又變成曾經無比憎恨的「爸爸」。

為什麼我們恨一個人，最後卻變成了他？

在傳統西醫的治療裡，會使用對抗的方法療癒疾病。例如，感冒時，會使用抗生素對抗和殺滅細菌。但細菌會產生抗藥性，越「變」越強大，抗生素也必須越來越強大，這就出現了一種細菌與藥物共同更新升級的現象。

我們的思想也是一樣，當你恨一個人，本能地開始對抗，而最簡單、有效的對抗方法就是「以其人之道，還治其人之身」。於是你就會看到文章開篇的種種現象：別人傷害了你，你恨他，為了跟他對抗，你用同樣的方法去傷害他，於是你就變成了他；另一種情況也一樣，你的伴侶不愛你，於是你恨他，為了與他對抗，你也開始不愛他，於是，不知不覺中，你就變成了你曾經恨的那種人。

恨一個人，你會變成他；同樣，愛一個人，也會。

一個孩子來到這個世界，他並不知道自己是誰。關於「我是誰」的認知，首先來自我們的父母以及養育我們的重要他人。

關於「我是誰」的第一個認知是你的名字，父母會用你的名字一遍一遍地呼喚你，然後你自然而然地認同了那幾個字就是你自己。

你會接受來自父母對你的評價，你是一個怎樣的人，是勇敢的還是懦弱的？是勤勞的還是懶惰的？是善良的還是邪惡的？是有能力的還是無能的？

接著是你適合做什麼？也許小時候你的一點點表現會被父母放大，你畫了幾筆，他們就說你會成為畫家；你隨著音樂的拍子扭了幾下屁股，他們說你是個舞蹈家；你隨口哼了幾句流行歌的旋律，他們說你會成為音樂家；你只不過喜歡跟小朋友玩，他們說你是政治家……他們是你最愛的人，你信任他們，所以認同他們的說法，把他們說的話內化成自己對自己評價的一部分，然後你真的在他們說的方向上努力，於是你真的成了他們所說的那種人。

如果你幸運，有一對好父母，他們會給你很多好評；但如果你不夠幸運出生在一個只有差評的家庭，某一次考試考得不好，他們就說你無能；你不小心犯了一個錯誤，他們說你居心不良；你只不過是太累了，起床晚了一點，他們說你懶惰；你只不過想吃點零食，順手拿了家裡的一點錢，他們說你是小偷；你只不過某一個方面比不過別人，他們說你是笨蛋……他們是你最愛的人，你信任他們，所以認同他們的說法，把他們說的內化成自己對自己評價的一部分，於是你真的成了他們所說的那種人。

嘴巴說出來的是有形的評價，除了這些有形的評價之外，還有很多無形評價也會內化成為你的一部分。

就像前面我講過的一個案例，胡女士的父母並沒有親口對她說她不好，只是因為想要一個男孩子的緣故，把她放到了鄉下爺爺奶奶家撫養。對於父母來說，這也許是一種無奈之舉，但對於幼小的她來說，她會認為是自己不夠好，父母才不要她。類似的事情有很多，有時候，父母由於工作忙，沒時間陪孩子，孩子會收到一個「自己不重要」的訊息；在孩子多的家庭，父母難免會有偏心的行為，那些被忽略的孩子會因此而產生一個錯誤的信念，認為自己有問題……這些孩子在成長中感受到的東西也會內化成為自我價值的一部分，雖然絕大部分都不是事實，但在孩子心中，它就是事實，因為，自我價值是一個人對自己的主觀評價，是主觀的，是因人而異的，跟是否是事實並沒有關係。只要他認為是就是了。

「自我價值是主觀的，是因人而異的，與是否是事實並沒有關係。只要他認為是就是了。」

除了言語的評價和孩子的感受會內化成自我價值的一部分之外，認同父母也是一個重要的部分。

除了父母，那些在我們成長中起到重要作用的人，在心理學上稱為「重要他人」，可能是你的爺爺奶奶，也可能是叔叔阿姨，外公外婆，你信任的老師，甚至把你帶大的保姆，都有可能是自我價值的一部分來源。

當你能清楚地意識到這一點，你就能看見自我價值從何而來。看見，就可以重新選擇！選擇那些對你有用的，摒棄那些局限你人生的部分，重新寫下你的人生劇本，讓你的未來活成你想要的樣子。

如果你想做到這一點，請完成下面功課。

1. 列出你成長中的重要他人；

2. 找一個信得過的朋友，跟他分享你的重要他人的故事；

3. 跟朋友一起討論，今天的你有哪些地方跟你的重要他人是相似的；

4. 對那些你不喜歡的部分保持覺察。

02 從外獲得滋養，提升自我價值

經過前面的講解，我相信大家對自我價值已經了解得差不多了。這一節我們是時候來看看如何提升自我價值了。

前面說過，自我價值是心理健康的基石，那我就從「健康」說起。

什麼是健康？中醫說：「身壯為健，心怡為康」，所以健康應該包括兩個部分的內容：身體健康和心理健康。

也許大家都有過這樣的感受，有時身體挺好的，可是整個人就是提不起勁兒來；而另外一些時候，經過高強度的體力勞動，身體已經相當疲憊了，可是你卻依然神采奕奕，精神飽滿。為什麼會這樣呢？

從事心理教育事業二十四年，我多年以講台為伴。講課並不是一件輕鬆的事情，一個四天三晚的課程下來，不說別的，就是站立時間都長達三十多個小時，所以做導師不光是腦力活，還是體力活。可是，當我完成一個課程，大多時候都是精神飽滿的，很多學員都會問我：「團長，你剛講完四天的課程，怎麼還那麼精神？」

其實，並不是總能保持充沛的精力。記得有一次，在馬來西亞講完一個四天的課程後，我差點就病倒了，整個人虛脫了，那種感受就像歌裡唱的——「感覺身體被掏空」。

為什麼同樣是講課，在付出相等勞動量的情況下，有的時候講完會覺得全身充滿能量，但有的時候整個人會力竭不振呢？

我們的生活狀態，取決於自身能量的高低，而能量分身體能量和心理能量兩個部分，二者互為因果，相互影響。能量的來源，不僅僅是從嘴巴吃進去的各種營養，還有來自精神領域的心理營養。所以身體健康，不僅指身體的機能健康，還包括了心理的力量和彈性。如果你的心裡有滿滿的力量，你做再多事情也不會累；如果你的心是疲憊的，你的身體也會隨之被拖垮。

那心的能量來自哪裡呢？前面已經說過，人生遭遇的各種難題，比如婚姻問題、職場問題、財富問題、孩子教育問題，幾乎都跟「自我價值」有關。

我認識一個中醫朋友，他說我的身體先天不足，需要後天的調養，透過調整脾胃，「以後天之氣，補先天之氣」。原來，人的氣分為「先天之氣」與「後天之氣」。

氣，是古代先民對自然現象的一種樸素的認識，當時，認為「氣」是構成世界的最基本物質，宇宙間一切事物都是由氣的運動變化而產生的。這種觀點被引用到中醫醫學領域，認為「氣」是構成人體的基本物質，中醫裡多用氣的運動變化來解釋人的生命活動。正如《醫門法律》中說：「氣聚則形成，氣散則形亡。」

古人將人體之氣分為先天、後天兩種。一般古書上說的「元氣」大都是指人的先天之氣，它是人的生命之氣，也叫腎氣，俗話說：「母壯則子肥。」有的孩子生下來就長得壯，就是因為在母體中吸收了很好的「元氣」。

而後天之氣稱為「衛氣」，是行於脈外的氣。主要由脾胃運化的水穀精微所化生，也就是能量來源於我們吸收的食物營養（如五穀雜糧）。

一個健康的人，需要養足這兩種氣。先天氣足的孩子雖然有更好的抵抗力，但如果在成長的過程中，不注意保養，這股氣也會被耗光；同樣，即使是先天不足的孩子通過脾胃調理，氣血中和，合理作息，鍛鍊身體和保持愉悅的情緒，依然可以讓自己的生命得到很好的滋養。

我在想，身體如此，心理是否也一樣呢？心理能量是否也可以理解為「先天」和「後天」兩個部分？

「自我價值」是一個人自己對自己價值的主觀評價，這種評價通常源起於成長早期，通過父母的接納、肯定、承認、讚美、表揚、鼓勵等方式逐漸建立起來，其核心是自尊。一個人的自我價值很大程度取決於他的原生家庭，取決於父母或重要他人的教養方式。我把這個部分比喻成為「先天」的部分，當然這裡的「先天」並不是指天生帶來的部分，而是指一個人小時候自己所不能決定的部分。

原生家庭是自我價值的來源。雖然自我價值是自我的主觀評判，但一個人在孩童時期，對自己的價值評估，最多的部分肯定來自父母。從小得到父母很高評價的孩子，就像一個元氣很足的孩子，他的心理抗壓能力會很強。因為他堅信自己是值得的，就算是遇到挫折，他也會認為那是暫時的，擁有極強的抗挫折能力，因為他相信自己值得擁有更好的生活。

「原生家庭是自我價值的來源。」

如果一個孩子在一個處處都是「差評」的家庭長大，從小很少得到父母的鼓勵、肯定，心理營養不足，那他會在潛移默化中形成一個對自己極低的評價。長大後，他人的一點「風吹草動」在他心裡都能引來狂風暴雨。因為他不相信自己，他自己的價值需要依賴別人的評價，所以他對他人的評價會無比在意。一個自我價值感低的人，很難感受到幸福。

一個人如果先天不足，該怎麼辦？難道就只能接受命運的安排嗎？

前幾課中，團長已跟大家分享過，我因為自我價值低而發生的種種「囧」事了，我從一個「先天」不足的孩子能走到今天，全因自己有幸走進心理學的世界，因為心理學不僅可以補「先天」之不足，還可以通過後天調養，讓你的生活變得更加美好。

那如何才能提升自我價值呢？提高自我價值大致有以下兩個途徑。

療癒內在創傷，補「先天」之氣

既然一個人的自我評價源自早期成長的經歷，那我們就可以通過催眠、家庭重塑等心理治療手段，回到過去解決問題，雖然我們不能改變過去發生的事情，但我們可以改變對事情的看法；看法改變了，體驗就改變了，自我評價也自然而然地會發生改變。這也就是為什麼心理治療和心理課程可以幫助一個人改變的根本原因。

後天調理

什麼叫後天調理呢？讓我先跟大家講個故事。

米爾頓．艾瑞克森是美國著名心理治療師。一次，他到美國中南部的一個小城講學，一位同伴希望他順道看看他獨身的姑母。同伴說：「我的姑母獨自居住在一間老屋，無親無故。人又死板，不肯改變生活方式。你看有沒有辦法令她改變？」艾瑞克森到同伴的姑母家去探訪，發覺這位女士比形容中更為孤單，一個人關在暗沉沉的百年老屋內，周圍找不到一絲生氣。艾瑞克森請老人家帶他參觀一下她的房子。

他真的想參觀老屋嗎？當然不是，他是在找一樣東西，找尋一樣有生命氣息的東西。終於在一間房間的窗台上，他找到幾盆小小的非洲紫羅蘭——這屋內唯一有活力的幾盆植物。姑母說：「我沒有事做，就是喜歡打理這幾盆小花。」艾瑞克森說：「好極了！妳的花這麼美麗，一定會給很多人帶來快樂。如果妳的鄰居、朋友在他們特別的日子裡能收到這麼漂亮的禮物，他們該有多高興啊！」

從此之後，姑母開始大量種植非洲紫羅蘭，城內幾乎每個人都收到過她的禮物。與此同時，她的生活也因此大有改變，一度孤獨無依的姑母，變成小城裡最受歡迎的人。在她逝世時，當地報紙頭條報導稱〈全市痛失一位「非洲紫羅蘭皇后」〉。幾乎全城人都去為她送行，以感謝她生前的慷慨。

從這個故事中我們能感受到這位老人家的晚年生活是多麼的幸福。她為什麼能從孤獨和抑鬱中走出來呢？因為米爾頓老師那句話讓她重新找到了自己的價值。

自我價值的關鍵，是一個人相信自己是有「價值」的，最好是發自內心的相信，當然還可以由外至內的相信。在個人生活和社會活動中，一個人如果能為他人或社會做出貢獻，他人或社會就會回饋以肯定，從這些正向的回饋中，他就會感覺到很有價值，當這種價值感能觸動你的內心，進入你的潛意識時，你對自己的主觀評價也會因此而改變，你的生命就能慢慢因此而得到滋養。這就像我們可以通過食療滋補身體的道理一樣，也可以通過為他人做貢獻而獲得心靈的滋養。

這就是我為什麼大多時候講課很久卻依然很精神的原因，因為我在講課的過程中，得到了很多學員的好評。他們會因為我的課程而改變，當我看到他們生命的變化時，我感到自己的工作充滿了意義，生命也就自然得到了滋養。選擇了心理學，是我的運氣，因為我不光可以在課程中「補先天之不足」，同時也可以在工作中得到足夠的滋養，這是我一生中最明智的選擇！沒有之一！

那為什麼我在馬來西亞講課那一次，卻會累到虛脫呢？

一是因為那時我剛走上講台不久，還有不少童年創傷還沒有被療癒，「先天」之氣本來不足，加上馬來西亞華人的文化就像我們父輩那樣，認真、含蓄、內斂，不輕易表達對人的讚美和肯定，那四天的課程幾乎是在無反饋狀態下完成的，我無法從學員身上得到滋養，所以，只能以消耗的方式去工作，這樣一種工作狀態，哪有不虛脫的道理？

也許有人會問：「團長，你都『修煉』二十多年了，自我價值應該很高吧？那你還在乎別人的肯定嗎？」

這個問題就像你問一個人：「你看起來身體已經很好，先天的元氣十足，那你還需要吃飯嗎？」

在中醫裡，先天之氣與後天之氣互為陰陽，相輔相生。在精神領域也是這樣，先天的心理營養與後天的生命滋養也是相輔相成的。一個人成長在健康家庭，心理營養充足，自我價值感高，他的抗挫折能力就高，就能為他人和社會提供價值；反過來一樣，如果能從當下做起，力所能及地為他人及社會創造價值，就會得到他人的肯定和讚賞，由外至內地滋養心田，自我價值也會因此越來越高。

所以，當一個人自我價值先天不足時，可以選擇多和正面、樂觀的「發光體」在一起，遠離那些正在消耗你能量的「黑洞」；心存善念，多行善事，讓自己的生命在與人相處中慢慢得到滋養，你的人生自然就會在你的善行中越來越好。

如果你想擁有不一樣的幸福人生，就要好好提升自己的自我價值，請完成下面功課。

1.《非洲紫羅蘭皇后》故事中那位姑母，送人玫瑰，手有餘香，你可以為周圍的人做點什麼呢？從現在開始去幫助別人，讓你的生命在做善事的過程中得到滋養。

2.團長之所以能夠提升自我價值，是因為我的工作本身是幫助別人並能得到別人滋養的。檢視你的工作，是滋養你的還是消耗你的？重新找一份滋養自己的工作。

3.檢視身邊的朋友，看哪些人是滋養自己的「發光體」？哪些人是消耗自己的「黑洞」？遠離黑洞，靠近發光體。

03 療癒時刻

這一節我們重點講講如何療癒內在的創傷。

創傷（trauma）這個詞我想大家並不陌生。創傷後壓力症候群簡稱ＰＴＳＤ，我想大多數人在一些文章中都看到過這個詞。關於創傷，大多數人以為那是影視作品中才有的事，是別人的事，或者是那些經歷驚天動地大事件的人才會有。殊不知，幾乎每個人都經歷過創傷，你今天的生活正被過去的創傷所影響。這一課我們來看看創傷與自我價值的關係。

什麼是創傷

首先，我們來感性地認識一下什麼是創傷。

我有個同事，她天不怕地不怕，再強勢的人、再壯實的流氓她都不會畏懼，但她唯獨怕狗，是狗都怕。

我家裡養了一隻可愛的博美，懂小狗習性的朋友都知道，這是非常乖巧的寵物狗，人見人愛，沒有攻擊性。但她每次來我家之前都會畏懼地說：「團長，快把你家狗關起來。」不然她就不敢進門，即便只是順便來我家拿個東西，在門口站一會兒，她也要我把小狗關起來才行。

為什麼一個天不怕、地不怕的人，偏偏害怕一隻根本傷害不了她的小狗呢？原來，她小時候曾被一條惡狗追逐過、傷害過。幼年的經歷給她留下了痛苦的記憶，心理學中把這種痛苦的記憶叫作「創傷」。

心理學中有個名詞叫作創傷後壓力症候群（Post-traumatic Stress Disorder，PTSD），是指個體經歷、目睹或遭遇到一個或多個涉及自身或他人的實際死亡，或受到死亡的威脅，或嚴重的受傷，或軀體完整性受到威脅後，導致的個體延遲出現和持續存在的精神障礙。

換句話說，創傷就是人在遭遇或對抗重大壓力後，其心理狀態出現的失調後遺症。這個定義所說的，人們在創傷後產生的應激障礙行為是比較嚴重的，還有很多創傷沒有讓人產生明顯的過激行為，卻會給人帶來很大的局限性。所以我對創傷有另一個定義，是什麼先賣個關子，再給大家講個故事。

再遇「時間線」

我們公司課程中有個內容叫「時間線」療法，這種療法旨在用心理諮詢技巧，把當事人帶回到過去，處理曾經給我們人生帶來創傷的一些事件，讓我們能更好地前行。

十幾年前的一次時間線課程上，一位李姓學員在做完這個練習後，發出一聲驚呼：「天啊，世界竟然是這個樣子！！」他瞪大雙眼，語無倫次地說：「原來……紅色是……這樣的……那麼鮮豔……」

原來，做個案的時候，他回到了小時候的創傷事件裡。那時他才五、六歲，出遊時坐在車的副駕駛位置上。我們都知道，小孩是不能坐這個位置的，因為意外來臨時對孩子極其危險，可偏偏意外真的到來了，他記得當時眼前的擋風玻璃上灑滿了鮮紅的血跡……

在治療的過程中，當他想起這個場景時，渾身都在發抖、打戰、尖叫、退縮……彷彿又變成了六歲時那個被嚇壞了的小男孩。

原來，當年擋風玻璃全是血的那一幕，讓幼小的他完全震驚了，他的潛意識為了保護自己不受到更大的驚嚇，於是選擇性地把對「紅色」的感知能力減弱、甚至關閉了。

個案治療療癒了他對創傷的恐懼，打開了他潛意識的開關，所以他看到的世界又恢復到了意外來臨前的模樣，才會發出一聲驚呼：「原來世界是如此多姿多彩，原來我以前看到的世界都是假的。」

這樣的案例在課程中數不勝數，其背後都有一個簡單的原理：只要你懂得創傷的基本原理，你就能夠面對和療癒自己的創傷，甚至是改變自己的人生。

為什麼這樣說呢？我想說說自己對創傷的定義。我認為人在經歷了某些痛苦事件後，他的潛意識為了保護自己，要麼會選擇性地關閉了大腦的某些功能，要麼會讓大腦中的某些反應功能變得過於敏感，讓行為產生失衡。

所以，**創傷是一種讓你無法活在當下的心理疾病。**

怎麼理解呢？

前文的同事看到小狗會有過激反應，就是因為小時候的事故讓她怕狗，大腦中的逃跑功能開始起作用，哪怕只是聽到小奶狗的叫聲，她都會恐懼，這叫過於敏感。

什麼叫選擇性關閉某些功能呢？

李姓學員幼年時記憶裡擋風玻璃的畫面深深地刺激他，他的潛意識為了避免體會類似的痛苦，於是選擇關閉了他對紅色的感知能力。

無論是過激反應還是選擇性關閉某些功能，都是潛意識為了保護我們而產生的一種能力，這種能力在保護我們的同時，也給我們的生活造成了一些失衡，即便這種失衡未必會像PTSD定義的那樣（一種病態，無法正常生活）嚴重，但也是一種心理創傷。

不過，創傷是可以療癒的。就像彼得．萊文所說：「因為每種傷害都存在於生命內部，而生命是不斷自我更新的，所以每種傷害裡都包含著治療和更新的種子。」

創傷的症狀

在說如何療癒創傷之前，我們先來看看巴塞爾博士所認為的，創傷會給我們帶來的四大症狀。巴塞爾博士是美國創傷研究領域的權威，他的研究發現，受過創傷的人，一般會有以下症狀。

症狀一：失去人生的意義

創傷會讓人不知道活著有什麼意義，也不知道自己究竟想要什麼。

團長的課程裡經常有學員遇到類似的困惑，他們按時打卡上下班，卻對工作和生活毫無熱情，當一天和尚撞一天鐘，如同行屍走肉一般。

嚴重的情況需要藉助酒精、毒品或其他高強度刺激的事情來填充空洞的生活，只有在短暫的刺激下，才能暫時感覺到自己是活著的。

這種狀態輕則讓人度日如年，重則會讓人放棄生命。

症狀二：正常的事件也能引起過度的反應

就像我那位怕狗的同事，小狗本是可愛的動物，但即便是可愛的叫聲都會讓她恐懼，這就是正常事件引起的過度反應。

有的人被水嗆過一次，就再也不敢靠近水邊；有的人被車刮傷過，就再也不敢學開車；有的人被蟲子咬過，從此不敢再碰綠色植物……所謂「一朝被蛇咬，十年怕井繩」說的就是這種反應。

症狀三：面對正常的事件，失去了本該有的反應

這和症狀二恰恰相反，就像李姓學員對色彩失去了感知能力一樣，他選擇性地關閉了本該有的反應能力。

生活中還有很多常見的例子，比如很多人在本該享受戀愛的年紀，卻對異性完全失去了興趣。異性之間的相互吸引是我們動物基因裡的本能，因為對異性有興趣，才有利於我們繁衍後代。

對異性沒興趣的人，未必是性取向的問題。很可能是在童年的時候被異性傷害過，大腦啟動了一種「以偏概全」的功能，關閉了對異性的感知能力，把所有異性都打入冷宮，本該有的心動、情動都消失了。

金錢方面也是如此，大多數人都對金錢財富有興趣，但有的人就是不屑於談錢，很有可能是他在過往曾經發生過與錢有關的不好經歷，大腦關閉了他在金錢領域的反應，這種情況在心理學叫作「選擇性迴避」。

這些都屬於第三種症狀。

症狀四：無法融入人群

有些人的確不太喜歡跟人交往，但大多數不願意跟人交往的人，只是對人群的一種隔離。

人是群居的動物，我們的內在植入了合作的基因。所以弱小的人類能夠站在食物鏈的頂端，把強大的獅子、老虎關在籠子裡。合作，讓人類有了更多生存的機會。

這種願意與人交往的能力就像基因中的性本能一樣，是能夠讓我們產生某種快感的，因為產生了愉悅的感覺，我們才願意去重複做這件事情，從而讓種族得到延續。

與人交往的時候，人體會分泌本體胺、催產素等可以讓人愉悅的元素，但有些人在與人交往時並不會感到愉悅，因為他在早年和人交往的時候受到了傷害，所以他的潛意識選擇性地關閉了這種感知的能力，選擇用隔離的方式保護自己，於是生活中的他們看起來很有距離感。

絕大多數的人，都有過創傷，包括團長在內。每一個創傷都給我們的人生帶來了一定的困擾，那我們該怎麼療癒自己的創傷呢？

療癒創傷

那如何才能療癒創傷，提升自我價值呢？

我們已經知道了創傷其實是留在我們大腦中的一些錯誤信念。所謂療癒創傷，其實就是改變大腦中的那些錯誤的信念。我們無法改變過去所發生的事件，但是，我們可以改變對過去發生事件的看法。這個改變的過程，就是療癒。創傷療癒的方法有很多，不同的心理學流派會有不同的方法。下面給大家介紹幾個簡單有效的方法。

巴塞爾博士的小組做過一個調查，這個調查為我們提供了一個療癒創傷的基本方向。「九一一」恐怖襲擊事件影響了很多人群，巴塞爾博士的創傷研究小組採訪了很多當年從現場逃離的人，比如當時正在雙子大廈辦公的人。在遇到突襲時，他們非常恐慌，奪門而出。調查發現，這些人雖然是事件的親歷者，但是他們並沒有產生類似ＰＴＳＤ的應激障礙。相反，在一旁目睹了這一事件的人，或者是在這次事件中失去了親人的人，卻在以後的日子裡患上了應激障礙。為什麼會這樣呢？我們要講一個基本的原則。

動物在遇到危險時，一般有三個反應。

1. 打得過就打；

2. 打不過就逃；

3. 打不過又逃不了，就裝死。

如果動物在「戰鬥」或者「逃跑」模式時，不會留下太多的創傷。而那些只能留下來承受這一切（裝死）的動物，身體會產生應激反應。

因為真正導致創傷的並不是戰鬥，也不是逃跑，而是僵住。大腦的皮層會認為，僵住狀態跟死亡狀態差不多，而死亡又是人類竭力要避免的事情。這時我們的身體根本無法動彈，大腦就會啟動保護機制，要麼關閉一些感知功能，要麼讓某些功能變得過於敏感。

所以，在巴塞爾的研究中，我們找到了療癒創傷的第一個方法，也是最簡單有效的方法——運動。

方法一：運動→身體儲存了記憶的答案

我們很多創傷的記憶都儲存在身體的某些細胞裡，雖然現在還沒有解剖學證據，讓我們可以看到創傷留在細胞裡的痕跡，但是很多治療創傷的小組通過反覆的實驗證明了這點，僅僅是讓身體動起來，很多創傷都能夠得到療癒。

你可以選擇一個適合自己的運動，最好是對抗性的運動，比如球類運動，這類運動會讓我們的身體隨著球的運動而移動，讓參與運動的人把注意力集中到同一個目標上，很容易讓人與人之間產生連接，這對創傷隔離的症狀有特別好的療效。

方法二：訓練理性大腦→針對過度反應的創傷

對創傷的過度反應，就像害怕小狗的那位同事。

我們的腦幹，也叫「動物腦」，應激反應就是因為這個部分大腦過分活躍導致的，當它過分理智時，負責理性認知的腦（前額葉），就無法工作了。

所以處理這類創傷，最好的方法是安撫「動物腦」，同時去訓練「理性腦」，這樣就能夠減緩自身對某些事情的過度反應，讓我們能夠活在當下。

訓練的方法很多，當下流行的禪修、瑜伽、冥想、打坐等都是不錯的方法，或者選擇日常的繪畫、聽音樂、觀看戲劇等活動，都能夠讓我們避免被「動物腦」所操控。

方法三：安撫內在小孩→針對選擇性關閉某種功能的創傷

前文提到，創傷後的一種狀態是：讓人對正常的事件失去本該有的反應。這就像一個孩子受到驚嚇後，再也不願意長大了，這個內在的小孩一直躲在角落裡擔驚受怕。

如果內在小孩沒有力量的話，他的外在即便已經是成年人，也會退縮、懦弱。而安撫內在小孩的方法，就是讓今天的、有智慧的你，去關愛當年那個受傷的小孩。

如果你看到了他，給他足夠的愛與關懷，告訴他：「你不再是小孩了，現在的你是有力量和智慧去面對這一切的，我會一直陪著你。」當內在的小孩慢慢長大後，原來的創傷就被療癒了。

方法四：成立互助小組→開口，是療癒的開始

巴塞爾博士發現，當一群受過傷的人組成一個互助小組，彼此分享自己的創傷經驗時，即便在分享的過程中治療師沒有說話，沒有關注到每一個人，他們的創傷也開始被療癒了。治療師的作用，只是引導小組成員把創傷說出來。因為能夠說出來的創傷，已經不是創傷了，那些說不出來或者不願意說出來的痛，才是更嚴重的創傷。

每位成員分享後，能夠得到團體的關愛與回應，他內在的小孩才更有力量去成長。

以上這些方法都可以獨立完成，但如果能找一個專業的心理學人士帶你回到過去療癒，你能夠更快從創傷中走出來。

任何一份傷害，都是會痛的。

你可以選擇不去觸碰它，就像怕狗的那位同事，她選擇不療癒，願意接受「一輩子怕狗」這個狀態。這樣的好處是，她會讓自己待在一個安全的角落，她這輩子都不會被狗咬

了，但任何事情有好處就一定有代價，代價是她的家人、孩子也不能養狗了。所以，當潛意識在保護我們的時候，它也限制了我們生命的可能。

我的同事因為被狗咬而關閉了與狗接觸的可能性。

你呢？你知道你因為過去的創傷性經歷關閉了什麼嗎？也許是人際關係，也許是財富的大門，或許是事業發展的機會……誰知道呢？只有你自己才知道。

如果你願意一生躲在一個安全的角落裡，也是可以的。但如果你仍舊希望自己的世界更多姿多彩，生命越活越富足，你可以選擇療癒生命的創傷，創傷不是無期徒刑，每一個創傷的背後都有一個沒被開發的「寶藏」。

如果你願意為未來的幸福付出一點點代價，請完成本課的功課。

1. 把你在本書中做過的覺察功課再拿出來，看看你的生命中受夠了什麼？選擇其中你最想改變的一個課題。

2. 找一位你信得過的心理諮詢師，就這個課題做一個療程的心理諮詢。

04 翻轉時刻

提高自我價值的刻意練習

自我價值對於人生的重要性前面已經講過很多了，現在，是時候通過行動提升自我價值了。但問題來了，我前面講過，自我價值低的人通常缺乏行動力，因為他們的動力不足。提升自我價值可以提高行動力；可是，自我價值不足時，行動力就不足，沒法通過行動去改變自己，那對於現在處於自我價值不足階段的人來說，該怎麼辦呢？

必須從一些不怎麼需要耗能就可以完成的小事情開始！

什麼樣的事情很小，很容易做，不需要消耗能量，但對提升自我價值有很大的幫助呢？

功課1：五句話帶來改變

哪五句話有那麼大的威力呢？我們先來重溫一下自我價值是怎麼形成的。

自我價值的形成建立在小時候父母的教育方式以及周圍的成長環境之上，包括學校的教育和社會的文化影響等綜合因素。我們從自我價值的定義中可知，自我價值是自己對自己價值的主觀評判。一個小孩子剛來到這個世界，他對自己價值的評價只能來自身邊的重要他人，而父母是所有重要他人中占有最重要位置的人物，所以父母的教育方式直接影響著孩子的自我價值，父母如能做到如下三個方面，對孩子的自我價值的形成會有較大的影響。

第一，無條件的愛與接納。一個孩子在成長的過程中，能從父母那感受到「無論我怎樣表現，他們都愛我」，這個孩子的內心就會形成：「我是有價值的、我是值得被愛的」這樣的信念，這是自我價值形成的基石。

第二，在情緒上給予足夠關注。小孩子在還沒學會言語表達之前，是用情緒來表達的，當一個孩子的情緒沒得到充分的關注，他就會認為：「我不夠好，我是不值得別人關注的，我是沒有價值的。」

第三，父母習慣用孩子做的事情來衡量孩子的價值。絕大多數沒學過心理學的父母都會犯這個錯誤，就是當孩子有好的表現時，就會給予肯定、表揚或者物質上的獎勵，而當孩子遇到挫折或做某件事情失敗後，父母就對孩子進行全盤否定，這樣孩子的潛意識就會收到這樣的訊息：「我的價值取決於我所做的事，當我暫時不能完成某些有價值的事情時，我就毫無價值。」

我們無法改變當年發生的事，我們也無法改變當年父母對我們的教育方式，但我們可以改變對當年發生事情的看法。父母當年對我們的評價是什麼並不重要，重要的是我們怎麼解讀父母對我們說過的話、做過的事。

就算父母當年真的曾經給過我們差評，那也是他們主觀的評價，並不是客觀的事實。就像他們當年為我們起的名字一樣，雖然這個名字已經使用了好幾十年，但如果你不喜歡，完全可以重新改個名字。

自我價值也是一樣，如果父母當年沒有給你足夠的好評，請不要怪他們，因為他們也不懂，他們只不過用他們父母對待他們的方式對待你而已。

現在，你已經長大成人了，你可以重新成為自己的父母，像父母一樣對待你的內在小孩，重新給自己肯定、認同、讚美、接納和愛。

當然，要重新改變對自己的評價是需要時間的，就像為自己重新取個名字一樣，需要不斷地重複，你才會把新的名字認同為你自己。

下面五句話對於重建你的自我價值十分有幫助。

第一句話：「我看到你了。」

人總喜歡被別人看到，因為當一個人被看到的時候，他才有存在感。人們為什麼喜歡發朋友圈？發朋友圈被很多人點讚，你是不是很開心？為什麼？因為你被看到了。當一個人發覺自己被關注了，就會感覺到自己是有價值的。

你心中那個內在小孩子也需要被看見，看見他的努力、看見他的付出、看見他的不容易、看見他的情緒……

如果連你自己都不去看見他，你又能指望誰去看見你呢？

第二句話：「你是有價值的。」

每一個人都需要被別人肯定，當一個人感覺有價值的時候，他就會覺得活得很有意義，孩子尤其如此。當孩子做了一些好的行為能夠得到重要親人的及時肯定的時候，他會覺得自己很有價值；相反，如果做了好事跟沒做一樣，完全被忽略了，這樣的結果會讓人毫無價值感。

所以，每天給自己一些肯定，告訴自己哪些地方做得好，只有不斷地肯定你自己，你的自我價值才會越來越高。

第三句話：「你是獨一無二的。」

我們要讓孩子明白，你雖然不是完美的，但至少你是這個世界上獨一無二的。全世界七十多億人中只有一個你，所以要懂得欣賞你的優點，你有你的特質，你有你獨特的地方，儘管你不是聰明過人，也不是顏值驚人，但你始終是世界的唯一。

第四句話：「你是有貢獻的。」

你是有貢獻的，你可以為你的家庭、你的公司、你的朋友們做些力所能及的事情，讓他們的人生因為有你而變得更加美好。

當你去做這些小事的時候，你會從他們的反饋中感受到，原來自己是可以為自己所愛的人有所貢獻的。當你能體驗到這種感覺時，你的自我價值已經在提高了。

第五句話：「你是屬於這裡的，我們這裡需要你。」

一架飛機少了一個零件，是飛不起來的，是會有危險的。在一個組織裡面，不管是清潔阿姨，還是負責全局營運的ＣＥＯ，他們在公司、組織裡都發揮著獨有的價值。

因此，你要時刻知道，不管你現在能力多麼的有限，地位多麼的卑微，你所在的家庭、組織、團體都是需要你的。所以，你屬於你的家庭、你的團隊。

經常對自己說這五句話，彷彿你的內在住著一個孩子，一定能夠提升你的自我價值。如果你真的想提升自己的自我價值，我建議你把這五句話打印出來，掛在牆上，變成一個家庭裝飾品。

這些都是一些很小的事情，不需要消耗什麼能量，只要你願意，能量再小都能做到。

功課2：與父母對話

「找一個舒服的位置坐好，輕輕地閉起你的眼睛，背部靠著椅背，雙腳放到地板上，雙手放到大腿上，深深地吸一口氣，緩緩地吐出來。再深深地吸一口氣，緩緩地吐出來……」

在這個過程中，大腦把注意力放到你的童年，想想小時候，父母是怎麼評價你的。他們說過哪些話，也許曾經傷害過你，也或許你運氣比較好，能得到很多的鼓勵和愛。不管是什麼話，請重溫一下，然後深深吸一口氣，把從父母那裡得到的好的評價吸進身體，把父母的差評隨著呼氣呼出體外，默默地在心裡跟父母說一聲：「爸爸媽媽，我知道你曾經對我很失望，我原來以為是我自己不夠好；今天才明白，並不是我不夠好，而是在你們心目中，我還可以變得更好。」

是的，沒有一個父母不希望自己的孩子變得卓越，父母為什麼會給孩子一個差評？是因為在父母心目中，你還可以變得更好。知道這一點很重要，因為當你明白了這一點，你就知道了，你並不是不夠好，而是還可以變得更好。

接下去，你要做的是，把當年父母對你的差評默默還給他們，在心裡再說一句話：「爸爸媽媽，我不是你們說的那個樣子，我收到你們對我的期待，我要重新評價我自己。」

然後，用你的手抱抱你的肩膀，彷彿抱著一個孩子，重新做自己的父母，默默跟這個孩子說：「寶貝，雖然你還不是完美的，但是在我心中，你是獨特的，我喜歡你，我知道你會越來越好，我愛你。」

很多父母沒學過心理學，他們不懂，所以他們的語言有意無意中會傷害孩子，雖然那並不是他們真正的意思。我們今天已經是成年人了，當年父母做不到的，我們可以自己來完成，我們可以給自己一份肯定、一份認可、一份欣賞、一份鼓勵。如果連自己都不願意肯定自己，你還能指望這個世界的誰可以肯定你呢？從現在開始，請做一個決定，好好重新評價你自己。

功課3：三正日記

準備一個小的日記本，每天睡覺之前，寫下當天你最欣賞自己做過的三件事。

第二天早上起床前，把昨晚寫的三正日記拿出來讀一遍，欣賞一下自己昨天做過的事情，再起床。

至少堅持三個月以上，通過睡前和早起這兩個天然的催眠時段，不斷欣賞自己，你的自我價值一定會大幅提升。

以上三個功課簡單而有效，只要你願意，你一定可以提升自己的自我價值，改寫你的人生劇本，同時，改寫你家族的歷史。

你和你家族的命運完全掌握在你的手上，要不要去改變，全看你自己的選擇。團長只能幫你到這裡了。最後，借用電影《駭客任務》的一句經典台詞結束這個課程：

「門，我已經為你打開，
剩下的路要靠你自己走。」

國家圖書館出版品預行編目資料

別人在想什麼，都是你能懂的/黃啟團著. -- 初版.-- 臺北市：平安文化, 2023.7 面；公分. --(平安叢書；第763種)(溝通句典; 59)

ISBN 978-626-7181-74-4(平裝)

1.CST: 人際關係 2.CST: 人際傳播

177.3 112010010

平安叢書第 0763 種
溝通句典 59

別人在想什麼，都是你能懂的

《圈層突破》：文化部部版臺陸字第112049號；許可期間自112年4月17日起至117年1月4日止。

作　　者—黃啟團
發 行 人—平　雲
出版發行—平安文化有限公司
台北市敦化北路 120 巷 50 號
電話◎ 02-27168888
郵撥帳號◎ 18420815 號
皇冠出版社(香港)有限公司
香港銅鑼灣道 180 號百樂商業中心
19 字樓 1903 室
電話◎ 2529-1778　傳真◎ 2527-0904
總 編 輯—許婷婷
執行主編—平　靜
責任編輯—陳思宇
美術設計—江孟達、嚴昱琳
行銷企劃—鄭雅方
著作完成日期— 2022 年
初版一刷日期— 2023 年 7 月

法律顧問—王惠光律師

讀者服務傳真專線◎ 02-27150507
電腦編號◎ 342059
ISBN ◎ 978-626-7181-74-4
Printed in Taiwan
本書定價◎新台幣 380 元 / 港幣 127 元